南大智库文丛

李刚主编

影响力的终结：

2008年全球金融危机后的英国智库

〔智〕马科斯·冈萨雷斯·赫尔南多 著

李刚 雷媛 朱建敏 等 译

Marcos González Hernando

British Think Tanks After the 2008 Global Financial Crisis

南京大学出版社

风雨骑士：英国智库与金融危机

智库，曾被上一代人称为"思想的二道贩子"（secondhand dealers of ideas），如今已成为当代政策辩论舞台的重要角色。智库为政策制定者和公众提供问题溯源及效果解读的服务，以助于他们更深入理解所面临的挑战。智库的核心"业务"是提出政策意见并促使其得到采纳。一家智库为了长期发挥功能，需要让政策制定者和公众相信，自己拥有决策者需要的专业知识和技能。也就是说，智库不仅是知识权威，还需要具备合理严格的分析能力以寻求真相，且不能为经济或政治利益甚至便利性所驱动。如此一来，智库为本书的研究对象，研究背景是这场智库未能预测到，但却正面推动其发展的金融危机。

不管我们研究的四家智库在意识形态和政治立场上的差异有多大，它们在分析 上的"合理性"和政策建议上的"适度性"皆有目共睹。马科斯·冈萨雷斯·赫尔南多（Marcos González Hernando）认为，智库作为组织在这次危机中获得的政策关注和媒体赞誉无疑是成功的，但在政策辩论过程中也充斥着失败和错误。他认为，以往的智库研究侧重于智库的政策影响，如能深入研究智库内部的组织作用机制，让人一窥智库内外作用的全貌，意义匪浅。他认为，一般来讲不管从意识形态层面还是物质层面，智库具有"不足为外人道也"的复杂性和不稳定性。

2008 年的金融危机让很多智库措手不及，当然大多数政治学家和经济学家也毫无防备。不过，这也为公众、政客和决策者提供了一个认真反思经济秩序基础问题的"机会窗口"（window of opportunity）。马科斯由此认为，"这不仅是一次经济危机，更是一场知识、政治甚至道德危机"。正是基于其成因，智库对危机做出解释并深度参与关于危机影响的辩论，是众望所归。马科斯认为，"没有调查就没有发言权"，所以他对四家智库在参与政策辩论时进行"公共干预"的表现进行了概括：

> ……左翼倾向智库热衷于批评对金融业放松管制造成的严重后果，也对紧缩政策深表失望。而相反的，右翼自由派智库更倾向于批判监管，而对私营领域、人性的贪婪乃至自由市场的缺陷熟视无睹。学术型技术组织常自我包装成实事求是的中立方，政府支持者则习惯于制定政策，即便被认为在模拟一项实际政策，也要通过实施去捍卫这项政策。

尽管舞台上大家都有各自的角色剧本，但这次危机深刻影响了智库，尤其在智库与公众互动、智库分析报告时效性、智库内部事务处理以及政策问题的内部学术观点差异等方面。智库正面临着巨大的压力，这正是本书的主题。

从某种意义上来说，这种压力有目共睹。在全世界范围内，智库产业并非在这场全球金融危机中安然无恙。尽管缺乏系统性调查数据，但经济紧缩政策已经影响到了智库的日常开支的传闻并非空穴来风。过去半个世纪里，智库产业有所发展，但现有资金来源的增加和新资金的流入步履缓慢。以往，英国政府机关和各部委曾是智库资金的一个相对稳定的来源，但现在这些机构对外部专业知识的态度也日益封闭。即便是鼎盛时期，资助机构的态度也让人捉摸不定。英国经济和社会科学研究资助机构越来越习惯于对研究活动强加指导。富豪、机构赞助者、慈善信托、政府部门、欧盟议会、地方政府以及贸易组织均会设置必要条件，在研究日程和研究成果的发表与传播上，均有所要求。捐助者对政策影响力的期待值越来越高，捐助资源也随之变得稀缺。这些情况加剧了智库之间及与其他政策分析机构间的竞争。

随之而来的情况是，"政策宣传"变得无孔不入。当下，"智库"和"学术"在公共知识领域越来越具有互换性。大学成立了自己的研究所和"政策实验室"这类抢智库生意的机构。全球大部分非政府机构都具备了较强的内部政策研究能力。商会、跨国公司、银行、专业机构和工会通过内部研究部门和社交媒体发声的水平日益精湛。

通信技术的发展和社交媒体的流行，已经彻底改变了智库以往的营运环境。20世纪见证了智库的兴起，难道21世纪预示着智库的衰落？显然不是。马科斯认为，基于其可塑性和跨界性组织特征，人员在各领域流动发展，智库有能力保持在传媒界、非政府组织以及政治和政策精英间的存在感。

本书研究的四家英国智库不断革故鼎新：建设成熟完善的网站并致力于内部沟通系统的专业化。它们通过社交媒体、新闻发布会和部门会议等不同渠道获取了不同的受众群体，保持了相当的竞争优势。此外，智库的"旋转门"机制的优势并未被削弱，退休的政客、外交官和公务员希望在退休后可以进入一个发挥余热的政策研究机构。在智库丧失学术可靠性的地位之前，政府和媒体依然会需要智库提供高水平的分析报告和意见。

然而，公众对专家这一角色的失望加剧了社会对智库的质疑。在多党制的国家，智库本应在公众辩论中扮演布道者的角色，然而却常常加剧分歧。马科斯认为，部分智库在降低智库权威性方面也起到了推波助澜的作用。也就是说，整个社会对我们描述这个世界的能力的忧虑和不确定性（比如认知危机），已经促使大众对传统专家的知识来源饱含警惕和质疑（这是一场普遍性质的专家权威危机）。

我认为，对智库的怀疑论体现在日益高涨的**反政治**（anti-politics）和**去政治化**（de-politicisation）两种情绪中。一方面，反政治跟"民主病"（democratic malaise）有关，"民主病"主要表现为选民投票率低、选举动荡、抗议票和民粹主义政党崛起。另一方面，去政治化则是政府通常采用的策略，目的是既要消除政策争议又要让政策显得更具技术性和中立性。

去政治化，实质上是通过偏好塑造和议程设定建立一种"主导理性"和非决策动态情境，系统性地剔除某些公众辩论和政策考虑中的问题。比如被智库加以利用的专业知识，是被用来巩固观察和界定问题，阐述解决问题的意识形态基础设施和公共价值观，以及开发管理问题的模式和方法。新自由主义和技术官僚型智库的影响，经常在这种去政治化策略中被加以详细叙述。

科学化（scientisation）也是与去政治化相关的策略，但与"专家"概念联系得更紧密一些。随着科学技术的日新月异，绝大部分公共政策都变得相当复杂，需要训练有素的专业人员和科学顾问定期更新政策环境的变化情况。有赖于专家咨询、实证建构及地方、国家和全球治理上的技术专家审议制，机构得以作为治理机构赋予其组织真正的"知识"。智库晦涩难懂的研究趣味、专业的交流术语和技术专家型人格，始终让其与广泛的社会和公众关注度保持着一定的距离。传统上，智库面对更多的是权力而非大众。

不提无关政治的态势，但从完全拒绝异议的角度讲，知识的力量本身就存在长期的竞争。公民社会中主导的以规范为基础的团体和圈层都面临挑战，他们提供替代性的政策愿景，并参与到中立经济理论和政策正统的政治化中。思想的竞争本质上就是不同"世界观"和"真理政权"的无止境斗争。在反政治和紧缩的时代背景下，智库不再拘泥于为政府服务，"对权势讲真话"，而是在政策分析的构建中去中心化，偏向社区和民众。这意味着智库会以促进社会多元化利益相关者对社会和经济问题的关注与对话的方式去干预公共辩论。殊途同归，智库逐步面向大众的定位，是马科斯书中的众多精彩论述之一。

最后，我们可以乐观地认为，智库并未被政府和决策精英所利用而成为去政治化的"科学化"工具。基于智库在公众辩论中将公众审议和对政策的批判性分析置于优先地位，大部分智库依然是政策反思和社会经济分析的可靠工具。智库在政策定位上进行了频繁调整以获取拥护不同利益的不同受众群体的政治关注，并在一系列的知识和制度转型中与这些群体产生共鸣。

黛安・斯通（Diane Stone）

中欧大学公共政策学院院长

堪培拉大学治理与政策分析讲座教授

国际公共政策协会副会长

写于布达佩斯，匈牙利

致　谢

首先要感谢本书的受访者,他们愿意抽出宝贵的时间来分享自己的真知灼见,同他们的会面和对他们所属的优秀智库的深入了解让我受益良多。

感谢从事政治社会学和公共政策研究的智库与知识学者们,他们引导了我一路前行。感谢我的导师帕特里克·贝特(Patrick Baert)支持并帮助我理清思路;感谢黛安·斯通(Diane Stone),她真诚地分享并慷慨作序;感谢吉尔·伊亚尔(Gil Eyal)和哈齐姆·坎迪尔(Hazem Kandil)对本书所基于的博士论文的评述;感谢菲利佩·卡雷拉·达·席尔瓦(Filipe Carreira da Silva)、吉赛尔·萨皮罗(Gisèle Sapiro)、达林·温伯格(Darin Weinberg)、杰夫·麦莉(Jeff Miley)、维妮塔·辛哈(Vineeta Sinha)、麦可·拉蒙特(Michèle Lamont)、西门·苏森(Simon Susen)、约翰·霍姆伍德(John Holmwood)、克里斯蒂娜·博斯维尔(Christina Boswell)、菲奥伦萨·刚巴(Fiorenza Gamba)、卡塔日娜·捷斯卡(Katarzyna Jezierska)、斯特拉·拉迪(Stella Ladi)、维奇·贝尔(Vikki Bell)、东·斯莱特(Don Slater)、玛尔塔·达·赛亚(Maite de Cea)、哈特维格·鲍兹(Hartwig Pautz)、迪特尔·普莱威(Dieter Plehwe)、乔丹·驰令瑞(Jordan Tchilingirian)、卡琳·费舍尔(Karin Fischer)、依琳·齐默尔曼(Erin Zimmerman)、凯特·威廉姆(Kate Williams)和朱利安·兰德瑞(Julien Landry),他们的著作和评述对我深有启发。

感谢我的同事和博士生,他们来自剑桥和世界各地。他们是库沙(Kusha)、卡拉(Carla)、玛格达娜拉(Magdalena)、奈姆(Naim)、蒂亚戈(Tiago)、埃里克(Eric)、以利兰(Eliran)、马维什(Mahvish)、托比亚斯(Tobias)、维达(Weeda)、奥尔加(Olga)、罗伯特(Robert)、菲利普(Phillip)、马卡雷纳(Macarena)、奥桑(Ozan)、耶西姆(Yesim)、克里斯蒂娜(Christina)、林(Rin)、贝伦(Belén)、黛安(Diane)、乔斯(José)、托马斯

（Tomás）、伊格纳西奥（Ignacio）、托尔斯滕（Torsten）、林芝（Linzhi）、努尔克（Nurjk）、埃伦（Ellen）、利兹（Liz）、伊扎贝拉（Izabela）、布莱尔（Blair）、马提娜（Martina）、马库斯（Marcus）、阿敏（Amín）和阿米涅（Amine）。他们每一位都以自己的方式影响了我的思想，让我意识到自己知识的局限。虽然我未能有幸与朱利奥·雷根尼（Giulio Regeni）有深入的接触，我依然要向他致敬，他的人格和榜样力量激发了我和同时代的社会科学家。

我要感谢一直支持我的机构：欧洲进步研究基金会（Foundation for Europe an Progressive Studies，FEPS）和社会变革行动智库（Think Tank for Action on Social Change，TASC），特别是莎娜（Shana）、罗伯（Rob）、西德尼（Sidney）、泰勒（Tyler）、科斯蒂（Kirsty）、约翰（John）和西尔维亚（Sylvia）；罗盘智库（Compass）的尼尔（Neal）、格里（Gerry）、弗朗西斯（Frances）和瑞米克（Remco）；《社会理论杂志》（*Distinktion*）的克里斯蒂安（Christian）；Ballotage 的加布里尔（Gabriel）、帕布洛（Pablo）和米格尔（Miguel）；智库届的恩里克（Enrique）和安德莉亚（Andrea）；"伦敦政治经济学院书评"的罗斯玛丽（Rosemary）以及我有幸在巴黎的社会科学高等学院、剑桥大学和菲茨威廉学院遇到的学者们。

要感谢达尔贾·艾尔丹（Darja Irdam）、凯蒂·加迪尼（Katie Gaddini）、彼得·沃尔什（Peter Walsh）和乔丹·驰令瑞（Jordan Tchilingirian）（再次！），不仅因为友谊，还因为他们为本书早期版本提的宝贵意见；感谢克洛伊·克利福德-阿斯特伯里（Chloe Clifford-Astbury）和黛博拉·休顿（Deborah Huyton），他们在我的成书过程中帮助极大；感谢贝丝·法罗（Beth Farrow）、波比·赫尔（Poppy Hull），帕格雷夫的塔姆辛·奥里尔丹（Tamsine O'Riordan），以及凯瑟琳·史密斯（Katherine Smith）和爱丁堡大学的科学知识与政策中心的学者们，他们的意见使本书的内容更趋丰富。

感谢我亲爱的朋友们：卡门（Carmen）、法比安（Fabien）、詹姆斯（James）、穆拉里（Murari）、蒂亚戈（Thiago）、玛丽塔（Marita）、埃琳娜（Elina）、萨姆（Sam）、奥吉（Ogi）、法比奥（Fabio）、杰罗姆（Jerome）、迪穆图（Dimuthu）、博贾纳（Bojana）、纳特

（Nat）、安德烈（Andrei）、亚历克斯（Alex）、科拉尔（Coral）、保拉（Paula）、罗伯托（Roberto）、弗兰科（Franko）、爱德华多（Eduardo）、罗德里戈（Rodrigo）、克劳迪奥（Claudio）、帕布罗（Pablo）、利亚姆（Liam）、弗兰科（Franco）、伊万（Iván）、阿德里亚纳（Adriana）、洛雷托（Loreto）、曼纽拉（Manuela）、马塞拉（Marcela）、爱丽丝（Alice）、朱利安（Juliane）和马基斯（Makis）。

　　最后，特别要感谢我的家人。我的父母马科（Marco）和玛塞拉（Marcela），我的姐妹丹妮拉（Daniela）和玛莉亚·弗朗西斯卡（María Francisca），他们对我的鼓励、赞赏、关爱与支持是本书的灵感源泉；还有伊琳娜（Irina）、米·康帕涅拉（mi compañera），因为他们，我可以沉浸于本书的思考中而无物质之虞。

马科斯·冈萨雷斯·赫尔南多

目　录

图目录

表目录

第一章 在压力下思考：2008 年后的智库和政策研究

> 当人们寻找解释时，很容易找到一个答案，因为假设是最常见的原材料。

> 亨利·庞加莱，洛伦兹以太论。（Bourdieu 1988：159）

2008 年 9 月 15 日，星期一，雷曼兄弟投资银行在美国政府决定不向其提供紧急流动资金后申请破产。在之前的几个月里，美国政府已经出手救了另外三家大型金融机构（贝尔斯登、房利美和房地美），但决定适可而止。全球股市在一周内陷入低迷，各国政府都在紧锣密鼓地废除救市计划。世界经济由此进入了自 1929 年以来最严重的萧条期。在政策制定、金融和社会科学领域占主导地位的主流经济学家们曾声称不会再爆发全球性的经济危机。危机发生的几年前，诺贝尔经济学奖获得者罗伯特·卢卡斯（Robert Lucas）在美国经济协会的主席致辞中慷慨陈词：

> 宏观经济学发端于 20 世纪 40 年代，是知识界对大萧条的理性应对。此后，宏观经济学成为预防经济灾难重蹈覆辙的专业学科。我此次的观点是：宏观经济学已经成功解决了预防大萧条的核心问题，实际上已经解决几十年了。（Lucas 2003）

每当发生危机时，人们总喜欢究其根底。2008 年全球金融危机敲响了警钟：必须重新审视现代资本主义社会经济秩序的基础。20 世纪 90 年代以来未曾被质疑过的金融业和自由市场的可持续性，如今成为众矢之的。虽然银行体系濒临崩溃的直接导火索普遍被认为是美国次级抵押贷款市场的扩张和爆发，但其根源和造成的后果一直是争论的焦点。所以说，2008 年的危机不仅是一次市场崩盘，也是一场自我理解的危机，或者说是一个需要释疑的突发伤害（Eyerman 2011）。

这种局面迫使新旧政治参与者和政策专家在公共领域发表自己的见解。他们也不得不这么做：一方面公众积极寻求答案，另一方面同行们也在不断地解读。历史总是在重演，不稳定的环境是政治、经济和社会发生重大变革的重要条件。因此，传播对形势的解读和个人理念也成为影响个人职业生涯的关键所在（Campbell 2002）。

在这种大背景下，专业知识起着核心作用（Brooks 2012）。主流金融机构的急剧崩溃及其对国民经济的巨大影响，涌现了无数对现状、预期以及应对方案的技术思考和道德拷问（例如，de Goede 2009；Sinclair 2010；Lo 2011；Rohloff and Wright 2010；Thompson 2012）。首当其冲的是老牌专家，他们未能预见这次危机，甚至声称危机不可能发生，此时他们面对的质疑不绝于耳（Engelen et al. 2011）。

多年后，英国央行首席经济学家安德鲁·霍尔丹（Andrew Haldane）表示，这次经济学界对 2008 年金融危机的失败预测堪比"迈克尔·菲什时刻"。迈克尔·菲什是 1987 年英国广播公司（BBC）的一位气象预报员，在他声称飓风不会来袭的几个小时后，英格兰东南部遭受了三个世纪以来最严重的一次飓风（BBC 2017）。

随着时间的推移，复杂金融工具的风险性、信用驱动增长的可持续性，国家和监管机构在管控经济方面应扮演何种角色，以及如何平衡财政赤字和刺激需求增长，这些深入的理论探讨取代了危机初期的思维乱象。这场危机激起了对当时的金融、财政和货币政策的辩论，甚至促使了亚当·斯密、马克思、凯恩斯和哈耶克等古典经济学家的理论回归（Solomon 2010）。总而言之，2008 年的金融危机让经济学成为人们在治学和从业上的热门选择（Fourcade 2009；Gills 2010）。危机后人们关于经济政策的辩论大大超出了对经济学的狭隘理解，也就经济学问题应当不仅限于理性专家去解决达成了共识（Bryan et al. 2012）。坦白地说，这场危机意味着"中间派"的终结、"技术官僚"在政治与经济之间的割裂及政治单纯服务于经济时代的结束。

也就是在 2008 年左右，几大最重要的在线社交媒体平台雏形初现，如今家喻户晓的 YouTube、Twitter 和 Facebook，当时虽然刚成立几年，但发展迅猛。新形态的生产、消费和传播知识的途径无处不在，促使政治参与者通过这些渠道提供更多简单易懂和更有针对性的内容（Brooks 2012）。个体和组织利用这些新的沟通方式有了更多机会向普通大众发表各自的观点，同时大众也更加具备怀疑精神。公众发现主流经济学家在面对危机时一样措手不及后，便开始抱着怀疑的态度想要了解经济的运行逻辑，这使得政策专家和政治家都面临着机会和挑战并存的情况（Aupers 2012；Rantanen 2012）。在这种情况下，智库作为介于学术团体、媒体评论员、政治行为者和游说组织之间，旨在为政治辩论和影响政策制定的机构体现出其优势。这些机构和其公共干预是本书的主题，我希望通过本书对社会学范畴的知识和专业做出贡献。

为什么是智库

本书源于我的社会学博士论文，因为我很好奇从事这份工作的人的思想是如何随着时间推移而改变的，尤其是在他们的合法性基础被动摇之后。我对 2008 年金融危机的兴趣主要源于英国自身在全球金融体系的中心地位。我基于两个原因决定聚焦智库研究。

首先，智库的职责就是咨政建言。为了尽可能广泛地传播自己的政策理念，智库需要被认定为专家，或者说具备专家（知识）权威。我在本书内提到的"专家权威"指的是一个人有能力让别人相信并引用他的知识做决策（Pierson 1994；Herbst 2003）。一般而言，专家权威很大程度上与认知自主有关，即知识生产的理想状态是过程中只基于对这一课题的合理论证而无须考虑其他因素。也就是说，如果智库专家的报告是基于"寻求真相"的目的，而非出于经济、政治或其他权宜之计的原因，那么他是认知自主的。就这一点而言，我将"专家"一词用于智库会让部分读者感到疑惑，但智库的目标正是如此。因此，"专家"首先是一种社会关系（Eyal and Pok 2011）。

5　　　　即使智库建立起了专家权威，这种权威也并不稳固。权威的维持依靠的是智库在众多受众当中的声誉，而这些受众的世界观各不相同，并且时时发生着变化。这也是我对智库产生研究兴趣的第二个原因。跨越倡议、学术、经济利益和政治等各界的模糊身份(Medvetz 2012a)使智库成了它所在领域的一种特殊的风向标。由于智库的相关性依赖于一系列复杂的能力和资源，这种"跨界"的特质也使智库成了现代政治中的一种值得注意的现象。对于智库而言，与学者、记者、慈善组织和企业捐赠者、第三方机构、公务员以及政客之间的联系是至关重要的资产，也影响着智库的形象、募资能力和成果产出(McNutt and Marchildon 2009)。换言之，希望在政治和学术上拥有影响力并吸引到支持者的智库必须学会在一个快速变化的环境中获取、使用和处理不同类型的资源，且这些资源的价值也从来不是确定的。智库必须身兼数职，而且不同工作的规则可能随时发生变化，且某些人的胜利往往意味着另一些人的失败。

　　　　具体而言，本书着重于研究四个英国智库如何解读经济危机并说服其受众。这四家智库分别是新经济基金会(New Economics Foundation, NEF，文中简称新基会)、亚当·斯密研究所(Adam Smith Institute, ASI，文中简称亚当所)、国家经济社会研究所(National Institute of Economic and Social Research, NIESR，文中简称国经所)、政策交流智库(Policy Exchange, PX)。通过分析这四家智库的出版物、年报、组织架构和媒体报道，辅以现任和前任员工的访谈，我希望能够还原它们应对时局变化和十年来因经济危机而开展的转型过程。本书会阐释智库如何干预经济和金融领域的公共辩论，也会挖掘公共干预如何背离智库的组织变化，以及这些变化如何在更广泛的环境中发挥影响力。我在结尾指出，2008 年的认知危机(对人类自身描述世界的能力)与专家权威的危机(对传统专家知识来源可靠性的警惕)息息相关。这种情

6　　况对智库至少有两方面影响：一方面让智库难以影响其既定受众之外的场域，这些场域并未广泛地分享其政治和经济理念；另一方面，人们发现忽视主流专业知识(如学术经济学)来源也无可厚非，并不会造成严重的后果。

　　　　甫一问世，智库的独立性就饱受质疑。几乎所有的智库都自我标榜政治立场中

立和智力自治（至少在形式上），但对智库的公正客观性的争议一直不绝于耳。这个争论的中心问题就是，通常来讲获取专家权威是需要有一定的认知自主能力的。这也是为何智库学者总探究其远离权力得到的独立性（Stone 1996；Abelson 2002）。尽管我不会断言智库是既得利益集团的代言人或是完全自主的机构，但我认为揭示智库随着时间而发生的变化对我们了解智库承受的压力有管中窥豹的作用。将智库独立性的问题搁置一旁，聚焦于智库对专家权威危机的应对，可以让我们更深入地了解智库的处境。毕竟，没有任何一个机构是完全独立于外部环境而存在的。在上述背景之下，这项研究的背景是知识社会学，尤其与智力变化、危机形成以及政策参与者获取专家权威同时贬低其他专家权威的能力有关（Beck and Wehling 2012；Davies and McGoey 2012；McGoey 2012）。

　　对智库，尤其是英国智库的研究，直到最近都相对较少，而且都集中在智库对公共政策的影响上（例如，James 1993；Tesseyman 1999）。除了鲍兹（Pautz 2012a，b，2016）、本瑟姆（Bentham 2006）、德纳姆和斯通（Denham and Stone 2004）和其他一些有兴趣的人，大部分学者的研究重点都是 20 世纪 70—80 年代，彼时智库在英国战后共识被打破后逐渐兴起，学者致力于研究智库在文化、教育和医疗等特定领域的政策影响（Schlesinger 2009；Ball and Exley 2010；Kay et al. 2013）。大部分研究集中于智库与政治精英的关联和智库的政策影响，而很少关注智库这个角色本身随时间推移的演变（McLennan 2004）。对智库与 2008 年经济危机关系的研究也刚兴起，可以参阅《政策与社会》（*Policy & Society*）中的论述（González Hernando et al. 2018）。

　　尽管本书不可避免地会讨论经济问题，但会集中在经济知识生产而非去解释2008 年的经济危机或评估旨在解决这场危机的政策上。相反，它是"第二度解释"，是对"观察者的观察"。在此范围内，关于 2008 年危机的智力成果相当全面，大部分集中于经济学家、政策制定者，以及在新自由主义政策和理念的合法性备受挑战之后的持续努力（例如，Gamble 2009；Lawson 2009；Crouch 2011；Schmidt and Thatcher

2013；Walby 2016；Tooze 2019）。另一部分学者则研究诸如央行、媒体、企业、政客和政府等政策活动者和决策者是如何造成 2008 年的经济危机的（例如，Boin et al. 2009；t'Hart and Tindall 2009；Abolafia 2010；Sandvoss 2010；Lischinsky 2011；Banet-Weiser 2012；Berry 2016；Wren-Lewis 2018）。这本书涉及了困扰上述作者的一些问题，但并未将公共话语危机或智库塑造危机的影响作为重点，它颠覆性地将智库本身作为研究重点。换而言之，这项研究将组织的不稳定性作为出发点，不评价智库的成功与否，而关注追踪智库的工作变化，力图叙述这些充满失败和错误的开端。

分析智库如何在智力和机制层面抵御危机，将有助于我们去理解政策导向型机构受外界影响的情况。这意味着在实际运行中，研究会聚焦于它们公共干预的各种沟通方式，包括谈话、政策报告、博客、媒体访谈、议会听证会等。整本书将会展示智库如何不断调整与受众的交互方式。外部条件的变革正影响着智库公共干预的成果，即不断变化的资金来源、崛起的社交媒体、孤立的媒体环境、日渐趋弱的专家权威以及一边依赖专家话语一边排斥外部专家知识从而越来越封闭的政治环境。

鉴于上述研究目的，我采用的概念工具主要来自三个方面：一是托马斯·梅德韦茨（Thomas Medvetz 2012a）的布尔迪厄主义模型，该模型将智库作为社会学范畴内的组织；二是知识分子社会学及其干预理论；三是新制度主义的组织理论和政策变革理论。希望深入了解这些理论以及我对理论和方法贡献的读者（鄙人之见），可以细读第二章。在本章接下来的部分里，我会对英国智库学术圈进行简单说明，进而扩展到本书背后的逻辑，即我如何理解将智库作为研究对象，同时也会介绍四家案例智库。

英国的智库

正如智库现象本身一样，针对智库的学术研究相对比较新，始于美国。大部分早期文献主要围绕精英理论和多元论之间的分歧。精英理论的论点来自米尔斯（Mills 1956；Domhoff 1967），他认为智库也就是游说者和压力集团，只是智库把利益包装成了研究；多元论则认为智库只是多元公共辩论场合里诸多参与者之一（Abelson 2002）。两个理论都招致了批评。针对精英理论的批评集中于其对智库的机械性描述，并且在研究中忽略了机构与权力紧密程度的差异性。多元论的批评者认为多元论忽视了权力关系，而且过于强调智库自我赋予的责任，对智库宣称的独立性认同过于仓促。时过境迁，此前的争议已经没有意义了，大部分研究人员还是倾向于从两种理论中取其精华（Abelson 2012；Medvetz 2012a）。

英国在智库领域的学术讨论始于理查德·科克特（Richard Cockett 1995）的书《迎难而思》（*Thinking the Unthinkable*）。该书研究了新右翼智库对新自由主义兴起和撒切尔夫人首相职位的影响。科克特研究了 20 世纪 30 年代的历史背景，彼时一群处于相对边缘地位的思想家逐步获取了知识上的合法性和政治影响力，其中就包括哈耶克。通过跟踪研究新右翼智库及其内部成员，科克特对他们如何引领自由市场自由主义和破坏战后共识给出了让人信服的解释（Muller 1996）。

此后，安德鲁·德纳姆（Andrew Denham）和马克·加内特（Mark Garnett）在 1998 年出版的《英国智库与舆论氛围》（*British Think Tanks and the Climate of Opinion*）可与《迎难而思》相媲美。德纳姆和加内特从历史的视角将英国智库兴起的浪潮分为三波，并选择了五家智库作为研究案例。第一波浪潮涌现于第一次世界大战和第二次世界大战之间，包括政治经济规划处（Political and Economic Planning），也就是现在的政策研究所（Policy Studies Institute，PSI，1931），还有国经所（1938）。这些先驱智库基本都是研究型组织，寻求通过有"启发"性的政策影响力将当时的实证社会科学与政府直接联系起来。第二波浪潮中成立的智库，也是科克特书中的重点，更具有争议性和公开的政治色彩，包括了经济事务研究所（Institute of Economic Affairs，IEA，文中简称经济所，1955）、政策研究中心（Centre for Policy Studies，CPS，1974）和亚当所（1977）。第三波浪潮出现于冷战后，智库在数量和类型上都有明显增加，产生了比第二波浪潮更偏左的智库（如公共政策研究所，即 Institute for Public Policy Research，IPPR，1988；公民智库，即 Demos，1993）、专业智库（欧洲政策论坛，

9

即 European Policy Forum，EPF，1992)，以及早期智库的分支智库(理想国智库，即 Politeia，1995 年由前经济所员工创立)。

　　德纳姆和加内特对"舆论氛围"(climate of opinion)这个表述进行了质疑，这个表述被科克特用来指政治辩论中占主导地位的思想，是他从哈耶克亲自写的经济所的使命声明中借鉴而来的。他们的主要论点是这个表述过分强调了新右派智库的影响力并让人对他们的观点信以为真。"氛围"很有可能并非真正的公共舆论方向，而是被刻意营造的空中楼阁(Guinness，见 Denham and Garnett 1998：200)。相反，他们认为真正让智库表面上看起来有影响力的，是决策制定者需要的外部合法性，并非智库提出来的观点。政治家将倾向一致的智库粉饰为权威、独立并支持"舆论氛围"的机构，如此一来便给大众造成了外部专家支持政治家政策的印象。同时，媒体传播智库学者已有的观点或研究亦有利可图：或强化其已有的新闻偏见，或平衡新闻报道和理性研究。再者，夸大智库的重要性并把公共辩论描绘成"思想的战争"，对智库本身是大有裨益的(Krastev 2001)。基于上述原因，德纳姆和加内特对这些机构能代表多元民主辩论持谨慎态度。

　　黛安·斯通(Diane Stone 2007)在她的文章《回收箱，垃圾桶或智库？》(*Recycling bins，garbage cans or think tanks？*)中以纯知识角度研究智库也为上述的谨慎态度提供了依据。斯通揭穿了智库这种组织的三个神话。第一个是所谓的智库连接了不同的"领域"(如科学和政策)，而且宣称自身对所连接的领域都是充分自主的，这不仅使其目的让人感到迷惑，而且也夸大了对每个领域的自主性。第二个是智库需要自证其为公众利益服务的功能，因为智库时常与利益集团关系甚密，大部分智库都试图影响媒体或少数精英阶层，而非与公众沟通(Jacques et al. 2008)。第三个是智库(思想库)应当将"思"摆在首位。然而，在斯通看来，大部分的智库仅仅重新包装之前的研究(回收箱)，或者有相关问题出现的时候推出一堆储备的政策解决方案(垃圾桶)，或者是对之前持有的观点进行社会科学验证。在本书的结尾处，我对上述的观点表示赞同，我认为智库在调节知识生产和政治之间关系上的能力，为自身孵化出适用于政治生活的专家知识提供了优势地位。

这些讨论的背后都有安东尼奥·葛兰西（Antonio Gramsci）的思想，他深受马基雅维利（Machiavelli）思想的影响。马氏对知识分子经常用敌对的术语，这也不足为奇，毕竟我们在讨论的是（智）"库"。第一位采用葛兰西思想研究英国智库的学者是拉迪卡·德赛（Rhadika Desai 1994）。她用了"霸权"（hegemony）和"有机知识分子"（organic intellectuals）等概念来解释新右派智库如何影响了货币主义的崛起和 20 世纪 80 年代的政治变革。在对支持英国资本主义紧张局势的历史进行解释后，德赛声称，有机知识分子的危机时刻为迄今为止处于边缘地位的经济学思想开辟了新空间，而且也超出了政治可行性的范围。她认为，主张自由市场的智库的任务在于提出可能在经济部门、保守党内以及其他领域引起关注的替代性愿景，以配合知识分子对凯恩斯主义共识的攻击。归根结底，这就是有机知识分子试图说服并招揽"贩卖观念的二手商人"（second-hand dealers in ideas），如记者、编辑、评论家和教育家，以征服常识和传统知识分子①。这种转变在极大程度上是通过贬低对手实现的：自由市场的辩护人并不需要所有人都成为其理论的信徒，他们只需要说服尽可能多的人确信没有更好的选择。

哈特维格·鲍兹（Hartwig Pautz 2012a）采用葛兰西的思想研究了冷战结束时的德国和英国左翼智库。他认为，由于中左翼智库经历了身份危机，支持德国社会民主党（FES，WZB）和英国工党（IPPR，Demos）的智库如雨后春笋般涌现，然而对国家与市场关系的不同意见造成了政党之间的分歧。跟德赛一样，鲍兹的观点是认为在意识形态的核心原则遭到抨击的时候，是智库最有建树的时候。迪特·普莱威（Dieter Plehwe）和卡琳·费舍尔（Karin Fischer）（Plehwe 2010；Fischer and Plehwe 2013）在

11

---

① 葛兰西认为，传统知识分子是致力于寻求真相的，而有机知识分子则代表了某一特定阶层的利益（Gramsci 1999，1971）。此外，"共识"（取自意大利语 senso comune），葛兰西用这个词表示广泛且模糊存在于社会上的关于世界的理念集合，在英语中找不到对应的词汇表达其合理性和公正性（Crehan 2016）。

12 智库的国际网络这一细分领域亦有贡献。他们认为，新右翼智库组成了"跨话语联盟"，这让"除了新自由主义别无选择"的论点更有影响力。

　　然而，尽管葛兰西思想对智库研究影响很大，但与上述学者不同，本书并不意图宏大叙事，更无意游移于政治话题内。我认为，仅将智库作为认知术语会忽略其包含的权力关系，仅将智库作为政治术语则会弱化人们对知识变革的敏感度。再者，上述研究者都侧重于研究智库的政治影响力，而未关注智库的实际运作。此外，尽管葛兰西本人对知识变革有概念（Crehan 2011，2016），大部分葛兰西流派学者仍将智库作为党派斗争的一部分，对智库的观点从未认真思考。为避免对智库学者产生过于刻板的印象，我对他们改变想法或做出意外之举的潜在可能持不可知态度。若非如此，就会被解读为从一开始即将他们视为党派的傀儡。

　　尽管如此，2008 年的金融危机还是提供了一个绝佳的视角去审视智库是如何将经济、政治和专业领域对危机的反馈传递到政策辩论层面的。智库似乎当然可以像众人期待的那样作为知识"步兵"的堡垒，或者调整自身的思想和战略以适应新时代。在本书的实证部分，我会通过"滞后"假说去发现是否有变化发生：简而言之，将智库实际行为与观察家的预测进行对比（请参阅第二章）。基于这个研究方向，下一部分进一步阐释本研究的设计、框架和范围，一探本书主旨。

本书的理论基础

　　总体而言，智库相关文献的研究对象经常成对出现：知识与制度，概念化与松散13 化。由此可见，可以将这类组织理解为被自身财务和政治自保因素或自身专业知识的忠诚度而引导的机构，所以有两种构建智库研究项目的方式。一种是确定智库的组织特征和政界盟友如何影响智库行为。换而言之，这种方式就是研究诸如资金和关系网等压力源如何影响智库的成果产出。另一种则是将研究重点放在智库工作的概念和叙述层面：智库如何描述社会与经济，以及这种描述的内部逻辑。

这两个研究选项都值得一试，而且单靠其中一项远远不够。如果仅关注智库利益或思想的一个方面，就会有单纯重复部分精英理论家原始唯物主义思想而忽视多元论主义者强调的权力关系的风险。事实上，无论是思想还是实践上，智库的稳定性和复杂性并不如局外人所见的那样。出于这些原因，仅把利益和思想纳入研究智库的考量要素，即便这两者是智库的最终驱动力，也会大大限制我们对智库变革研究的敏感度。

如前所述，本书的目的并非衡量智库在影响政策或"舆论氛围"方面的有效性。这也是由于评价衡量有效性的项目在方法论上十分棘手，因为在辨别影响力、追溯影响通道甚至如何定义等方面都有困难。毕竟大部分智库在公众舆论和政策方面的影响力是比较笼统和模糊的，这也阻碍了衡量其突出领域和范围的研究工作。每当讨论到智库的政策影响力，我主要依靠智库学者自己的评价来做判断——他们如何通过成功或者失败的案例来调整自己的行动路线。

相反，本书主要围绕着三个问题展开。一是 2007—2013 年四家案例智库在经济政策方面的公共干预是什么？二是这些干预揭示了智库在知识和体制方面的哪些转变？三是这些转变又对智库生存环境产生了什么影响？

通过上述的研究重心，我强调利用智库的产出成果来衡量智库变革与否的重要性。将公共干预作为研究重心，可以避免对智库的矫正或对其动机的探究（就像智库自身在研究目标实体时一样），聚焦于智库中以个体的名义表达的内容。这个重心有助于辨别两个层面的变化：一是实质性工作（即知识的重新定位），二是工作形式（目标受众、媒体策略乃至募资的方式变化的证据）。

本项研究策略包含了六个前提。第一个前提是经济危机是一个外源性事件，并非由智库造成，至少不是由智库直接造成的。尽管有些批评者认为这次危机的爆发是一些智库支持的政策造成的矛盾导致的，但对大部分人来说依然是出乎意料的一个事件。此外，即便有智库学者预见到了这场危机，他们也无力阻止其发生。2008年的危机是一个智库必须应对的问题。

14

第二个前提是智库，尤其是专注于经济领域的智库，不得不对危机的原因进行解释，并就危机的某些部分和影响开展研究工作。这次危机是一个重大事件，不容忽视。危机发生后，每一位政策专家都不得不演绎一套自己的说辞。如果一个智库不针对危机发生的症结或解救方案发声，就会在竞争中落后。未知因由，何以箴言？

第三个前提是 2008 年经济危机是一个"致命时刻"，不能诉诸特殊或狭义的学科推理来解释。这次危机促使行动者们去反思我们的经济和社会秩序的原则。因此，公开争议得以允许，比如宏观审慎监管这种迄今为止仅限于专家职权范围内的事项。波坦斯基和特维特（Boltanski and Thévenot 2006）认为，这场危机促使了行动者们揭示日常行为的根本原因。这在金融界及其政治支持者中尤其如此。不出意外的话，会有很多代理人站出来，或言称我们对经济的知识储备是足够的，或认为我们的知识不足以解释发生的情况，以强调或淡化这场危机的历史意义，然而这些根本性问题的出现毋庸置疑具有深远的影响。毕竟这不仅是一场经济危机，更是一场认知、政治甚至道德危机（Morin 1976）。

虽然将"危机"和"常态"做明确区分可能会导致一些问题，但此处在讨论的这一实例确实隶属于以"危机"为修辞基础的话语体系。关于质疑危机概念的观点已有不少且具有说服力（Roitman 2013），我此处谨以谦逊的心态试图找出关于危机形成和影响的诠释，而非取而代之。此外，智库对政策领域的选择本身就能说明问题，做此决策可能就意味着智库具备的某些要素更具相关性，做研究时能获得更多的支持。因此我并未采用狭义或比较规范的格式来定义"经济危机"。

第四个前提是认为政治危机的发生往往有迹可循（Boin et al. 2009）。一般来说，危机爆发意味着高度不确定性，这种不确定性很有可能会打开政治变革的机会窗口，事态会根据后续发生的事件，往围绕问题的不同立场进行聚集。机不可失，时不再来。同一个建议在不同的时间点提出，其结果可能大相径庭，这正揭示了时机的重要性。在 2006 年、2009 年、2013 年、2019 年宣称全球金融体系不可持续的意义自然大不相同。再者，虽然被称为全球性经济危机，但在每个国家的发生轨迹各不相同，即便是类似事件，在不同国家其影响也各异（Brändström and Kuipers 2003）。本书的意外研究成果之一，便是英国经济和社会政策圈对 2008 年经济危机理解的演变史。

第五个前提是智库及其在危机中经历的知识和制度的双重性。在知识方面，包括智库使用的工具（如学术参考文献）和面临的制约因素（如内部一致性和假定目标受众的变化）。在制度方面，则有智库的资金数量和来源、关系网和技能。经济危机本身也具有知识和制度两个方面的特征体现，从某种意义上讲，只有在做分析时加以区别才有意义。我对智库的研究兴趣也得益于这两个维度在智库中交错复杂的关系。

第六个也是最后一个前提是智库与"公共知识分子"（public intellectuals）对公共干预有共同特征，因此可以用与研究"公共知识分子"类似的概念工具对智库这种机构进行研究。因此我认为智库和智库学者可以说是"最广义的知识生产者，因其传递了认知价值"（Baert and Shipman 2012：179）。传统意义上的"公共"知识分子是利用自己的影响力解决与公众相关的问题（Collini 2006）。尽管"公共知识分子"和"专家"经常会被放在一起做对比，但本书并不会将两个概念进行清晰的区分；事实上后者在2008 年经济危机后进行的公共干预已经不可避免地超出了其被视为权威的领域和范围。然而，智库与个体公共知识分子的不同之处在于，尽管学者们可能会在知识倾向、个人技能、社交网络和公众互动等方面有所不同甚至互相冲突，但同一智库的学者之间还是会相互合作。

从这个角度而言，"衰落主义者"（declinist）在公共知识分子消亡方面做的文章有待商榷。有鉴于此，以伯特兰·罗素（Bertrand Russell）或让-保罗·萨特（Jean-Paul Sartre）为原型的传统公共知识分子就是"濒危物种"了。衰落主义者宣称知识分子越来越被孤立于跟社会割裂、与政治脱节的学术孤岛中，因为其身处于对崇高理想和渊博知识充满敌意的媒体环境中（Jacoby 2000；Posner 2003）。公共知识分子的缺席，让政评专家和智库学者数量激增（Medvetz 2012b；Misztal 2012）。这些理论遗漏了一点：如果对"知识分子"进行狭义或过于规范的定义，那就限制了对某些理应是

16

"知识分子"的归类。确实，不管智库学者从理想化的"公共知识分子"的形象中跌落多久，他们与此形象大体还是相近的（Baert and Booth 2012）。此外，正如鲍曼（Bauman 1989）所言，确定"知识分子"资格是一个自我定义的过程。从这个角度而言，衰落论支持者对智库的嘲讽即便合乎情理，也未免有失偏颇。

　　本书的最终目的就是去辨别这类充满智慧但有制度压力的机构如何应对不稳定和难以解读的事件。在接下来四章的实证案例里，会逐步发现智库的行为并未背离对其核心原则的质疑（如无效或"滞后"假说），在与公众互动中的转变是有目共睹的。这次危机让大部分智库在公共辩论中面临挑战，因为公共辩论已然碎片化、反传统专家权威化，因此促使了大部分智库在外部形象及呈现渠道上做出改变。

　　更文艺地说，本书的灵感取自日本导演黑泽明的电影《罗生门》（Rashomon）。这部电影拍摄于 20 世纪 50 年代，故事背景设置在中世纪的日本，故事通过电影中四个角色（一个强盗、一个武士的亡魂、武士的妻子及一位樵夫——唯一的旁观者）对武士被杀和武士妻子被强奸展开不同版本的描述。每个叙述者都竭力维护和美化自己在事件中的形象，因此证词只会让真相更加扑朔迷离。《罗生门》中，对同一事件的不同描述说明了过去发生的事件，其参与者会如何回忆并非客观绝对的。学者们将此现象称为**罗生门效应**（Rashomon Effect）（Mazur 1998；Roth and Mehta 2002；Davenport 2010；Anderson 2016）。

　　然而，这种方法有其局限性。这种局限性体现在两个方面：一个是**事后特征**（ex post facto），另一个是研究所依赖的是案例而非代表性样本。更重要的是，这个研究项目有赖于智库作为一个组织的整体性。智库也被认为是与其他机构紧密关联的人和资源的集合，而不是一个独特的事物。它们可以被看作是"伞状组织"，从政党、大学、利益集团甚至网络论坛上收集观点进行再加工。争议部分暂时搁置，本项研究重点在于作为机构的智库和智库的产品，而非智库的思想，那些思想能脱颖而出影响智库的发展肯定是有其原因的。智库的内在逻辑，必定是其长久生存的秘诀。考虑到智库作为组织的整体性，我接下来对本书的研究对象——智库，进行界定。

智库作为研究对象

智库研究的第一个关口是阐释何为智库，围绕这个问题的争论由来已久且暂无定论（McGann et al. 2014）。梅德韦茨（Medvetz 2012a，b）一针见血地指出，由于对独立性的过分强调和所谓"苏格兰人悖论"倾向的影响，对"真正的"智库应该是什么样的有诸多争议。梅德韦茨认为，智库是跨界型、复合型组织，不需要固定的定义，巧妙地避开了上述争议。

上述阐释在理论上很有帮助，意味着我们通过智库的行为而非定义去做研究。梅德韦茨指出，可以通过智库不同于传统渠道的影响力工具来进行定义：国会山上常青藤大学联盟的标志、媒体对政策草案的建议、吸引私人资助的社会科学研究项目等，不一而足。部分业内人士也赞成强调智库的行为，弱化对其固有特征的描述，譬如智库的"非营利性"机构的标签[①]，但是迄今为止这也并非研究智库的点。

然而，将智库定义为跨界型组织无法将智库主体行为的独特性体现出来。这个定义并未展示智库的轮廓或通过排除法来限定智库的范围。事实上几乎所有的机构都不是只涉及一个领域。以大学为例，大学并不只是单纯开展学术活动，大学内部还有外事部门，与商界和政府管理层时有合作，学者和学生们也频繁寻求影响政治和政策的机会。梅德韦茨注意到了上述缺陷并提出可以将智库看作新兴的"间质性领域"（Medvetz 2012a）。梅氏此举颇值得称道，但对于本书而言，从更具有操作性的层面来看，我希望将智库定义为"公共干预"（public interventions）。具体而言，智库学者以一个有着悠久历史的组织机构进行公共干预，而且这种干预能被大众传播。由此，在接下来的章节中，我将智库视为干预政策辩论的"智力小组"，这种小组兼具组织发

19

---

① 在部分东欧国家，由于慈善机构管理法律以及可用资金的限制，许多智库是以营利机构的名义登记的。（Onthinktanks.org 2013）

展的可能性和局限性，同时需要经济支持和协调。

那么问题来了，应该把经济合作与发展组织（OECD）、国际清算银行（BIS）甚至国际货币基金组织（IMF）这种有智库行为的国际机构和非政府组织纳入智库的范围里来吗？我持肯定态度，因为这些机构确实有进行公共政策相关的非执行性干预，而且机构雇员也因此扮演了"干预者"的角色。这些机构在梅德韦茨的"间质性领域"发挥了不小的作用。然而它们与绝大部分智库不同的是，它们的工作并不限于政策导向的公共干预。尽管宾夕法尼亚大学的全球智库排行负责人麦甘在 2009—2018 年均将国际特赦组织（Amnesty International）和人权观察组织（Human Rights Watch）列入智库名单，但是这两个非政府机构的工作远远不止研制政策报告。

另一方面，大学的研究中心和部门有资格被称为智库吗？尽管有很多观点认为大学正在智库化，但如果研究人员不能代表机构发言，那还是不应该被视为智库（Holmwood 2014）。学术人员鲜少代表其所在院系进行公共干预。智库的主旨正是智库会员学者以智库的名义发声，类似于修辞中的"拟人化"：在希腊语中，造一个本身失语的人形或脸孔，在特定话题上赋予其讲话的能力（González Hernando and Baert 即将出版；Cooren 2016）。

有鉴于公共干预作为上述定义的核心，我接下来主要用公共干预来判断智库组织的转型，着眼于智库研究的主题、对事件的解读及其形式。政策报告对此项研究大有助益，因为政策报告是智库最典型的产品，能极大反映出报告撰写时的大环境，如引用文献的作者、资助方、顾问和政策制定者。因此可以理解为，智库的公共干预有物质和意识形态双方面的影响，在趣味相投又具有竞争关系的行为者中进行了自我定位。

此外，一如民主理论家所坚持的（Dewey 1946［1927］；Rosanvallon 2008），民主社会和非民主社会中（McGann 2010），政府出于执政合法性考虑，公共政策都需要看起来是受各方因素影响而制定的。这可以是现有的可靠证据，或按标准来说最好的理由。一旦理解了公共干预是公共辩论的基石角色，就能清晰认识到智库和类似机构在公共政策中的重要性。

本项研究的时间范围是 2007 年 1 月—2013 年 12 月，这段时间外的一些智库工作也有提到，主要是为研究背景和智库后续发展方向提供必要的说明。从 2007 年开始研究，让我们可以去发现四家案例智库是否已注意到金融系统不稳定的早期迹象，比如美国次贷市场的首次减记、英国北岩（Northern Rock）银行当年 9 月份的挤兑事件。考虑到由这次危机所触发的组织转型在 2013 年基本完成，因此将研究范围结束时间定在这一年。其间值得一提的转折点包括了 2010 年英国议会选举①、紧缩政策的确定以及移民话题在公共辩论中的日益突出。

不过，任何设想好的研究时间跨度还是有可能遗漏组织内外的重要发展事件，有两个事件特别突出。最值得一提的当然是 2016 年的英国脱欧公投及随之而来的关于"后真相"政治的辩论，我在最后一章会提到这一点。第二件则是有关慈善组织竞选职能被提上立法议程，引起慈善委员会（2013）准则发生变更，促成《游说透明度、非党派竞选和工会管理法案》于 2014 年获批。尽管这其中大部分变革在 2016 年已被取消，但其制定的过程或其纯粹的可能性，都对智库和其他第三部门组织的工作产生了重大影响。

最后要指出的一点是，英国没有特别针对智库的法律框架。但是，基于"教育"目的，绝大部分智库都注册的是慈善主体，若非受益于免税制度，有些智库恐怕要有生存之忧了。因此，智库行为基本是受到慈善事务委员会监督的。这意味着他们需要拥有董事会并必须符合"公共利益"的相关条款，由此智库参与竞选活动或者在选举前期参与进政党政治的角色中，都有受到限制或者直接排除可能性。不过，部分智库并没有注册为慈善机构，而是在英国公司登记局注册为有限责任公司（请参阅第四章）。

这些法律条款或许可以解释为何经济所和市民社会研究所（Civitas）都宣称不具

① 译者注：诞生了无多数议会与战后英国首个"联合政府"。

21

有"企业化观点"。然而就本书的目的而言，智库出版或不出版哪些专家的著作已经能够说明他们对政策辩论的倾向。举例来说，了解经济所历史的人都知道这家智库

22 不会发布争论工业国有化的报告，如果其发布带有外部作者标识的此类文章则意味着对他们观点的抗议。

从这个意义上讲，智库的"品牌"是具有一定分量的，而且与思想和人际网络相辅相成，接下来我将以阐释本书选取的四家智库的"品牌"作为本章的结尾。

哪些智库？

根据最新的全球最具影响力的智库排行榜（McGann 2018），英国的智库数量目前仅次于美国和中国，共有 444 家，前一年的数量是 288 家（McGann 2017）。尽管该报告对智库的定义和评价的方法论饱受争议，但确实也说明了英国智库和类智库机构的数量之多。目前很多分析制度和以知识应对危机的案例都难以自圆其说，而且都局限于政策领域，本文努力将研究样本的数量最小化、种类丰富化。因此我虽无意提供智库的分类法，但还是将遴选方法略做解释。

考虑到案例研究的潜在理论收益，我选择了该种方式，并基于三个因素进行了比较分析。第一个因素是智库所宣称的意识形态，他们声称要坚守社会和经济的特定理念，尤其是对经济去监管化的态度。关于智库自 20 世纪 70 年代兴盛以来所获得的利益和遭受的偏见及与私营企业、意识形态和政治利益的互相渗透情况，已有很多相关文献（Cockett 1995；Muller 1996；Stone 1991；Jacques et al. 2008）。毕竟，人们根据普遍能理解的政治立场来判断智库是比较合理的，比如保守派、自由派、社会民主派等。再者，毋庸置疑，经济组织方式和政治立场往往一脉相承，也与社会关系有千丝万缕的关联。也就是说，绝大部分智库及其社会关系都是非左即右的。当然，这

23 也是一个情境因素。根据英国的主流划分，左翼意味着福利国家政策的推行，右翼则与**放任自由**（laissez-faire）的市场经济息息相关。因此左翼智库更容易获得工会等组

织的实质性支持,而右翼智库则能得到来自私营企业的捐助。尽管真正将这些类别进行细分是项复杂繁重的工程,但这个划分还是给我们的研究提供了一个基本的区分点。

第二个因素是智库与政治权力网络的亲近程度。一些颇具影响力的智库与政党或某一派系关系暧昧,即使法律并不允许慈善组织公然参与党派政治。这样就能很清楚地预测到智库进行公共干预时采用的话语体系类型(从话语制度主义的角度讲,这被称为"协调性"或"沟通性"),尤其是在面对目标决策者和大众时的不同选择(Schmidt 2008)。换一个角度,尽管智库总希望被认为对政党具有影响力,但与政治保持一定距离也很有必要。这一点能让智库显得更具独立性和认知自主权,从而使决策者有了更多在多党派体制下无法获得的专家背书。此外,与政治家关系一般的智库会更加犀利,不像那些想左右逢源的智库,这样反而可能提升了这些智库的知名度,当然他们公正的形象也有可能会受损。

相应地,第三个因素则是看这家智库是持有规范性观点倾向还是中立的专家倾向。尽管传统机构的专家权威地位早已被动摇(Brooks 2012),但在政治和意识形态上不偏不倚的智库和非此类智库的区别照样泾渭分明(Baert and Booth 2012)。进一步来说,公开的党派机构往往通过某类专业知识来平衡自身的立场,而智库则通过其中立、跨党派的特征和学术性表明姿态。因此,我们可以假设,智库学者希望所属智库不具党派倾向,工作上以社会科学实证为指导,重视财务和政治自治并远离政治龃龉。不过必须指出这种立场的代价,譬如在知识上做的切割影响了政治竞争的参与度,需要与媒体、政党、利益集团和非学术性来源经费保持适度距离。因此,"中立"非一日之功,其需要的开放性和学术支撑未必所有智库都能承受。

因见前文,我选取了四家英国智库作为研究对象。从接触策略(中立还是倡导)、意识形态立场(支持还是反对经济去监管化)、与党派的关系(亲近还是疏离)这三个维度选取智库样本,以较小的范围换取了较深度的研究结果。至关重要的一点是,与多面手型智库相对的是专门致力于某一项政策领域的智库,研究智库的一个重要维度就是智库选择研究的领域。

第一家案例智库是左翼的新基会。该智库成立于 1986 年，旨在提出可持续性和福祉方面的创新经济政策建议。智库在环境政策、地方经济和福利政策方面颇有名气，同时也有工作、幸福感和民主政治等方面的产出。新基会智库与媒体关系很好，资金主要来源于慈善基金。新基会的核心理念是"减增长"（即 GDP 不可能在资源有限的地球上无限增长），非主流经济学和其对金融主导地位的对抗性观点，在 2008 年经济危机的余波中得以有效传播。

第二家案例智库，则是堪称英国自由市场运动堡垒之一的亚当所。该智库成立于 1977 年，亚当所以旗帜鲜明地反对监管、税收、国家供给和公有制而著称。亚当所深谙媒体运作之道，时至今日还有一个年轻的小团队通过报告、专刊、博客和社交媒体进行公共干预。第二波浪潮中成立的智库的资金主要来源于私人和企业，亚当所作为自由主义的拥趸者在 20 世纪 80 年代的撒切尔私有化改革中功不可没。亚当所倡导自由市场而且依赖于匿名的私人捐赠，因此 2008 年经济危机对这家具有象征意义的智库来说，危机和机遇并存。

第三家案例智库是国经所。这家智库成立于 1938 年，致力于严谨的社会科学研究，尤其是应用经济学研究，旨在为政府提供独立可靠的政策建议。国经所的研究成果集中在经济预测和关于就业、培训、不平等及移民等涉及增长与生产率问题的报告。国经所资金来源于几个方面：研究合同收入、智库研发的计量经济模型的订购、委托型项目及经济评论和学术期刊等定期出版物收入。国经所一直恪守客观中立原则，重视对自身工作的审视，这使得其在危机中的表现相当引人瞩目。

最后一家案例智库是政策交流智库，由保守党议员于 2002 年创立，在卡梅伦担任首相的时代可谓独领风骚（Pautz 2012b）。政策交流智库着眼于本地化、自愿主义和自由市场解决方案，围绕住房、医疗保健、教育、安全和经济政策问题提出一系列政策建议。该智库资金来源于私人和慈善机构，并与保守党现代化推行者关系密切。因此政策交流智库的理念和政策建议对执政党和在野党的政客们来说都不容忽视。

所以研究政策交流智库不仅可以了解到智库建议产生的政策影响，还能通过其发展一窥卡梅伦领导下的保守党的施政轨迹。

　　最后简要说明余下章节的结构。第二章会探索智库、知识分子和政策变革的理论方法。第三章将延伸至相关的文献和后续采用的方法论。无意于枯燥学术理论的读者可以直接跳到第四章，但烦请拨冗浏览"滞后"假说模型（图 2.2），以便更容易理解本书的分析框架。接下来的实证章节会描述相关智库的基本特征，追溯其在经济危机后的变革行为，然后对这家智库的运转方式进行概括。最后一章对这四家智库的发展现状进行了对比，并希望借他们公众参与模式的变迁进一步揭示英国公共决策的宏观图景。

26

参考文献

［1］ Abelson, D. (2002). Do think tanks matter? Opportunities, constraints and incentives for think tanks in Canada and the United States. *Global Society*, *14*(2), 213 – 236.

［2］ Abelson, D. (2012). Theoretical models and approaches to understanding the role of lobbies and think tanks in US foreign policy. In S. Brooks, D. Stasiak, & T. Zyro (Eds.), *Policy expertise in contemporary democracies*. Farnham: Ashgate.

［3］ Abolafia, M. (2010). Narrative construction as sensemaking: How a central bank thinks. *Organization Studies*, *31*(3), 349 – 367.

［4］ Anderson, R. (2016). The Rashomon effect and communication. *Canadian Journal of Communication*, *41*(2), 250 – 265.

［5］ Aupers, S. (2012). Trust no one: Modernization, paranoia and conspiracy culture. *European Journal of Communication*, *27*(22), 22 – 34.

［6］ Baert, P., & Booth, J. (2012). Tensions within the public intellectual: Political interventions from Dreyfus to the new social media. *International Journal of Politics, Culture and Society*, *25*(4), 111 – 126.

[7]　Baert, P. , & Shipman, A. (2012). Transforming the intellectual. In P. Baert & F. Domínguez Rubio (Eds.), *The politics of knowledge* (pp. 179 – 204). New York: Routledge.

[8]　Ball, S. , & Exley, S. (2010). Making policy with 'good ideas': Policy networks and the 'intellectuals' of New Labour. *Journal of Education Policy*, *25*(2), 151 – 169.

[9]　Banet-Weiser, S. (2012). Branding the crisis. In J. Caraca, G. Cardoso, & M. Castells (Eds.), *Aftermath: The cultures of economic crisis* (pp. 107 – 131). Oxford: Oxford University Press.

27　　[10]　Bauman, Z. (1989). *Legislators and interpreters: On modernity, postmodernity and intellectuals*. Cambridge: Polity.

[11]　BBC. (2017). Crash was economists' 'Michael Fish' moment, says Andy Haldane. Accessed 15 September 2018. https://www.bbc.com/news/uk-politics-38525924.

[12]　Beck, U. , & Wehling, P. (2012). The politics of non-knowing: An emergent area of social and political conflict in reflexive modernity. In P. Baert & F. Domínguez Rubio (Eds.), *The politics of knowledge* (pp. 33 – 57). New York: Routledge.

[13]　Bentham, J. (2006). The IPPR and Demos: Think tanks of the new social democracy. *Political Quarterly*, *77*(2), 166 – 174.

[14]　Berry, M. (2016). No alternative to austerity: How BBC broadcast news reported the deficit debate. *Media, Culture and Society*, *38*(6), 844 – 863.

[15]　Boin, A. , t'Hart, P. , & McConnell, A. (2009). Crisis exploitation: Political and policy impacts of framing contests. *Journal of European Public Policy*, *16*(1), 81 – 106.

[16]　Boltanski, L. , & Thévenot, L. (2006). *On justification: Economies of worth*. Princeton: Princeton University Press.

[17]　Bourdieu, P. (1988). Vive la crise!: For heterodoxy in social science. *Theory & Society*, *17*(5), 773 – 787.

[18] Brändström, A., & Kuipers, S. (2003). From 'normal incidents' to political crises: Understanding the selective politicization of policy failures. *Government and Opposition*, *38*(3), 279 – 305.

[19] Brooks, S. (2012). Speaking truth to power: The paradox of the intellectual in the visual information age. In S. Brooks, D. Stasiak, & T. Zyro (Eds.), *Policy expertise in contemporary democracies* (pp. 69 – 85). Farnham: Ashgate.

[20] Bryan, D., Martin, R., Montgomerie, J., & Williams, K. (2012). An important failure: Knowledge limits and the financial crisis. *Economy & Society*, *41*(3), 299 – 315.

[21] Campbell, J. (2002). Ideas, politics and public policy. *Annual Review of Sociology*, 28, 21 – 38.

[22] Charity Commission. (2013, September 1). *What makes a charity* (CC4). Accessed 10 January 2016. https://www. gov. uk/government/publications/ what-makes-a-charity-cc4.

[23] Cockett, R. (1995). *Thinking the unthinkable*. London: HarperCollins.

[24] Collini, S. (2006). *Absent minds: Intellectuals in Britain*. Cambridge: Cambridge University Press.

[25] Cooren, F. (2016). *Organizational discourse: Communication and constitution*. London: Wiley.

[26] Crehan, K. (2011). Gramsci's concept of common sense: A useful concept for anthropologists? *Journal of Modern Italian Studies*, *16*(2), 273 – 287.

[27] Crehan, K. (2016). *Gramsci's common sense: Inequality and its narratives*. Durham: Duke University Press.

[28] Crouch, C. (2011). *The strange non-death of neoliberalism*. Cambridge: Polity.

[29] Davenport, C. (2010). *Media bias, perspective, and state repression: The Black Panther Party*. Cambridge: Cambridge University Press.

[30] Davies, W., & McGoey, L. (2012). Rationalities of ignorance: On financial crisis and the ambivalence of neoliberal epistemology. *Economy & Society*, *41*(1), 64 - 83.

[31] de Goede, M. (2009). Finance and the excess: The politics of visibility in the credit crisis. *Zeitschrift für Internationale Beziehungen*, *16*(2), 295 - 306.

[32] Denham, A., & Garnett, M. (1998). *British think tanks and the climate of opinion*. London: UCL Press.

[33] Denham, A., & Stone, D. (Eds.). (2004). *Think tank traditions*. Manchester: Manchester University Press.

[34] Desai, R. (1994). Second hand dealers in ideas: Think tanks and Thatcherite hegemony. *New Left Review*, *203*(1), 27 - 64.

[35] Dewey, J. (1946 [1927]). *The public and its problems: An essay in political inquiry*. Chicago: Gateway Books.

[36] Domho, G. W. (1967). *Who rules America*? New York: McGraw Hill.

[37] Engelen, E., Erturk, I., Froud, J., Johal, S., Leaver, A., Moran, M., et al. (2011). *Misrule of experts? The financial crisis as elite debacle* (CRESC Working Paper Series, 94).

[38] Eyal, G., & Pok, G. (2011). From a sociology of professions to a sociology of expertise. Accessed 20 February 2015. http://cast.ku.dk/papers_security_expertise/ Eyal__2011_From_a_sociology_of_professions_to_a_sociology_of_ expertise.pdf.

[39] Eyerman, R. (2011). Intellectuals and cultural trauma. *European Journal of Social Theory*, *14*(4), 453 - 467.

[40] Fischer, K., & Plehwe, D. (2013). Redes de think tanks e intelectuales de derecha en América Latina. *Nueva Sociedad*, 245, 70 - 86.

[41] Fourcade, M. (2009). Economists and societies: *Discipline and profession in the United States, Britain and France, 1890s to 1990s*. Princeton: Princeton University Press.

[42] Gamble, A. (2009). *The spectre at the feast: Capitalist crisis and the politics of recession*. Basingstoke: Palgrave Macmillan.

[43] Gills, B. (2010). The return of crisis in the era of globalization: One crisis, or many? *Globalizations*, *7*(1 - 2), 3 - 8.

[44] Gramsci. A. (1999 [1971]). *Selections from the prison notebooks*. London: Elecbooks.

[45] Gonzälez Hernando, M., Pautz, H., & Stone, D. (2018). Think tanks in 'hard times': The global financial crisis and economic advice. *Policy & Society*, *37*(2), 125 - 139.

[46] González Hernando, M., & Baert, P. (forthcoming). Collectives of intellectuals: Their cohesiveness, accountability, and who can speak on their behalf. *The Sociological Review*.

[47] Herbst, S. (2003). Political authority in a mediated age. *Theory & Society*, *32*(4), 481 - 503.

[48] Holmwood, J. (2014). Sociology's past and futures: The impact of external structure, policy and financing. In J. Holmwood & J. Scott (Eds.), *A handbook of British sociology*. London: Palgrave.

[49] Jacoby, R. (2000). *The last intellectuals: American culture in the age of academe*. New York: Basic Books.

[50] Jacques, P., Dunlap, R., & Freeman, M. (2008). The organisation of denial: Conservative think tanks and environmental scepticism. *Environmental Politics*, *17*(3), 349 - 385.

[51] James, S. (1993). The idea brokers: The impact of think tanks on British government. *Public Administration*, *71*, 491 - 506.

[52] Kay, L., Smith, K., & Torres, J. (2013). Think tanks as research mediators? Case studies from public health. *Evidence and Policy*, *59*(3), 371 - 390.

29

[53] Krastev, I. (2001). Think tanks: Making and faking influence. *Southeast European and Black Sea Studies*, *1*(2), 17 – 38.

[54] Lawson, T. (2009). The current economic crisis: Its nature and the course of academic economics. *Cambridge Journal of Economics*, *33*(4), 759 – 777.

[55] Lischinsky, A. (2011). In times of crisis: A corpus approach to the construction of the global financial crisis in annual reports. *Critical Discourse Studies*, *8*(3), 153 – 168.

[56] Lo, A. (2011). *Reading about the financial crisis*: A 21-book review. Social Science Research Network. Accessed 15 March 2013. http://ssrn.com/ abstract=1949908.

[57] Lucas, R. (2003). Macroeconomic Priorities. *American Economic Review*, *93*(1), 1 – 14.

[58] Mazur, A. (1998). *A hazardous inquiry: The Rashomon effect at Love Canal*. Cambridge, MA: Harvard University Press.

[59] McGann, J. (2009). *2008 global go to think tanks and policy advice ranking*. Think Tanks and Civil Society Program. University of Pennsylvania.

[60] McGann, J. (2010). *Democratization and market reform in developing and transitional countries: Think tanks as catalysts*. London: Routledge.

[61] McGann, J. (2017). *2016 global go to think tanks and policy advice ranking. Think Tanks and Civil Society Program*. University of Pennsylvania.

[62] McGann, J. (2018). *2017 global go to think tanks and policy advice ranking*. Think Tanks and Civil Society Program. University of Pennsylvania.

[63] McGann, J., Viden, A., & Rafferty, J. (Eds.). (2014). *How think tanks shape social development policies*. Philadelphia: University of Pennsylvania Press.

[64] McGoey, L. (2012). Strategic unknowns: Towards a sociology of ignorance. *Economy & Society*, *41*(1), 1 – 16.

[65] McLennan, G. (2004). *Dynamics of transformative ideas in contemporary public*

30

discourse, *2002—2003*. Accessed 15 October 2013. http://www. esds. ac. uk/doc/ 5312/mrdoc/pdf/q5312uguide. pdf.

[66] McNutt, K., & Marchildon, G. (2009). Think tanks and the web: Measuring visibility and influence. *Canadian Public Policy*, *35*(2), 219 – 236.

[67] Medvetz, T. (2012a). *Think tanks in America*. Chicago: University of Chicago Press.

[68] Medvetz, T. (2012b). Murky power: ' Think tanks' as boundary organizations. In D. Golsorkhi, D. Courpasson, & J. Sallaz (Eds.), *Rethinking power in organizations, institutions, and markets: Research in the sociology of organizations* (pp. 113 – 133). Bingley: Emerald Group Publishing.

[69] Mills, C. W. (1956). *The power elite*. Oxford: Oxford University Press.

[70] Misztal, B. (2012). Public intellectuals and think tanks: A free market in ideas? *International Journal of Politics, Culture and Society*, *25*(4), 127 – 141.

[71] Morin, E. (1976). Pour une crisologie. *Communications*, *25*, 149 – 163.

[72] Muller, C. (1996). The institute of economic affairs: Undermining the postwar consensus. *Contemporary British History*, *10*(1), 88 – 110.

[73] Onthinktanks. org. (2013). *For-profit think tanks and implications for funders*. Accessed 25 March 2015. https://onthinktanks. org/articles/for-profit-think-tanks-and-implications-for-funders/.

[74] Pautz, H. (2012a). *Think tanks, social democracy and social policy*. London: Palgrave Macmillan.

[75] Pautz, H. (2012b). The think tanks behind ' cameronism '. *British Journal of Politics and International Relations*, *15*(3), 362 – 377.

[76] Pautz, H. (2016). Managing the crisis? Think tanks and the British response to global financial crisis and great recession. *Critical Policy Studies*, *11*(2), 191 – 210 [Online early access].

31   [77] Pierson, R. (1994). The epistemic authority of expertise. *PSA: Proceeding of the Biennial Meeting of the Philosophy of Science Association*, *1*, 398 – 405.

[78] Plehwe, D. (2010). Think tanks und Entwicklung. Bessere Integration von Wissenschaft und Gesellschaft? *Journal für Entwicklungspolitik*, *26*(2), 9 – 37.

[79] Posner, R. (2003). *Public intellectuals: A study of decline. Cambridge*, MA: Harvard University Press.

[80] Rantanen, T. (2012). In nationalism we trust? In J. Caraca, G. Cardoso, & M. Castells (Eds.), *Aftermath: The cultures of economic crisis* (pp. 132 – 153). Oxford: Oxford University Press.

[81] Rohloff, A., & Wright, S. (2010). Moral panic and social theory: Beyond the heuristic. *Current Sociology*, *58*(3), 403 – 419.

[82] Roitman, J. (2013). *Anti-crisis*. London: Duke University Press.

[83] Rosanvallon, P. (2008). *La légitimité démocratique: Impartialité, réflexivité, proximité*. Paris: Seuil.

[84] Roth, W., & Mehta, J. (2002). The Rashomon effect: Combining positivist and interpretivist approaches in the analysis of contested events. *Sociological Methods and Research*, *31*(2), 131 – 173.

[85] Sandvoss, C. (2010). Conceptualizing the global economic crisis in popular communication research. *Popular Communication: The International Journal of Media and Culture*, *8*(3), 154 – 161.

[86] Schlesinger, P. (2009). Creativity and the experts: New Labour, think tanks, and the policy process. *International Journal of Press/Politics*, *14*(1), 3 – 20.

[87] Schmidt, V. (2008). Discursive institutionalism: The explanatory power of ideas and discourse. *Political Science*, *11*(1), 303 – 322.

[88] Schmidt, V., & Thatcher, M. (2013). *Resilient liberalism in Europe's political economy*. Cambridge: Cambridge University Press.

[89] Scott Solomon, M. (2010). Critical ideas in times of crisis: Reconsidering Smith, Marx, Keynes, and Hayek. *Globalizations*, *7*(1 - 2), 127 - 135.

[90] Sinclair, T. (2010). Round up the usual suspects: Blame and the subprime crisis. *New Political Economy*, *15*(1), 91 - 107.

[91] Stone, D. (1991). Old guard versus new partisans: Think tanks in transition. *Australian Journal of Political Science*, *26*(2), 197 - 215.

[92] Stone, D. (1996). From the margins of politics: The influence of think-tanks in Britain. *West European Politics*, *19*(4), 675 - 692.

[93] Stone, D. (2007). Recycling bins, garbage cans or think tanks? *Public Administration*, *85*(2), 259 - 278.

[94] t'Hart, P., & Tindall, K. (Eds.). (2009). *Framing the global economic downturn: Crisis rhetoric and the politics of recessions*. Sydney: ANU Press.

[95] Tesseyman, A. J. (1999). *The new right think tanks and policy change in the UK*. (PhD thesis). Department of Politics, University of York.

[96] Thompson, J. (2012). The metamorphosis of a crisis. In J. Caraca, G. Cardoso, & M. Castells (Eds.), *Aftermath: The cultures of economic crisis* (pp. 59 - 81). Oxford: Oxford University Press.

[97] Tooze, A. (2019). *Crashed: How a decade of financial crises changed the world*. London: Penguin.

[98] Walby, S. (2016). *Crisis*. Cambridge: Polity.

[99] Westermeier, C. (2018). The Bank of International Settlements as a think tank for financial policy-making. *Policy & Society*, *37*(2), 170 - 187.

[100] Wren-Lewis, S. (2018). *The lies we were told: Politics, economics, austerity and Brexit*. Bristol: Bristol University Press.

32

第二章　思考如何在智库中产生

本章为本书奠定了理论和方法论基础。我首先介绍并检验了三种方法，它们为我后面使用的概念工具提供信息：梅德韦茨对布尔迪厄场域论的运用、知识干预的社会学以及新制度主义对组织和公共政策的研究。然后，我进一步阐述了如何利用智库的公共干预作为知识和制度变革的指标，以及我的访谈方式。这些为研究设计接下来的章节提供了形式，借助以"零"假设为核心的"滞后"假说，构建了以下诸章。

智库之为越界者

梅德韦茨（Medvetz 2012）的著作《美国智库》（*Think Tanks in America*）应该是近年来关于这个话题最有影响力的一本书，该书内容对智库学术界专注于定义和类型学的倾向颇有挑战意味。梅德韦茨表示，在智库的定义层面，对于如大学、政府、特殊利益集团等组织必须保持独立才能被视为"真正的"智库的争论早已甚嚣尘上。他认为智库必须与国家切割的定义方法只会排除大部分德国和中国具有可比性的组织，得不偿失。梅德韦茨批评类型学（Weaver 1989），认为他们过于轻率地将智库整齐分类而且夸大了智库的稳定性。

针对以上论点，梅德韦茨提出了一个基于皮埃尔·布尔迪厄（Pierre Bourdieu）的社会学模型，特别运用了"场域"（field）和"资本"（capital）的概念，简而言之，是各具规则、等级制度（如学术）和相关资源（如博士学位及其赋予的声望）的争议领域。梅德韦茨将智库理解为跨界机构，至少在学术、政治、媒体和经济四个领域利用各自的资本开展工作。因此，智库在一系列广泛的目标和资源之间发挥着平衡作用

（Bourdieu and Wacquant 1992；Couldry 2003）。这个定义意味着智库在进入某一场域时自带外力光环。智库将经济因素纳入社会科学研究，通过媒体传播学术观点，委任学者和商业人士撰写政策报告等。

　　然而，智库这种复合型组织何以能够在每个相关领域生存、繁荣而不被更专业的竞争者击败？梅德韦茨的答案是，智库的竞争优势源自其跨界能力带来的可塑性和韧性。譬如，如有需要，具有相当媒体知名度的智库可以为政治家提供平台以赢得他们的青睐，并在这个过程中成为政策相关的智库；与商界关系密切的智库可能着力增强学术吸引力，以提高自身建议的可信度。

　　如果顺着这个思路，会有两个至关重要的问题出现。首先，一家智库积累某一特定类型资本时可能削弱其获取其他资本的能力，即顾此失彼的情况。潜心学术的组织可能被商界视为深奥，被媒体嫌弃沉闷，被政界弃作无用。反之，与资金来源方关系甚密的组织，不仅会被学术界和媒体指责为趋炎附势，政治上也会为这种关系所累。因此梅德韦茨建议，最佳方案是找到一个中间地带，在避免失衡的情况下，获取四种资本的最大量，保持能互相怀疑的距离。其次，降低智库认知自主性的因素可能同时也是智库灵活性和权力的来源。由于智库的复合天性，智库从业者比学者更具政治头脑，比政治家更具学术思维，比游说团体更能游刃有余于媒体间。

　　梅德韦茨认为，美国智库崛起时，左右两派对技术官僚、实证主义和学术界的批评不绝于耳。这一股批评浪潮认为大学和政策机构过于精英化，制定了不合时宜、自利又难以执行的政策，智库则开始试图在日益喧闹的政策辩论舞台上占领一席之地。在此过程中，此类组织模糊了专业知识和政治的边界，阻碍了自主知识分子独立成长的可能性，催生了社会科学知识的退化——大量论文的结论早在研究进行之前就已经确定了。

　　这个理论的一大重要优势在于，既避免了对智库过于确定的看法，又没有将智库描述为完全自主的组织——智库需要应对各方压力，这些压力还时而相互冲突。另一进步是，它拓展了智库追求学术严谨目标之外的其他可能。智库的受众可能对同

35

一份政策报告有不同的解读，假设他们中的任何一个享有特权（如学术界的特权）可能无法反映这些机构的实际目标。在这一点上，梅德韦茨认为不同的智库对认知自主的重视程度不同。如果智库根据社会科学证据而改变自己的政策立场，在某些方面可能会被理解为背叛自己的理念，从而影响他们从意识形态盟友那里得到的支持。

36　　　　　我的想法很大程度上受到了梅德韦茨的启发，这本书也可以说是我对他的框架进行扩展的一种尝试。我试图换一个研究背景来回答不同的问题：不去追溯智库如何在跨领域边界出现，而是着眼于智库如何应对一场经济、政治、认知乃至媒体危机。同时，我也希望完善一些梅德韦茨书中没有直接涉及的理论，特别是关于智库参与领域的动态多样性。

　　　　　需要强调的是，这个问题虽然隐含在《美国智库》中，但只是轻描淡写。在这里有必要诉诸布尔迪厄的术语。梅德韦茨认为智库至少在四个领域运作以获取并部署它们相应的资本形式：财务（金钱和获取手段）、政治（权力和当权者的关注）、媒体（知名度）和学术界（学术信誉）[①]。根据布尔迪厄的理论，每一个场域都遵循特定逻辑，同时又在与其他场域互相影响。也意味着，在每个场域和资本中，至少存在两种类型的争夺：一种是"外部的"，一种是"内部的"。

　　　　　所谓外部争夺，我指的是不同类型的资本在既定场域内的优先顺序是有价值争议的。大多数布尔迪厄学派理论家通过区分更"自主性"和更"他律性"的场域，即内部竞争受外部因素影响的程度，来讨论相关问题（Pels 1995；Benson 1999）。衡量这个点的方法之一是通过"资本可兑换性"（capital convertibility），即与某一场域基本无关的资源在"博弈"结果中发挥作用的程度（Calhoun 1995）。比如，在一个相对自主的场域（如数学）中胜任的人，通常或至少在理想状况下，与钱、权关系不大，特别是与

37　一个更为他律性的场域（如公共政策）相比。因此，在处于两者之间的时候，智库所做

---

　　　① 萨维奇（Savage et al. 2005）认为布尔迪厄的资本概念从四种形式（经济的、文化的、社会的和符号的）扩展到了后期著作中更加关注细分领域的形式（例如教育）。

的一部分工作就是促进资本转换：运用学术证书和理念来证明某种政治行动的正当性，投放经济资源来资助特定的研究成果①等。换句话说，他律性是智库的核心。

　　然而，将一种形式的资本"转换"为另一种形式的资本的过程从来都不是轻而易举的。那些向某种特定资本注入巨资的人通过使该资本获得更广泛的认可而获利。如果一个人很有钱，那他会因为可购买物品的增多而获益；如果一个人学历很高，他就更有动力推动专家和大学在社会中发挥更大的作用。但是，这些转换资本的尝试经常遭到掌握不同资源人士的质疑。从这种质疑中可以得出资本转换中普遍存在着摩擦的推论，而这种摩擦或体现为"减损"或体现为"隐匿"（Bourdieu 1986：54）。一个拥有很强学术背景的人很可能会主张科学和学术界在政策制定中发挥尽可能大的影响力，但理想和现实存在距离，事实情况是学术水平高的人很难毫发无损地将学术能力转变为政治权力。反之，金融巨头也无法仅凭所持资本来大张旗鼓地寻求政治影响力，因此在政治中的经济资本通常以其他形式"隐藏"起来。这也是为何梅德韦茨认为智库是通过促进资本转换改变营运范围的跨界机构。

　　截至目前，本书观点与梅德韦茨的论点尚无太大的偏离，诚然，在他后来的一本著作中也明确提到了"资本转换率"（Medvetz 2015：232）。不过这些问题又导致了我之前提到的第二类场域争端：任何实际资源都会首先被理解为在一个场域内能够被调动的资本（Savage et al. 2005）。布尔迪厄将资本定义为"资源的集合"，这些资源存在于各种介质（如教育、言谈举止）或通过事物、机构、符号、社会关系传递（Bourdieu 1986：46）。这个定义意味着这些资本必须对他人也是重要的，或者说资源的集合在社会关系链中都被认可。

　　通俗而言，资本意味着金钱。因此，以金钱这种资本形式衡量财富或需求的方法是相对直接的，至少在当代的资本主义社会它是抽象的、可量化的、普遍却又稀缺的，

38

---

　　①　经济所的 2014 英国脱欧奖（这是一项征文比赛，征求的是协助英国脱欧的最佳政策机制建议）就是这类努力的极佳体现。见 https://iea.org.uk/brexit，访问于 2015 年 5 月 20 日。

而且它也是高度可转换的。甚至可以说，高度可转换性赋予了经济领域非同一般的权力（Bourdieu 2000）。此外，即使某种形式的经济资本（如货币）的价值发生变化，其波动通常也能用可计算的"汇率"来表示。当股票或货币的价格波动时，尽管其未来价值不确定，在任何时间点，都有一个数值对照以方便与其他经济资源进行比较（并与之交换）。

可以肯定的是，大多数形式的资本并不像货币那样容易量化，它们的可兑换性也没有货币那么精准。正如对市场机制表现研究所显示的那样，即使是经济资本也不如通常假设的那么透明（Muniesa 2014）。尽管如此，衡量学术、媒体或政治资本的一种常见方法是计算所有可以计算的东西。例如，要评估智库的学术资本，可以依据员工中拥有博士学位的比例以及同行和专家对其发表出版物的引用程度等，但这是有限的，绝不是唯一的办法。由于资本首先是一种在社会交往互动中被普遍认可的资源，其价值随时间而变化，因此有必要从定性的和历史的角度来探讨这些问题。否则，就会因忽视学术领域内部紧张局势而对智库产生重大影响的风险。例如，仅仅说一个政策研究所雇佣了许多经济学家是不够的。在这个学科中，不同的学派（新凯恩斯主义者、奥地利学派、货币主义者等）构建了自己的网络（部门、期刊、协会等），以争夺声望和关注度，从而对什么是"优良经济学"各持己见。

对本书来说至关重要的是，在资源价值和领域边界不断变化时，这些内在的紧张关系会更加紧迫。紧接之前经济学的例子，金融危机后，至今都算相对边缘化的学者，如海曼·明斯基（Hyman Minsky）的理念几乎在一夜之间获得了广泛的关注，而占主导地位的学者，如罗伯特·卢卡斯的理念则面临着重要的挑战。此外，即使是对在所有资本种类中看起来最透明的经济资本而言，其来源和地位也绝非纯粹关乎经济。即使数额相同，接受研究委员会的资助与接受富人的捐赠完全不同。不仅是它所附带的"条件"不同，其造成的声誉影响也会不同。

这些思考启发自米歇尔·多布里（Michel Dobry）的《危机政治社会学》（*Sociologie des Crisists politiques*），遗憾的是这本书在法语学术界之外的发行量有限。多布里的社会学也受到布尔迪厄场域论的影响,他的理论最初应用于苏联解体后的东欧国家,指出资源价值会在政治危机中变得不再稳定。因为在这种时刻,社会场域的界限,或者用他的话说,各行业的界限变得通透,各行为体意识到他们的行为可以在通常的影响范围之外引起回响。这些更广泛的影响虽然在某种意义上总是存在的,但往往在"正常"时期没有被注意到,因为在"正常"时期,社会行动更容易在其所谓的职权范围内受到限制。多布里把危机看作"战术性依赖扩大"的情境,即在这种情境下,社会行动的"战术依赖"被"拓宽"到传统上被认为是互相独立的社会领域。例如,在金融危机期间,经济理论,无论其作者多么希望它具有技术性和客观性,总无法避免被视为带有政治因素。

　　然而,多布里警告说,人们不应夸大危机与常态之间的区别。他引用尼采的话声称"前者揭示后者之所藏,而非改其形"①。毕竟,经济学总是具有政治性的。但是人们也不应夸大个人在"领域开放"后影响危机后果的能力;他把这种错误叫作"英雄幻想"。尽管后浪们的锋芒可能会越来越显露,但其行动的有效性取决于他们通过何种渠道打入更广泛的网络,而想要进入这些网络往往还是要继续看老牌精英们的脸色。基于上述原因,我认为梅德韦茨的理论应该扩展以考虑场域和资本的不稳定性。认识到资本是多样且千变万化的,场域是不稳定的,指向了一个梅德韦茨模型需要被"动摇"的节点。

　　在这一点上,梅德韦茨(Medvetz 2015:222)认为,智库可以发挥其在领域交叉点进行斡旋的能力,这种影响力类似于布尔迪厄的"象征性权力"——"赋予含义并正当化区别的权力"——界定什么是有价值的资本。而且可以肯定的是,这种斡旋向来都不是以中立的立场进行的。例如,政治资本并不是严格地仅限于一个维度,而在天平的两端或"多"或"少"。政治场域也不是那么简单,类似的情况也适用于其他场域。

———————————

　　① "所有病态的价值在于,它们将特定的在正常情况下难以观察到的情况放到了放大镜下。"[Nietzsche,见 Dobry 2009:317(作者自译)]

智库利用学术资历来维护其可信度，本身即具有战略意义，而其对某些经济理论的推广则已体现出其对什么是健全的经济学的看法。从这个意义上说，不同学术资源的"价值"是不可能确定的，除非承认任何这样的衡量都是从某个有利视点，或布尔迪厄理论中有时提及的"习惯"进行的①。没有考虑到这一点，人们可能会误以为这些场域是规则永恒和利益透明的空间。

41　　　　这些反思至关重要，因为一家智库如果没有一个概念来支撑它的定位，人们就会想知道这个智库如何阐释自己意识形态的韧性。为什么智库不能为一系列日渐衰落的观点辩护，而是将自己与经济学上任一最受欢迎的理论相关联呢？举例来说，2008年之后，至少在一段时间内，自由市场理论受到攻击，这可能会使那些对自由市场进行了大量投资的人陷入困境。尽管如此，不出所料的是，智库不太可能简单地出售股份并减少损失。梅德韦茨的智库理念对变化非常敏感，但如果不明确提及智库在各场域的立场和倾向，就没有太多余地来解释它们在知识和体制方面承诺的坚定性。

　　　　当然，关于稳定的理论比比皆是。新制度主义（本章稍后将介绍）就是一个很好的例子。布尔迪厄本人经常被认为是社会再生产的理论家，而不是变革的理论家（Gorski 2013）。针对本书，在法国学术界转型的背景下，布尔迪厄使用"滞后"概念——影响的"滞后"远超其起因的持久性——来解释在极端的社会变革面前看待世界方式的持久性（Kerr and Robinson 2009）。在这项研究的背景下，"滞后"意味着智库产生的理念可能与他们过去提倡的理念相似。在其他条件相同的情况下，右翼智库倾向于推动右翼政策解决方案，左翼智库倾向于推动左翼政策解决方案。

　　　　尽管如此，不做功课就断言"滞后"现象可以解释智库的行为还为时过早。即使

---

①　有趣的是，在梅德韦茨的书中，"习惯"一词很少出现。尽管这一概念在布尔迪厄的思想中处于中心地位，且在社会学课程中经常与"场域"和"资本"一同教授。这个词只会在讨论政策专家的作用时出现，但从来没有与智库发生关联（Medvetz 2012：153 - 155）。由于已经有一些学者尝试将"习惯"这一概念用于研究组织（Emirbayer and Johnson 2008；Swartz 2013），因此这一概念的缺位就更显得耐人寻味，但仍有两种解释：一是这一概念关注的是早期社会化；二是在组织层次使用"习惯"这一概念会忽略组织的成员。

有人会自然而然地认为智库更有可能坚持其过去持有的观点，而不是主张一些全新的东西，这仍是一个人才和资金可以迅速流动的行业。某一特定政策领域的研究小组可以迅速组建、解散或重组，从根本上改变其政策重点和战略，特别是在智库很大程度上依赖于项目委托的情况下。事实上，许多智库未能形成一个可识别的身份和研究议程，尤其是在被互不相干的短期捐助利益所过度驱使的情况下。此外，政治和经济危机可能进一步加剧这种不稳定性。尽管如此，"滞后"现象还是提供了一个有用的模型来构建人们可能发现的公共干预——一个关于智力动态的临时性假设。

　　可以更进一步补充，理解智库的一种富有成效的方式是理解它们作为知识分子的作用，因为毕竟它们的机构可持续性取决于被"认可"以及协助创造出能使它们的理念被"认可"的特定环境（Scott 1995）。这意味着，智库不仅收集并使用资本，而且还参与界定资本的过程，例如传播它们认为的有价值的经济知识。这就是为什么知识分子的理论可以有效地应用于这些组织，特别是在理解能表明它们关于他人理念和整个社会的观点的学术和政治立场是如何通过它们的公共干预来被倡导的和推进的方面。下一节我将详细介绍这些主题。

智库之为知识分子

　　大多数智库的任务是影响政策和公共辩论，所以它们的言论是需要被认可且是值得被关注的。因此，它们的作用可以与公共知识分子相比较，或更确切地说，"集体"①或知识分子团队。看待智库时，不排除从功利驱使的角度来定义知识分子，有助于理解智库的重要功能。它们所介入的渠道（如印刷和广播媒体、书籍）与它们被视为"知情者"的资源（如资历、语言、甚至行为举止）以及它们在不同公众和网络（如

_____

　　①　布尔迪厄（1996[1992]：340）使用了著名的"集体知识分子"这一表述来意指那些从各个领域的独立行为人那里吸收并整合压缩知识的人。

政治接触、捐助者)中的位置,都有着至关重要的相似之处。

43　　　　尽管关于这个话题的见解是我从几个社会学来源中获得的,但我更注重吉尔·伊亚尔(Gil Eyal and Buchholz 2010；Eyal and Levy 2013)和帕特里克·贝尔特(Patrick Baert 2012，2015)的著作。从前者来看,我关注的是知识分子的公共干预,而不是他们的社会特征或规范性的特征。伊亚尔认为,通过任何媒介,为了"干预"公众关注的问题而交流和调动知识的任何行为即可定义为"公共干预"。这扩展了可以被定义为知识分子的行为体的类型,以及他们在萨特(Sartre)或乔姆斯基(Chomsky)设想原型之外的可能的参与模式。贝尔特通过密切关注公共干预的定位和展示效果补充了这一观点；也就是说,公共干预在诸多行为者中定位出知识分子,这相当于不仅是对世界的描述而同样是对世界的展示,其所言之外的"行为"凭其本身即可以改变他们所描述的那个世界。从这个角度来说,定位意味着"位置"和"有利视角"。

贝尔特的"定位"理论是基于代理人的存在(在我们的案例中为智库),其通过媒介(政策报告)、事件发生的背景(英国政体,2008 年危机)以及其他依次"定位"最初干预者的人(资金提供者、决策者、记者、政客和其他智库)来进行干预。此外,对智库而言,留意"标签"和"团队成员资格"很有用。第一个概念强调了符号的重要性,符号传递和包装一系列关于个人和组织的假设(比如"自由主义者"),同时也是一个智库的名称、品牌和标志。第二个概念体现出了智库的公共干预是团队努力的产物。他们依靠具有各种技能的队员来吸引资金,撰写报告,在媒体中进行宣传并增强其影响力。正因如此,一些团队协调也是必要的。

这些理论的一个重要优势是,它们阐明了为什么知识变革虽然不太可能,但绝非完全不可能。首先,要成为一个可识别的行为体既烦琐又漫长。一个智库在被视为某一特定主题的重要贡献者之前,可能必须发表多份报告并组织许多活动。其次,知识上的变革会需要给出其改变的理由。如果过于频繁,该组织可能会失去信誉,引起支持者的怀疑,这可能威胁到它的生存。因此,公共干预的时机、背景和来历不容忽视。思维和观念的改变绝不会凭空发生。

这些理念还有两个进一步的含义。首先,对于每一个知识团队或联盟来说,导致相应的转变或重组的情况是不同的。例如,通常情况下,右翼的智库倾向于反对政府在经济中的行动,但特殊的政策转折点或公众态度的改变可能会影响这种反对的力度。介于原则问题和适应特定情况之间的内部紧张和灵活性空间可能有不同的临界值,并涉及特定组织的不同政策领域。换言之,区分"神圣"与"亵渎"的界线(即改变思想是否意味着挑战集体核心原则)是一个经验问题(Baert and Morgan 2015)。其次,尽管 2008 年的危机确实提供了一个令人玩味的例子,但是在没有重大外部因素的情况下不会有能让一个组织改变立场的重大动机。

然而,在将这些见解应用于智库时,有一个至关重要的附加条件。大多数知识分子中的社会学家关注的是个人而不是组织,一个重要的区别是后者不代表自己,而是需要实际的人来为它们"代言"。智库通过其实际成员的公共干预进入公共辩论,反过来,个人智库成员与他们机构的"品牌"联系在一起。从这个意义上说,智库不同成员之间公共干预的差异可能会暴露出内部的紧张局势,成为变革的迹象。这就是为何在本书中,无论在哪里发现内部差异,都会加以强调。为了进一步扩大智库的组织维度,在下一节中,将介绍一篇有趣的文献,这些文献是关于理念及其倡导者在组织变革和政策辩论中的作用的。

智库之为机构

45

另一个影响这本书的理论是新制度主义,特别是关于它如何理论化组织和公共政策变化的部分。这方面的学术研究强调了机构历史和机构背景对于解释其行为的重要性,主要关注的是企业和国家(Guy Peters 2012)。

它的核心原则是,事件发生的顺序很重要:较早发生的事件更有可能塑造一个机构的轨迹,形成"路径依赖"(path-dependency)(Pierson 2004)。考虑到历史的分量,除非情况危急,一旦一个组织实现了一定的稳定性和认可性就不太会倾向于改变。

例如，一旦在多年的工作中获得并巩固了其在支持网络中的地位，一个具有特定意识形态说服力的智库可能不会情愿修改其核心论点。

在公共政策问题上，得益于新制度主义的研究者们创造了"认知共同体"（epistemic community）和"政策范式"（policy paradigm）的概念（Haas 1989；Hall 1993）。前者指的是专家网络，他们在某一特定政策领域中分享有效知识的概念，并监管谁可以在领域中进行权威性发言。后者指的是巩固决策的基本假设。智库经常是研究政策范式的焦点：其中两个著名的例子当然是"福利国家"和"新自由主义"。认知共同体和政策范式反过来又与"思想集体"联系在一起（Fleck 1979[1935]；Dean 2012），寻求尽可能广泛地传播思维方式的社交网络。

从这个角度看，知识分子的立场往往与社会和制度现实相吻合，这对本书有着重要的启示。在智库中，知识界和社会机构倾向于联合起来，形成一个公认的立场或"品牌"。推动特定政策范式重要性的执念对智库可能获得的资金、关注的领域、吸引的员工以及它触及受众的渠道都有着重大影响。

46　　然而，梅德韦茨（Medvetz 2012）指出，新制度主义学者常常错误地认为智库的最终目标是政策影响力。他令人信服地指出，考虑到智库的复合特性，智库很有可能去追求其他目标，如学术声望、资金或媒体的关注。再者，尽管许多新制度主义正确地强调重视历史，但这种重视可能会导致刻板的组织形象，人们会认为这种组织通常不会自我改进，而只有外生性的被动调整。

为了应对第二个反对意见，柯林·海伊（Colin Hay 2011）提供了必要的精细阐释。这些文献大多关注机构的最初形成阶段，而不是后来的适应和调整。机构不仅受其历史的约束而且也是"认识的形式"，因此能够适应不断变化的环境。基于这个观点海伊试图对机构的最初形成阶段理论进行扩展。他认为，不断变化的环境影响着机构的运作方式，在这期间，有可能观察到"后形成"过程。例如，智库可以在媒体曝光度对政策影响日益增大的情况下，或在"同构"（isomorphism）过程中被外部需求强迫的环境下,改变其交际策略①(Rich 2011)。

这种制度研究中的"观念"转向,对智库如此执着于其意识形态功能有着深远的影响。理念是它们的根本。与其他政策行为体相比,大多数智库几乎没有或根本没有正式的问责制或制度上被认可的权威,大多数情况下,它们对政治的直接影响力不大。除了少数案例外,它们的报告很少被政策制定者明确地引用。它们的立场价值主要取决于其是否被认为值得听取。然而,这些限制也使智库能够在远离其实际建议效果的情况下进行干预。它们这种形式上的无问责的性质和假定的提出政策建议的能力,使其合理性建立在"理念"而不仅仅是"利益"之上,这是智库数量激增的重要因素(Stone 1996)。

然而,考虑到智库对政策辩论的态度,它们必须注意外部环境因素,这需要它们反思自身与政府和政党的关系。关于这一主题,政策影响力及诸多对于政策影响力的错综复杂的研究显著地促进了政策研究本身和科学技术研究的发展。简而言之,在追踪政策影响力方面遇到的困难促使人们摒弃了知识与政府之间的理性链接模型以及测量政策影响力的过于系统的方法。因此,当今大多数政策学者都认为,尖端的(社会)科学知识很少与政治吻合,这往往导致不合时宜的妥协或机会主义选择(Jasanoff 1995)。

同样,新制度主义政策研究的一个分支倾向于关注叙事的力量(Fischer and Gottweis 2012)。事实上,公共政策本身就意味着对过去的错误和未来的可能性的叙述。对决策中涉及的问题和解决方案的诊断通常采取故事的形式,而不是零散的证据集。人们可以更进一步地说,大多数政策叙述都离不开"危机"——生死攸关的抉择时刻(t'Hart and Tindall 2009)。

在这一点上,值得一提的是,三位学者更加密切地关注调研和知识在决策中的作

47

① "同构"指的是各大机构变得越来越相似的过程,这是由模仿和对外部压力的妥协所致(DiMaggio and Powell 1991)。

用及其"时机"。第一位是约翰·金顿(John Kingdon 2003)，他强调政策问题不是给定的而是构造的。根据金顿的说法，政策变化最有可能发生在"机会窗口"。"机会窗口"中有三个"流"共存：① 确定需要解决的问题(例如媒体事件)；② 政治条件和意愿(例如议会席位)；③ 实施解决方案的实际可行性(例如国家能力)。在这种情况下，智库可以被视为金顿所说的政策企业家，"将问题的解决方案结合在一起……并将问题和解决方案融合到政治上"(John Kingdon 2003：20)。这样理解后，智库扮演着一个储存和贩卖解决方案的角色，而且其方案对应的问题大概只会出现在遥远的未来。

可以确定的是，机会窗口出现的条件主要是组织外部的——2008 年的危机是一个明显的例子。这个例子体现出了时机对于智库的有效性是至关重要的。受萨巴蒂尔(Sabatier 1999)政策过程论的启发，阿贝尔森(Abelson 2002)认为智库在确定政策问题轮廓时最为重要，此时政客们更容易接受外部专家意见。如此一来，敏锐察觉党内争辩或紧随舆论方向对智库而言是有优势的(请参阅第六章)。

另一位值得介绍的学者是克里斯蒂娜·博斯韦尔(Christina Boswell 2008，2009)。她认为，研究本身在政治和政策中往往是作为一个象征性的角色存在，而不是实质性的或工具性的。政治需要的研究通常是为了使政策议程合法化以及证实其基本偏好，而并非必然地在塑造它。根据这一观点，智库在政策中的角色是给予信任，而不是给予信息。由于智库在知识生产和政治之间占据着一个隐晦的中介地位，并非博斯韦尔一人对智库理念与政策之间关联的透明度产生质疑(Stone 2007；Kay et al. 2013)。智库可以扮演的角色是帮助认定学术界和科学界的哪些理念可以被认为是与政策相关的，不是说这些"精心策划"的理念一定要充斥某一特定的政策议程，但它们至少在政治上是恰到好处的。

我要提及的第三位作者是斯特拉·拉迪(Stella Ladi 2011)。受到博斯韦尔、施密特(Schmidt 2008)和话语制度主义传统的启发，拉迪将智库的理论区分为"协调"或"沟通"。前者针对精英，并通常是工具性的、专业性的(例如政策报告、议会听证

48

会）。后者的目标对象是更广泛的公众（例如专栏、推文）。拉迪认为，在公众舆论难以确定的关头，沟通性的论述对于增强政策议程的支持和促成公众对话至关重要。当然两种类型的论述智库都需要参与。它们的第一个目标（塑造政策）需要它们紧密关注政治领域及其变迁，而第二个目标（影响政策辩论）则迫使它们对哪些理念在公众中会受到欢迎必须有一个概念。

就时机而言，在我们的案例中，至少有四个节点重合。首先，在 2008 年金融危机之后立即有紧急呼吁要求确认到底发生了什么。其次，考虑到这种对解释的需求，决策者和媒体更有可能听取外部专家的意见。再者，在这两方的紧张关系中，未能提前预测或预防经济危机致使专家们的见解更普遍地遭受不信任。最后，由于智库是"实际"组织，危机也会影响它们的制度环境，例如开放或关闭融资渠道。因此，可用资源的价值与争论领域之间的界限可能变得极度不确定，而智库很可能会热衷于交际性对话。在这样一个关头，知识分子和专家的作用变得更加重要，同时也更可疑。葛兰西曾说过，在危机中，"旧的正在消亡，新的正在挣扎中诞生"（Gramsci 1999［1971］：556）。

然而，即使提供了令人信服和及时的论述，智库也很难维护自己的观点，并在公众想象中获得被认可的地位。最明显的障碍是募资方法、人员和时间的可得性，但获得关系网和象征性权力至少也是同样重要的。在下一节中，我将进一步阐述智库的公共干预如何揭示理念和制度逻辑的变化，这些变化构成了本书方法论的框架。

公共干预之为理念和组织之交汇

"知识"干预或"公共"干预的概念源于"施事话语"（performative utterance）的概念——源自相悖于语言代表性观点的言语行为论（Austin 1961）——这意味着任何言语行为不仅"代表"了世界，而且还对世界采取了行动（Baert 2012：310）。因此，公共干预有一种言外之意：它不仅提供了一幅世界图景，而且可以对其所描述的世界及

49

50　叙说者本身产生影响。对于智库来说，这些"叙说"通常以口头或书面文本的形式出现，尽管其中还应包括指标、统计数据和其他非口头沟通形式（Eyal and Levy 2013）。鉴于政策辩论所需的宣传，这些文本的一些重要部分会被发布在网络上，以各种形式和针对不同的受众呈现。为了解释这些，我在下面提出一个智库在公共领域运作的模式。

　　公共干预至少体现在三个层面。第一个是其所指的主题、政策问题、事件或事态。什么被认为是值得进行干预的，取决于（这里只提几个因素）一个智库的研究议程，公众辩论中突出的议题，官方政策、政党正在推进的问题，资金优先事项，受托人和资助者的利益以及监管限制。因此，任何以智库的名义进行的公共干预，在决定"关于"什么需要干预时，原则上都有一定的回旋空间和限制。此外，由于正常问题处于更大的背景之下，公共干预相当于与许多其他行为体（通常是更专业的行为体）进行"对话"。随着时间的推移，对类似问题的公共干预往往在"研究规划"和内部分工（研究团队、集群或单位）中具体化。

　　当然，这种"进入对话"是从特定的角度寻求的，并要提及对这个问题干预的先例，这不可避免地意味着突出一个问题的某些方面而不是其他方面。因此，在研究一个复杂现象时所选择的"问题"可以揭示智库的政治取向和组织特征。例如，将重点放在货币、金融或财政政策上来追溯危机的根源，可以显现智库可利用的制度资源（例如某一领域的专业知识），以及哪些因素被该智库认为是相关的。然而，一些问题仍难以避免，鉴于其严重性、复杂性和不确定的后果，2008 年的危机再次成为一个重要例子。

　　公共干预的第二个层面是其对提出的事件的"叙述"。我指的是它们的实质性内容，通常包括对事态的描述、对原因的叙述以及提出的解决办法。通过这一叙述，当51　前问题的某种具体理解被提炼出来，而其他方面则被忽视或被最小化。可以说，将描述、结论和建议联系起来，通常以受害者、罪犯和英雄的形式出现，这样的叙述收集不同元素来编织一个"可理解的整体"（Ricoeur 1980：171）。最终，所有的叙述，即使是那些最受尊敬的知识权威,如社会研究的科学文献报告,都会忽略社会的某些层面,屏蔽其他方面的同时"引导观众"到特定的逻辑渠道里(Hilgartner 2000:9)。

　　我追加一点,这些叙述可以在范围、野心和创新性方面有所不同。根据他们的关注点,他们可以将智库定位在一个冷门的领域(如社区发展融资),或一个更具争议性的、各方争抢关注(如经济政策)的政策领域。智库可以尝试提出一种解决政策问题的新颖方案,争论政府的作用,或者仅旨在帮助决策者做出明智的决定。"叙述"的这些方面反映了话语者的定位,揭示了他们的知识主张和政治立场。

　　由于设计出新颖的政策叙述和理念是一项艰巨的任务,同一组织的公共干预经常借鉴他们之前的工作。通过不同的媒介不断地传递信息,发展信息的各个方面,可以使智库在特定问题上的"品牌"具有独特性和可视性。重复,对于传播理念并获得其所珍视的认可是至关重要的(Baert 2012:316 - 317)。此外,引用其他人的话,特别是那些具有更高认知权威人士的话,可以博取更多关注,特别是对那些被视为不太成熟或不具党派色彩的智库来说。这可能解释了为什么寻求中立专家声誉的组织(例如国经所、财政研究所)通常被那些提出更公开的政治主张的组织(例如亚当所、新基会)所引用。反过来,重复和引用别人的意见有助于建立和巩固一个志同道合的盟友网络,给自己的立场赋予"高密度"。这样一个过程在针对自由市场智库的案例中被详细阐述,在学术界处于相对劣势的情况下,它系统地引用了同类思想家的工作,从而建立并传播了一个似乎更有力的反对战后共识的案例(Cockett 1995;Medvetz 2012;Stahl 2016)。

52

　　随着时间的推移,同一个智库的公共干预会集中到麦克伦南(McLennan 2004:4)所称的"偏爱论点"——我在接下来的章节中称之为"偏颇"。鉴于智库要对各种各样的问题进行评论,它们倾向于形成一种独特的论证形式。这种情形可见于从事委托研究的组织,它们对政策问题的选择至少一部分取决于可获得的项目资金,因此它们必须经常从事计划外的一系列主题。同时这种情形也可见于那些拥有核心资金的组织,这些组织可能对其工作重点有更多的控制权。然而,尽管人们可以从智库(具体)使用的数字、统计和指标(Eyal and Levy 2013)中找到一些叙述,但一些公共干预措施可能缺乏文本形式的明确叙述。如第五章所示,即便能够为经济辩论提供共同基础,那些为政策提供经济计量数据的智库往往对如何解释这些数据缺乏控制权。

公共干预的第三个层面是其"形式",即智库向受众传达"叙述"的具体手段、方式和媒介。这种模式有几个方面,如时机、语言(技术性、论战性)、目标受众(政策制定者、更广泛的公众)、媒体(社交媒体、博文、书籍、报告)以及对其他行为体(学者、政治家、活动家、记者)的引用。可以肯定的是,许多格式都可以从同一个叙述中派生出来,但有些形式比其他形式更适合产生特定的效果,特别是在它们所接触到的受众方面。这也便是"协调性"话语和"沟通性"话语之间的区别变得重要的地方(Ladi 2011)。对一种特定形式的偏好会产生一种公众参与的首选模式(例如平铺直叙的或有技术性的,热情的或冷漠的),一种反复展示组织的方式,含蓄地将自己置身于政策辩论之中。

一个智库在持续研究若干政策议题、推动某种叙述、采用某种形式之后,就获得了某种"地位",为一个组织赢得了一个可识别的"品牌"。这个品牌是由许多人"代表"该组织发言的具体行为的产物,可以促进该组织获得资金,吸引有前途的求职者及媒体的注意,并获得政治网络的访问权。用布尔迪厄的话来说,象征性资本的购买是可见的,而同时知识分子的地位或是被认可的,或是边缘性的。在这一点上,公共干预的成败是可以衡量的,可将其理解为智库在其他同行间的定位能力、机构认可度、资源获取能力,有时也包括感知到的政策影响力。然而,值得注意的是,对于不同的智库来说,成功可能意味迥然(Medvetz 2012)。它可能意味着政策影响力,但也可能意味着在特定受众中达到一个独特的位置。

反过来,这一立场也会影响到智库更可能专注于哪些政策领域,以及它可以追求的资金类型。例如,如果一个组织成功地将自己标榜为具有学术声望的组织,那么研究资助(例如来自经济与社会研究委员会的资助)就成为一个可能的资金来源。如果另一个组织被视为自由市场的坚定拥趸者,它可能更倾向于寻求企业捐助者或富有商人的支持。此外,按梅德韦茨所言,号召后者(企业捐赠)的能力可能会阻碍其获得前者(学术资助)的能力。对于智库来说,也许所有的成功都有缺陷。

这个模型可能的局限性在此值得探讨。特别是自从新工党的出现和"什么有用"(What Works)的理论主导政策决定以来(Denham and Garnett 2006),许多英国智库试图将自己定位为"务实的"(pragmatic),并从一个所谓的非意识形态的立场来设计实用的政策解决方案。只要略读几篇智库的使命宣言,就足以注意到经验主义的严谨和理性论证的承诺无处不在,即使这些宣言常常和它们对意识形态的宣言差不多[①]。这种趋势无处不在的环境大概会阻碍许多人建立太强的"品牌",因为如果太容易预测可能会适得其反。正如麦克伦南所说,"智库面临的挑战……是获得某种身份、某种'品牌',而不被认为……受意识形态所支配"(Denham and Garnett:2)。

尽管"实用主义"的风格本身可以被认为是一种品牌——因为它经常出现且具有政治非中立性——而且被那些善于变通的组织所青睐,但是它依然缺乏较为连贯的范式。考虑到功利主义和渐进主义在英国政治思想史上留下的印记,很可能大多数组织至少在某种程度上会希望被视为灵活的、中庸的。此外,考虑到其规模,在2008年危机之后,即使是品牌坚定的智库也一定会发生某种形式的知识变革。问题是,会发生什么样的知识变革。

最后,我进一步将这个模型进行拆解,回到原始的智库公共干预的不同组成部分。从这一实践中可以明显看出,它们既是机构动态化的原因,又是其结果,它们提供了组织变革的证据,并能产生新的"品牌",进而塑造智库的未来产出。从方法论的角度来看,这种模型的主要优势可能是它允许跨时间合并各种形式的数据。它提供了一个将公共干预连接在一起的框架,强调每个叙述不仅仅是独立的部分,而且是迭

54

---

① 市民社会研究所的宗旨为我们提供了一个很好的例子以说明这种对实证严谨性和特别的政治意识形态的双重保证。他们宣称自己的宗旨是"探寻如何最好地加强民主、支持有限政府、维持个人自由并为所有人提供机会,鼓励自由产业的同时通过提供有关当下社会议题的准确事实信息的方式促进有内容的公共辩论,并出版有内容的评论和分析……市民社会研究所从不采纳企业的观点"。见 http://civitas.org.uk/about-us/,访问于2016年4月10日。

代过程的一部分，这个过程跨越了许多平台和受众，在展示的同时也产生着变化。此外，将重点放在公共干预上，必然会凸显内部紧张局势：智库的一个领域可能在推进某些叙述，而其他领域则以完全不同的方式运作。打造和巩固智库品牌的过程为差异和不连贯打开了空间（González Hernardo and Baert，即将出版）。接下来的段落以更实用的方式阐释了哪些公共干预措施被智库所使用以及如何被使用，以及我进行的访谈背后的理由。

55   公共干预之为数据

　　归因于方法，有一种公共干预在这方面是最突出的：政策报告。这些文件的篇幅不定（一般在 15—50 页，但有些篇幅超过 100 页），通常由委员会资助，有时还涉及原始研究，由智库工作人员或客座研究员撰写，目的是提出一项政策建议或方针，同时力求做到最低限度的严谨[1]。因为智库在传播他们的理念时从中受益，大多数的智库政策报告都在智库网站上以 PDF 文件的格式公开发布[2]。

　　除了可获取性之外，出于以下原因，政策报告也应优先被考虑。第一，考虑到政策报告比大多数其他形式的公共干预需要更多的资源，显示出比推文更强的智库定位能力。与推文或大多数博文和专栏不同，报告不太可能在短时间内发布。第二，由于政策报告在制度上成本更高，因此它反映了智库的制度现实。它们常常对组织基本信息非常透明，例如，关于工作人员和一个专题小组或单位的存在。第三，政策报告和其他形式的公共干预是具有相关性的，因为后者（视频、评论文章等）经常被用来宣传政策报告的研究发现。事实上，许多研究经费都是由一个专门负责宣传的项目提供的，涉及新闻稿、公共活动等。第四，由于上述原因，报告为洞察智库的知识和体

---

　　[1]　诸如市民社会研究所、经济所和政策交流智库等智库建立了同行互评环节。由于他们观点的可能性，这也可以作为"压力测试"（Tchilingirian 2015）。

　　[2]　但在一些案例中，报告也会被从智库网站移除。

制环境的重大变化提供了制高点，例如，以可用资金的形式研究特定的政策领域。第五，把重点放在政策报告上是有道理的，因为即使它们的格式不适合与大量受众接触，它们的制作应该也是经过了深思熟虑的论证。正如一位观众在智库交流活动中转述的那样，尽管很少（有人）从头读到尾，但报告"必须被写下来"（WonkComms 2014）。

56

无论如何，考虑到智库可以用许多其他方式表达其理念，其他形式也需要被涉及。在我们的案例中，四种值得注意的公共干预形式是媒体展示、博客、公共事件和学术出版物。在广播和书面媒体中的出现可以展现一个组织可用的途径以及它所能触及的公众类型。例如，频繁出现在《金融时报》（*Financial Times*）上，揭示了智库在金融和商业领域的地位。博客对于依靠外部研究员撰写政策报告和那些需要对当前政策辩论反应灵敏的智库来说尤其重要，因为它提供了一种对当前问题进行快速评论的途径。举办公共活动对所有智库都很重要，对在政治上有密切关系的机构来说尤其如此，因为通过这一媒介，智库可以聚集来自不同领域的行为体，加强它们之间的关系并提高它们的知名度。最后，一些组织出版期刊，虽然通常依赖外部作者，但仍可以揭示智库定位的转变，特别是国经所的《国家研究所经济评论》（*National Institute Economic Review*）（见第五章）。

这些形式的突出之处，以及它们随时间和组织而变化的方式，将在以下各章中特别探讨，有的是为了说明智库如何随着时间而变化，有的是为了展示他们自身的环境如何变化。同时，对政策报告的审视是以重建智力产出的关键环节为目的的。考虑到智库在危机后面临的干预压力，书面文件是衡量制度变革的重要指标。这些文本可以提供大量数据，包括政策重点、作者、事件的流行叙述、格式、语言和资金（有时）。诚然，正如鲍恩（Bowen 2009）所说，尽管很少有研究人员乐意制作文档，但它们是有用的跟踪组织变革的工具。

智库发表的政策报告数量相当可观。规模较大的组织每年的产量可以持续超过60份。尽管这些报告有许多共同的特点，但它们组织内部和组织之间在篇幅、语言、意向、受众和政策领域方面都具有显著的多样性。就本书的案例而言，我们研究的四家案例智库在线提供的报告数量为 655 份①，合计总数如图 2.1 所示。

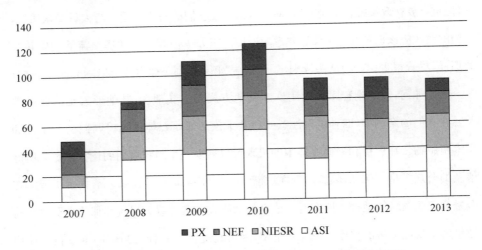

图 2.1　四家案例智库 2007—2013 年年度在线政策报告数量

注：由于国经所绝大部分的公共干预通过期刊文章、月度预测等方式定期发布，因此此处计算的是其工作文件的数量。

这些数据已经显示出一些可辨别的模式：2010 年，报告的产出达到了一个明显的高峰。这一增长最显著的支撑是与"卡梅伦"相关的政策交流智库，因此可以想象，这与联合政府的出现及其随行的政策理念的相关需求有关。然而，经济危机本身引起了所有受访智库对金融、宏观经济和相关政策领域的新兴趣。从 2011 年起，已公布的政策报告总量有所回落并趋于稳定。这些数字也支持这样一种观点，即智库最为活跃且大概最具政治意义的时期是在政策制定过程中问题刚被定义的阶段，也是政策制定者更关注外部专业知识的时期。

然而，尽管以文本和其他类型的"可记录通信"形式进行的公共干预是有用的，但有些事情它们是做不到的。第一，它们没有提供关于自身是如何创作的信息，也没有

①　事实上，此处呈现的是那些能够找到或提到过的报告数量。在线查找的方式或许会导致数量失准，低估早年的报告数量。但四家智库的网站上都开列了 2007 年之前发布的报告清单，这或许略微改善了上述问题。

提供直至其最终出版的决策过程的信息（Atkinson and Coffey 2004）。第二，尽管它们是组织变革的特优指标，但恰恰仅是一个"指标"，一个内部进程在纸上留下的难以探测的痕迹（Bowen 2009）。第三，由于它们是"最终产品"，可以掩盖冲突和少数派的声音（Boje 2001），正如我在以下各章中所展示的那样，内部冲突和不连贯性比通常想象的更为常见。

正因为如此，我决定通过采访每个案例研究成员和前成员来补充记录来源。我的目的是通过他们对组织的历史进行回顾性的叙述，特别是关于报告发表的过程，以洞察他们如何在内部规划工作。通过半结构化的访谈，我试图将每个智库历史上的不同点"编织"在一起，从智库自身的角度将各种公共干预"点点相连"。这样做的好处是不会背叛我的立场，并为所有精英们的采访提供了即兴发挥的空间（Dexter 2006；Harvey 2011）。我总共采访了四家智库的共十七名成员，大多数是实地采访，但也有一些是通过 Skype 进行的，这些访谈各持续了至少一个小时，最多两个小时。其中一家智库的现任成员没有回复我的请求，所以我的选择被限制在了前雇员身上。为了避免任何利益冲突，访谈都是匿名的，为了让知情的观察者更不容易认出他们，我隐匿了他们的职务身份。

在这一点上，无论是从受访者给我的感知，还是从我自己的偏见来看，我的观点对结果产生的可能影响是我作为一名研究人员很重要的反思。我的一些特质，如年轻、男性、剑桥大学社会学系博士等，尽管无法测量，但可能会有助于或者阻碍我对数据的获取，从而影响我的数据收集。尽管这些特点无疑也会影响我的分析，但我的政治观点和专业背景的影响可能更为显著。首先，我把自己定义为广义的中间偏左派。为了至少在一定程度上克服这一立场可能带来的任何偏袒，我计划把分析的重点放在知识和体制的变革上，而不是放在我对关于经济和社会的某一特定观点是否正确的判断上。其次，我没有受过经济学方面的专业培训。这有时意味着我需要学习新的内容，并将自己放在一个非专家的位置（Klamer et al. 1988：77）。这种情况有利有弊：一方面这不会强行给研究套一件经济学的"紧身衣"（Aberbach and Rockman

59

2002)，但同时也可能会让我忽略那些具有较强经济学背景的人能察觉到的重要却微妙的变化。不过，这种情况有一个至关重要的优势，即在访谈过程中，我只在必要时才插话，以便让受访者能够自叙事件及其看法。在这个过程中，我间歇地扮演专家（为了被视为"知情者"在需要时提及一些姓名或报告）和"无知者"的角色（McDowell 1998）。这得益于这样一个事实：大多数智库人，甚至那些纯粹是技术性的，都渴望将自己的想法传达给非专业人士。松散地基于强大的知识社会学计划的中心前提——不仅要研究"错误"信仰的社会条件，还要研究"真实"信仰的社会条件（Bloor 1991 [1976]）——我探索了与政策相关的知识生产的"微观历史"。本章的下一节，即最后一节将探讨这些微观历史是如何结合在一起的，以及我如何用它们来检测变化的模型。

"滞后"假说

由于本书关注的是变化，那么公共干预的时机就不可忽略。由此，最重要的是对关键时刻有最低限度的认识，将重大的经济和政治事件与围绕这些事件的讨论联系起来。由于研究从 2007 年进行到 2013 年，所以这期间涵盖了金融危机的酝酿、爆发及其后果。在英国，这包括危机发生后立即就政府和伦敦金融城（City of London）的罪责展开的激烈讨论，在中左翼的新工党执政 13 年后于 2010 年当选的被保守党领导的联合政府，以及随后的公共支出削减计划。当然，各国的情况各不相同：在美国，实施了一揽子刺激计划；在希腊和其他欧元区国家，紧缩政策被视为是从外部实施的，而不是内部实施的；许多经济体（如亚洲和南美洲的经济体）受危机影响的程度要小得多，至少在危机初期是如此。当然，并非所有的智库在这些年都会面临同样的压力或涉及同样的问题，但对时机的认知为它们之间的对比提供了一个可行的框架和共同的背景。

当然，智库并不是一成不变的；如果硬要说它们有什么是一成不变的话，恰恰相反，它们的工作性质要求它们要紧跟时事的变化。即使是意识形态最僵化的组织，其公共干预所涉及的政策问题也会有所不同，如果不考虑它们的论点和形式，只根据它们所处的具体情况来看，选择处于"防御性"还是"进攻性"完全取决于它们所看到的公共政策的走向。然而，我更感兴趣的是那些更微妙却更强烈的连知情的观测者都难以预测到的变化形势。如前所述，"滞后"现象是即使面对不断增加的挑战仍持续存在的世界观，可以被设想为一个组织环境迅速转变后最可能出现的结果。这对于智库来说，可能尤其如此，因为智库的复合特性使得完全基于经验证据的思想重新定位不太可能实现。然而，出于同样的原因，它们对其他领域的行为体的依赖性和它们对政策相关性的探索可能使它们面临转型的压力。

　　我利用"滞后"假说设计了以下模型用来确定最佳的干预措施(图 2.2)，旨在阐明在金融领域以及学术和政治网络方面处于不同地位的智库的不同时期的可能的"叙述"。

61

图 2.2 "滞后"假说模型

就时机而言，危机可分为：

——初始迹象（2007 年）：隐现的金融危机迹象开始出现；行为体可能会也可能不会对其风险发出警告。

——爆发（2008 年 9—12 月）：雷曼兄弟倒闭以及美国和欧洲的救助计划立即出台后，智库被迫对正在发生的情形做出解释。

——流变（2009—2010 年大选）：一场关于危机成因及未来可行途径的公共和学术辩论即将展开；公众的话语充斥着对以往政策和主流经济学的批评。

——正式回应（2010—2011 年）：2010 年大选后，财政整顿成为应对危机的主要政策；智库支持或反对后者，并评估其有效性。

——新常态（2012—2013 年）：在 2013 年第一季度恢复经济增长和紧缩政策论述确立之后，新的研究重点出现，智库巩固了重要的制度变革。

62　　　"定位"是这个模型的第二个维度，它与我设计样本的方式有关。尽管这种分类方式并不详尽而且还可以添加更多的案例——例如，接近反对党（公共政策研究所）；意识形态上的反复无常（公民智库），甚至和我已经提及的定位相重合（例如，与国经所一起的财政研究所，与亚当所一起的经济所）——它有助于厘清我们四个跨越时间的案例研究中可能的公共干预：

——反对现状（新基会）：对于一个反对金融放松管制和自由市场至上的组织来说，在危机的早期它们隐约地察觉到了发生危机的可能性，随后是对政策方向的失望和不安，特别是在 2010 年之后；它们可能还认为，由于第一次危机的根本问题尚未得到解决，可能还会出现另一次危机。

——支持现状（亚当所）：对于支持自由市场和反对大多数金融监管形式的智库来说，这场危机至少在最初期对资本主义构成了威胁；然而，后来的官方政策议程通过消除市场扭曲，为加强自由市场开辟了道路。

——学术性/科学性（国经所）：具有社会科学思潮的政策研究所将从评估现有证据开始，根据其专家权威为应对危机的政策提供信息；在专业知识主张的支持下，官方政策的仲裁将随之而来。

　　——政治关联（政策交流智库）：如果智库与一个有望成为政府的政党有关联，其目标大概是为具体实质的政治议程提供信息和方案；随后可能会对上述计划进行辩护。

　　值得注意的是，这一框架仅仅代表了一个局限于"理想类型"的猜想。如果我们浏览一下它们的公共干预措施，很可能轻易找到适合每个象限的实例。然而，这将犯下同样许多智库曾被指控的行业过错：选择性地使用经验证据来证实它们的偏好。我希望通过把更多的精力放在这个模型不适用的地方而不是适用的地方来避免这种风险。通过这种方法，可以更容易地评估"滞后"现象是否发生，并突出思想理论新定位的实例。我试图通过这个途径遵循维维罗斯·德·卡斯特罗（Viveiros de Castro 2014：13）的研究伦理："永远为你所描述的人网开一面。"

　　因此，"滞后"假说的前景取决于将智库可能采取的和实际采取的干预措施进行对比的理论成果。在最佳情况下，这提供了一个跟踪思想和机构转变的框架，使不同组织和环境之间的进一步比较成为可能。我认为，基于这种框架的优点，借助于比较案例研究的重点，与其他具有较大样本且颇具雄心的项目相比，这项研究能够更加关注细节和对变化的敏感性。

　　然而，这个模型有两个重要的局限性。首先，上述假设主要集中在公共干预的实质内容上。它很少提到智库的重新定位可以采取的其他形式，特别是在计划层面。事实上，正如本书后面所述，考虑到这些组织在公共辩论中的倾向、不断变化的媒体格局以及 2008 年后经济专业知识的不稳定状况，智库所经历的一些最重要的转变发生在它们如何与公众打交道的层面，而不是它们争论的内容。公共干预不仅传达了对社会世界和政策能够解决的问题的看法，而且还寻求在制定这些政策的人和政策所处理的问题之间建立一种隐性的关系。

　　其次，靠回忆过去的事件来重述一个故事需要一定程度的选择性，来决定什么是值得一提的，什么是智库"历史"的一部分。这对任何事件的叙述都是不可避免的，因

63

此，不论是智库本身的工作，还是他们在访谈中的自我陈述，还是这项研究，都会出现这种选择性。事实上，我不期望在重述了事件的四个版本后，能得到最后的"真相"——这一重述已经是一种对释译的释译(Geertz 1977)，一种对叙述的叙述。这项工作的附加价值在于它相对的重点、明确化的前提以及向以他律专业知识为重的反思性社会学提供信息的尝试。我不想对我所研究的智库评辨是非，而是要研究它们对世界的观念和修辞最初是如何酝酿的，以及它们的变化机制，即变化如果发生，是在什么时候发生的。维维罗斯·德·卡斯特罗可以再一次更好地表达出我所寻求的：

> 认真对待(当地人)并不意味着相信……敬畏别人告诉你的话……这意味着要学会和你要研究的人有效交谈，用它们不觉得冒犯或可笑的方式来谈论他们。他们不需要完全同意你的意见——他们也永远不会同意；我们只需要他们觉得我们的描述足够好。这将永远是他们的一个漫画版的自我，某些特征被夸大，其他轻描淡写，某些点被过度拉伸，其他最小化。正如我们所知道的，一幅恰当的、审慎的漫画往往更能捕捉到被描绘者的"精神"，这比一张照片更具说服力。(Viveiros de Castro 2014：17；在原文中强调)

接下来是四个实证章节，每一章都分为五个部分。第一部分会追溯每个智库的历史，展示它们早期的相关工作及其知识和制度背景的根源。第二部分是"组织和资金结构"，涵盖了每个智库的组织特征及其资金来源(取决于其透明度)。第三部分是题为"风格与修辞"的部分，我将探讨每个智库工作背后的一些重要主题。第四部分将"叙述的叙述"编织在一起，即它们在研究期间所做的干预。最后一部分则从每个案例研究中得出总体的理论总结。

参考文献

[1] Abelson, D. (2002). Do think tanks matter? Opportunities, constraints and incentives for think tanks in Canada and the United States. *Global Society*, 14(2), 213 - 236.

[2] Aberbach, J., & Rockman, B. (2002). Conducting and coding elite interviews. *PS: Political Science & Politics*, 35(4), 673 - 676.

[3] Atkinson, P., & Coffey, A. (2004). Analysing documentary realities. In D. Silverman (Ed.), *Qualitative research: Theory, method and practice* (pp. 56 - 75). London: Sage.

[4] Austin, J. (1961). *How to do things with words*. Oxford: Clarendon.

[5] Baert, P. (2012). Positioning theory and intellectual interventions. *Journal for the Theory of Social Behaviour*, 42(3), 304 - 324.

[6] Baert, P. (2015). *The existentialist moment: The rise of Sartre as a public intellectual*. Cambridge: Polity.

[7] Baert, P., & Morgan, M. (2015). *Conflict in the academy: A study in the sociology of intellectuals*. London: Palgrave Pivot.

[8] Benson, R. (1999). Field theory in comparative context: A new paradigm for media studies. *Theory & Society*, 28(3), 463 - 498.

[9] Bloor, D. (1991 [1976]). *Knowledge and social imagery*. Chicago: University of Chicago press.

[10] Boje, D. (2001). *Narrative methods for organizational and communication research*. London: Sage.

[11] Boswell, C. (2008). The political functions of expert knowledge: Knowledge and legitimation in European Union immigration policy. *Journal of European Public Policy*, 15(4), 471 - 488.

65

[12] Boswell, C. (2009). *The political uses of expert knowledge: Immigration policy and social research*. Cambridge: Cambridge University Press.

[13] Bourdieu, P. (1986). The forms of capital. In J. Richardson (Ed.), *Handbook of theory and research for the sociology of education* (pp. 241 – 258). New York: Greenwood.

[14] Bourdieu, P. (1990). *Homo academicus*. Stanford: Stanford University Press.

[15] Bourdieu, P. (1996 [1992]). *The rules of art: Genesis and structure of the literary field*. Stanford: Stanford University Press.

[16] Bourdieu, P. (2000). *Les structures sociales de l'économie*. Paris: Éditions du Seuil.

[17] Bourdieu, P., & Wacquant, L. (1992). *An invitation to reflexive sociology*. Chicago: University of Chicago Press.

[18] Bowen, G. (2009). Document analysis as a qualitative research method. *Qualitative Research Journal*, *9*(2), 27 – 40.

[19] Calhoun, C. (1995). *Critical social theory: Culture, history and the challenge of difference*. Oxford: Blackwell.

[20] Cockett, R. (1995). *Thinking the unthinkable*. London: HarperCollins.

[21] Couldry, N. (2003). Media meta-capital: Extending the range of Bourdieu's field theory. *Theory & Society*, *32*(5/6), 653 – 677.

[22] Dean, M. (2012). Rethinking neoliberalism. *Journal of Sociology*, *50*(2), 150 – 163.

[23] Denham, A., & Garnett, M. (2006). What works? British think tanks and the end of ideology. *Political Quarterly*, *77*(2), 156 – 165.

[24] Dexter, L. (2006). *Elite and specialized interviewing*. Colchester: ECPR Press.

[25] DiMaggio, P., & Powell, W. (Eds.). (1991). *The new institutionalism in organizational analysis*. Chicago: University of Chicago Press.

[26] Dobry, M. (2009). *Sociologie des crises politiques*. Paris: Science Po, Les Presses.

66

[27] Emirbayer, M., & Johnson, V. (2008). Bourdieu and organizational analysis. *Theory & Society*, *37*, 1 - 44.

[28] Eyal, G., & Buchholz, L. (2010). From the sociology of intellectuals to the sociology of interventions. *Annual Review of Sociology*, *36*, 117 - 137.

[29] Eyal, G., & Levy, M. (2013). Economic indicators as public interventions. In T. Mata & S. Medema (Eds.), *The economist as public intellectual* (pp. 220 - 253). London: Duke University Press.

[30] Fischer, F., & Gottweis, H. (2012). *The argumentative turn revisited: Public policy as communicative practice*. London: Duke University Press.

[31] Fleck, L. (1979 [1935]). *The genesis and development of a scientific fact*. Chicago: University of Chicago Press.

[32] Gramsci. A. (1999 [1971]). *Selections from the prison notebooks*. London: Elecbooks.

[33] Geertz, C. (1977). *The interpretation of cultures*. New York: Basic Books.

[34] González Hernando, M., & Baert, P. (forthcoming). Collectives of intellectuals: Their cohesiveness, accountability, and who can speak on their behalf. *The Sociological Review*.

[35] Gorski, P. (Ed.). (2013). *Bourdieu and historical analysis*. London: Duke University Press.

[36] Guy Peters, B. (2012). *Institutional theory in political science*. London: Continuum.

[37] Haas, E. (1989). Do regimes matter? Epistemic communities and evolving policies to control Mediterranean pollution. *International Organisation*, *43*(3), 377 - 403.

[38] Hall, P. A. (1993). Policy paradigms, social learning, and the state: The case of economic policymaking in Britain. *Comparative Politics*, *25*(3), 275 - 296.

[39] Harvey, W. (2011). Strategies for conducting elite interviews. *Qualitative Research*, *11*(4), 431 - 441.

[40] Hay, C. (2011). Ideas and the construction of interest. In D. Béland & R. Cox (Eds.), *Ideas and politics in social science research* (pp. 65 - 82). New York: Oxford University Press.

[41] Hilgartner, S. (2000). *Science on stage: Expert advice as public drama*. Stanford: Stanford University Press.

67   [42] Jasanoff, S. (1995). *Science at the bar: Law, science, and technology in America*. Cambridge, MA: Harvard University Press.

[43] Kay, L., Smith, K., & Torres, J. (2013). Think tanks as research mediators? Case studies from public health. *Evidence and Policy*, *59*(3), 371 - 390.

[44] Kerr, R., & Robinson, S. (2009). The hysteresis effect as creative adaptation of the habitus: Dissent and transition to the 'corporate' in post-Soviet Ukraine. *Organization*, *16*(6), 829 - 853.

[45] Kingdon, J. (2003). *Agendas, alternatives and public policies*. New York: Longman.

[46] Klamer, A., McCloskey, R., & Solow, R. (Eds.). (1988). *The consequences of economic rhetoric*. Cambridge: Cambridge University Press.

[47] Ladi, S. (2011). Think tanks, discursive institutionalism and policy change. In G. Papanagnou (Ed.), *Social science and policy challenges: Democracy, values and capacities*. Paris: UNESCO.

[48] McDowell, L. (1998). Elites in the City of London: Some methodological considerations. *Environment and Planning A*, *30*(12), 2133 - 2146.

[49] McLennan, G. (2004). *Dynamics of transformative ideas in contemporary public discourse*, 2002—2003. Accessed 15 October 2013. http://www. esds. ac. uk/doc/5312/mrdoc/pdf/q5312uguide.pdf.

[50] Medvetz, T. (2012). *Think tanks in America*. Chicago: University of Chicago Press.

[51] Medvetz, T. (2015). Field theory and organisational power: Four modes of influence

among policy 'think tanks'. In M. Hilgers & E. Mangez (Eds.), *Bourdieu's theory of social fields*. London: Routledge.

[52] Muniesa, F. (2014). *The provoked economy: Economic reality and the performative turn*. London: Routledge.

[53] Pels, D. (1995). Knowledge politics and anti-politics: Toward a critical appraisal of Bourdieu's concept of intellectual autonomy. *Theory & Society*, *24*(1), 79 – 104.

[54] Pierson, P. (2004). *Politics in time: History, institutions and social analysis*. Princeton: Princeton University Press.

[55] Rich, A. (2011). Ideas, expertise and think tanks. In D. Béland & R. Cox (Eds.), *Ideas and politics in social science research* (pp. 191 – 208). New York: Oxford University Press.

[56] Ricoeur, P. (1980). Narrating time. *Critical Inquiry*, *7*(1), 169 – 190.

[57] Sabatier, P. (Ed.). (1999). *Theories of the policy process*. Boulder: Westview Press.

[58] Savage, M., Warde, A., & Devine, F. (2005). Capitals, assets, and resources: Some critical issues. *British Journal of Sociology*, *56*(1), 31 – 47.

[59] Schmidt, V. (2008). Discursive institutionalism: The explanatory power of ideas and discourse. *Political Science*, *11*(1), 303 – 322.

[60] Scott, R. (1995). *Institutions and organizations*. Thousand Oaks: Sage.

[61] Stahl, J. (2016). *Right moves: The conservative think tank in American political culture since 1945*. Chapel Hill: University of North Carolina Press.

[62] Stone, D. (1996). *Capturing the political imagination: Think tanks and the policy process*. London: Frank Cass.

[63] Stone, D. (2007). Recycling bins, garbage cans or think tanks? *Public Administration*, *85*(2), 259 – 278.

[64] Swartz, D. (2013). *Symbolic power, politics and intellectuals: The political*

68

sociology of Pierre Bourdieu. Chicago: University of Chicago Press.

[65] t'Hart, P., & Tindall, K. (Eds.). (2009). *Framing the global economic downturn: Crisis rhetoric and the politics of recessions*. Sydney: ANU Press.

[66] Tchilingirian, J. (2015). *British think tanks and the production of policy knowledge: A social network analysis of policy intellectuals* (PhD thesis). Department of Sociology, University of Cambridge.

[67] Viveiros de Castro, E. (2014). *Who is afraid of the ontological wolf? Some comments on an ongoing anthropological debate*. CUSAS Annual Marilyn Strathern Lecture, Cambridge. Accessed 20 November 2015. https://www. academia. edu/ 12865685/Who_is_afraid_of_the_ontological_wolf.

[68] Weaver, R. K. (1989). The changing world of think tanks. *PS: Political Scienceand Politics*, *22*(3), 563 - 578.

[69] WonkComms. (2014). *Taking the pulse: The role for evidence in the election debate*. Accessed 30 October 2015. https://www. youtube. com/watch? v = wI2Sv8mD-3k.

第三章　新经济基金会：危机是错失的机会

新基会是一个中左翼智库，旨在提供创新的政策建议，重点关注环境、福祉和自由市场经济的替代方案。新基会由"另一个经济峰会"的领导人创立，该峰会与1984年伦敦 G7 会议同时举行。新基会的诞生与当时某些政策圈内的一些新的理念颇有渊源，这些理念认为人们应该更广泛地理解社会发展，而不仅仅是将其视为可衡量的经济产出（Friedmann 1992）。因此需要"新经济学"，这个名词在由新基会首任负责人在组织草创之年所编辑的《生活经济》（*The Living Economy*）这本书中被定义为"以个人发展与社会正义，满足人类所有需求，可持续利用资源及环境保护为基础（的经济学）"（Ekins 1986：xiii）。另外值得一提的是罗马俱乐部早期著作《增长的极限》的（*Limits to Growth*）（Meadows et al. 1972）预测：如果持续目前的趋势（人口过剩、污染、资源消耗），全球经济将在一个世纪内崩溃。新基会的这些观点所反对的是被认为搬起石头砸自己脚的"旧"经济学，这种经济学"归结为追求经济增长，就像（在）增长是好的，而且增长越多越好这样的假设下……不断增长的国民生产总值所表明的那样"（Meadows et al. 1972：5 - 6）。

乍一看，新基会似乎基本上遵循了理查德·布朗克（Richard Bronk 2009）的浪漫主义经济学家的模式。他们所拥护的经济学观点，与几十年来占主导地位的新古典主义范式的形式主义方法背道而驰。这就需要理解偏离经济人抽象性的经济主体（以理性和狭隘的利益与私利为导向），承认情感、文化、历史、制度、社区与环境在经济和政策决策中发挥的和应当发挥的作用。但是，这是一个否定的定义，它界定了新基会不是什么而非它是什么，并且范围宽泛，足以涵盖马克思主义者、凯恩斯主义者、马尔萨斯主义者、波兰尼主义者、明斯基主义者和环境经济学家。事实上，对于异端经济学的内部统一性存在着大量的争论，一些人甚至声称，它应该被视为一门独立于其主流的、供给侧（supply-side）的学科，也可以说是一种新经济学（Cronin 2010）。就本书的目的而言，有必要指出，这种模糊性给新基会提供了一个更传统的知识分子无法承受的空间。它允许从中汲取多样化的，但不一定是系统化的智力资源。

如果说新基会有一个主要的智慧源泉，那便是 E. F. 舒马赫（E. F. Schumacher 1911—1977 年），《小即是美》（*Small is Beautiful*）的作者①。他最初接受凯恩斯的指导，但在晚年疏远了凯恩斯，他也是 20 世纪最有影响力的战后异端经济学家之一，并为英国、印度、德国、赞比亚和缅甸政府提供咨询服务。尽管舒马赫从未提出过全面的经济模式，但他提供了一套指导经济和社会发展的价值观和优先事项——最引人注目的是诸如"佛教经济学"之类的论文（Schumacher 1973）。简而言之，舒马赫的观点构成了一种经济诉求，即"将人类福祉置于经济决策的中心，并将一切置于环境可持续性的范畴内"（Schumacher 2011：10）。如果有一句话可以概括新基会的自我理解，那很可能是后者。

自 20 世纪 90 年代以来，在埃德·梅奥（Ed Mayo 1992—2003）②、斯图尔特·沃利斯（Stewart Wallis 2003—2015）③以及马科·斯莱茨（Marc Stears 2015—2017）和米娅塔·法恩布勒（Miatta Fahnbulleh 2017—）的带领下，新基会获得了越来越高的声望，在 2002 年获得了"年度智库"的称号，随后成为消除第三世界国家主权债务的国际运动重要的合作伙伴，并发布了一些有影响力的研究成果。其中值得一提的是英国克隆镇项目，它评估了连锁店对当地企业造成的破坏和当地商业街的经济多样性，以及关于宏观经济（Huber and Robertson 06/2000）、环境（Muttitt 02/2003）和福祉（快乐星球指数，HPI，自 2006 年以来）等出版物。

---

① 新基会的格言："在重视人民和地球的前提下研究经济学。"同时体现出了舒马赫的理论渊源和新基会对环境的关注。

② 埃德·梅奥此后成为英国合作社（Co-operatives UK）的秘书长。

③ 斯图尔特·沃利斯也是罗马俱乐部的成员之一、世界经济论坛全球价值议程委员会副主席、牛津饥荒救济委员会前任国际主管。

组织和资金结构

我开展这项研究时,新基会的总部坐落在一栋不显眼的——如果不考虑入口上方的装饰标志的话——红砖建筑,其位于沃克斯豪尔(Vauxhall)车站附近的一条小型住宅道路上,离它的新办公室只有几个街区之遥。这里与智库更为密集的威斯敏斯特-米尔班克地区相距不远,但被泰晤士河从中隔开。建筑内部是一间两层的开放式办公室,虽然缺乏举办大型公共活动的基础设施,但它确实是一个拥挤而喧闹的工作场所。

新基会在英国是一个规模相对较大的智库,拥有大约 50 名员工,发布的报告数量令人羡慕。在 2007 年 1 月—2013 年 12 月,新基会发布的报告超过 174 份。作为一个"全方位"的机构并自称为"思考且实施"的"智库",它的工作人员从事多个政策领域的研究,以半自治的研究项目或团队为主题进行组织。主题包括"金融与商业""大转型倡议""自然经济""社会政策""重视重要事项"和"福祉"①,在资金来源、外联能力以及与外部专家和从业者的联系方面相对独立。研究委员会和拨款往往是针对特定的团队,而不是整个组织。根据这种机制,大多数受访者表示,新基会领导层或至少是斯图尔特·沃利斯采用了非干预性的管理方法,给予团队制定自己的研究议程的空间。这些研究包括：

——金融与商业：银行改革；地方银行；社区货币②；社区发展金融；产业战略。

——大转型倡议：地方经济；大转型模型；新经济研究网络(NEON)③。

①　这些包括以往的"未来经济中心""地方经济(2010 年之前的'联系经济')""气候变化与能源"以及"民主与参与"。这些项目中的大多数后来被重新命名、(暂时)搁置或与前述的其他研究团队合并。

②　新基会曾一度倡导使用地方货币来加强地方经济和商业,并在这一议题上做过研究和倡议。例如,新基会的成员曾参与创立"布里克斯顿镑"。

③　大转型模型寻求创造并实施能在可持续性的限制内提供福祉的社会和经济组织模式。同时,新经济研究网络(NEON,建立于 2013 年)也试图整合包括非政府组织、慈善机构、工会和其他组织在内的主体,以开发走向"新经济"的路径。

——自然经济：气候变化；能源；渔业；国际发展；运输和基础设施。

73 ——社会政策：时间银行；更短工作周；紧缩政策的本地影响；移民；福利改革。

——重视重要事项：衡量不平等；社会投资回报率（SROI）①。

——福祉：衡量健康幸福；健康福利政策；快乐星球指数②。

从这份不全面的清单来看，新基会工作的范围已经很明显，即使不考虑已被中止或重组的研究团队的出版物。乍一看，这些领域中的许多似乎都是自成一体的，而且在某种程度上无法与其他领域产生联系。这种异质性部分是由新基会的权力下放和灵活的融资结构引起的，但如下文所述，也可能与对其总任务的一种变通但整体的看法有关。

新基会还与许多有着类似目标的组织建立了联系，通过其部分研究人员和成员的双重身份（例如，Ann Pettifor，新基会研究员和宏观经济政策研究所负责人）、与前雇员的联系以及特定研究团队直接参与——例如，在新基会社会政策团队的支持下成立了英国时间银行（Time Banks UK）。作为一个慈善机构，我们可以在其董事会的成员组成中发现一些隐含的关联，这些关联包括与其他智库成员西蒙·雷塔拉克（Simon Retallack）③、霍华德·里德（Howard Reed）④，咨询公司利奥·约翰逊（Leo Johnson）⑤、朱尔斯·佩克（Jules Peck）⑥，慈善机构和非政府组织山姆·克拉克（Sam

74 Clarke）⑦、柯林·尼（Colin Nee）⑧、林德尔·斯坦（Lyndall Stein）⑨、苏·吉利（Sue

---

① "社会投资回报率"是一种衡量慈善组织、商业和公共服务的社会、经济和环境影响力的方式，新基会的几个研究团队都是用了这种方式。

② 快乐星球指数（HPI）根据预期寿命、福利措施和生态足迹来给各国排名。

③ 西蒙·雷塔拉克是卡尔本信托政策和市场部主管、公共政策研究所前任副主任。除非另作说明，有关这位受托人及以下人员的数据均来自新基会的网站。

④ 霍华德·里德是兰德曼经济学主任、财政研究所前首席经济学家。

⑤ 利奥·约翰逊是普华永道可持续与气候变化小组合伙人。

⑥ 朱尔斯·佩克是爱德曼公司的策略顾问、Abundancy 公司的创始合伙人。

⑦ 山姆·克拉克是低碳中心（Low Carbon Hub）主席、英国地球之友协会前任主席、牛津饥荒救济委员会募资主管。

⑧ 柯林·尼是英国老年医学会首席执行官、Reprieve 前任临时执行董事。

⑨ 林德尔·斯坦是关爱英国组织（Concern UK）前任执行主任。

Gillie)①，以及我们本书时间框架之外的学术界大卫·麦考伊（David McCoy）②、杰里米·蒂尔（Jeremy Till）③。国际上，新基会与美国的新经济联盟有联系，新经济联盟是一个具有和新基会相似价值观且快速发展的智库④。

在英国所有的中左翼智库中（当然是少数），公民智库可能是最接近它的，新基会的工作人员认为后者在意识形态上不那么连贯，且更受管理层的驱动。类似的机构，如公共政策研究所、罗盘智库等，可以从它们与工党的密切联系、资金结构（会员组织）、实质性的核心捐赠以及对环境和可持续性的关注（甚至在与环境问题不常相关的领域）等方面加以区分。

2007—2013 年，新基会的财务状况总体上乐观，但不稳定，预算总额接近 300 万英镑。作为一个慈善机构，新基会需要发布年度报表，显示其收到的资金总额、来源及类型（表 3.1）。新基会的限定性收入，在账户中被定义为"用于捐赠者规定的特定用途"，约占其收入的一半。这一比例很重要，因为限定性和非限定性资金的比率会影响新基会更倾向于做出哪种类型的政治干预。它会在短期内影响新基会的响应能力：是否可以迅速任命人员和调动资源来干预特别突出的政策领域或应对意外事件。同样，从长远来看，新基会的资助结构影响其研究与捐赠者资助偏好不吻合的领域的能力。简而言之，它是将大部分精力集中在制作 50 页的外卖食品经济报告（Sharpe 06/2010）上，还是集中在其他该被优先考虑的领域。

76

① 苏·吉利是纯净心灵组织（Clean Conscience）董事会主席、皇家艺术学会（RSA）、帕克斯顿·格林时间银行（Paxton Green Timebank）、社会变化网络（Network for Social Change）和牛津研究小组的前任受托人。

② 大卫·麦考伊是玛丽女王大学全球健康资深临床讲师、全球健康慈善组织"医疗行动"（Medact）主任。

③ 杰里米·蒂尔是中央圣马丁艺术与设计学院院长、伦敦艺术大学副校长。

④ 此前的新经济研究所（由新基会协助于 2009 年创设），在此之前则是 E. F. 舒马赫协会（建立于 1980 年）。

75

表 3.1　新基会财务状况概览

新基会资金（单位：英镑）	年份						
	2007	2008	2009	2010	2011	2012	2013
限定性收入	1 733 861	1 339 715	1 115 613	1 081 756	991 048	1 919 127	1 490 051
非限定性收入	1 576 365	1 315 923	1 321 404	1 615 475	1 514 020	1 366 934	1 626 236
总收入	3 310 226	2 655 638	3 037 017	2 697 231	2 505 068	3 286 061	3 116 287
非限定性收入占比（%）	47.6	49.6	63.3	59.9	60.4	41.6	52.2
总支出	3 046 891	2 700 811	2 673 052	2 994 314	2 652 117	2 772 911	3 263 330
结余	263 335	−45 173	363 965	−297 083	−147 049	513 150	−147 043

注：数据来自英国政府慈善委员会（2008—2013 年，注册号：1055254），见 http://apps. charitycommission. gov. uk/Showcharity/RegisterOfCharities/FinancialHistory. aspx? RegisteredCharityNumber＝1055254&SubsidiaryNumber＝0，访问于 2014 年 10 月 22 日。

76　　　　限定性资金主要以项目为基础，针对特定方案或编写特定报告，一般由慈善信托和政府机构提供，这些机构从地方发展机构到苏格兰首席部长办公室和欧洲联盟委员会一应俱全。随着时间的推移，每个研究团队都倾向于与特定的资助者建立联系，资助者的兴趣往往是针对精准的政策问题。这些捐助者从报告中所寻求的大部分内容可分为能力建设——例如为慈善机构编制最佳实践指南（NEF 05/2009），研究——例如研究紧缩政策对福利申领者的影响（Penny 07/2012），宣传——例如提高环境对福祉重要性的认识（Esteban 10/2012）。

从参与的数量和时间来看，一些最重要的限定性基金捐赠者包括哈德利信托基金（Hadley Trust）、AIM 基金会（AIM Foundation）和巴罗·吉百利信托基金（Barrow Cadbury Trust）。具体来说，哈德利信托基金资助了社区发展金融机构（CDFIs），为弱势社区及"重视重要事项"团队提供小额贷款的工作（Brown and Nissan 06/2007；Nissan and Thiel 09/2008）。巴罗·吉百利信托基金不仅支持新基会在地方服务供应和移民紧缩后果方面的研究，同时也支持公共政策研究所和公民智库在相同领域的研究。AIM 基金会的负责人伊恩·马克斯是消除第三世界主权债务国际运动的杰出支持者，他的信托支持了新基会的福祉团队。

这类突出的资金来源产生了两个问题，第一个是关于慈善信托基金资助智库的目的，特别是其资助新基会的目的。尽管这超出了研究的范围，但在某些事上还是可以说几句。这些信托基金一般由富有的个人或组织设立，其目的通常是慈善。例如，哈德利信托基金的使命是"协助为因环境、教育或经济状况而处于不利地位的人创造机会"①。为了实现这一目标，哈德利信托基金将其部分捐款捐给了两个智库：新基金和政策交流智库。它资助政治派别对立的政策机构，正如巴罗·吉百利信托基金和许多其他机构所干的那样，表明了事实上政治倾向并不是这些捐款的一个排除因素。

然而，以这种方式提供资金是有限度的。首先，不论如何广泛地理解，慈善信托基金所资助的对象怎么说也应该是和机构目标相一致的。这可能意味着对狭隘的政策领域或特定类型的产出（例如，政策报告而不是书籍）进行优先排序。这些优先事项可能会影响那些渴望获得支持的全能智库（例如新基会）所分配的时间，从长远来看，这可能会引发机构变革。一位受访者指出，2008 年危机后，许多研究环境问题的研究人员转移到其他政策领域，部分原因是"资助者认为气候变化不那么紧迫（新基会访谈）"②。

第二个问题源自慈善信托基金在智库财政中的重要地位，即其对智库智力产出的影响。如受访者所述，研究合同通常包括一系列会议和电子邮件，在这些会议和电

① 见 http://apps. charitycommission. gov. uk/Showcharity/RegisterOfCharities/FinancialHistory. aspx? RegisteredCharity Number＝1064823&SubsidiaryNumber＝0，访问于 2014 年 10 月 24 日。

② 来自政府部门的经费也存在相似的情况。这不仅是因为政府部门不太可能委托智库进行可能质疑现行政策的研究，也是由于在紧缩政策的大背景下，公共研究开支不足，因此其关注领域必须收窄。例如，2010 年地方经济团队就不得不重组，因为它"有一大部分经费来自地区发展处，而保守党……在执政一周后就放弃了这一机构"（新基会访谈）。

77

子邮件中，各方就报告的目标和执行进行协商。这为政策专家提供了空间，可以在不受太多干扰的情况下展开他们的论点，除非政策领域本身已被确定。在报告撰写推进的过程中，资助者可能会着重于强调报告结果中的某一部分，但研究设计、结果和建议通常留给智库成员自己思考。事实上，提供资金的提议有时会被拒绝，编辑试图进行干预的做法也很少见，而且不受欢迎。作为一家智库，它在严谨性和倡导有效性方面积累的声誉使它能够首先获得这类资金，因此应避免资助者过度干预研究过程。因此，一份报告的发表需要协调资助者支持研究的动机以及有关智库的形象、风格和研究议程。

然而，值得注意的是，一份由慈善信托基金资助的报告所能讨论的内容是有限制的，尽管这些限制是不言而喻的。对经济体系进行系统或理论研究的资金鲜有增加（新基会个人通信，2015 年 2 月 6 日）。从长远来看，如果没有其他资金来源，这种情况会渗透到智库产出的重要部分，影响智库相对于其他政策行动者的地位。最后，这一立场反过来不利于新基会等智库更有利地寻求融资渠道。随着时间的推移，这种商业模式可能会在研究主题（受资助者的利益驱动）、格式（主要是 40 页的报告）和内容（受到限制，不太可能是对经济体系的正面攻击）方面，扭曲新基会的产出。一位受访者很形象地回忆说，这种融资安排"创造了一个传送带"，可以使企业看起来像一个"PDF 生成器"（新基会访谈）。

新基会的其余捐款由非限定性资金组成。这些资金特别受欢迎，因为它们使组织能够增加可自由支配的开支，并减少捐助者利益的束缚。在这些资金的来源方面，有很大一部分来源于研究团队的慈善活动，这与研究经费机构的补助和捐赠相吻合。另一个相关来源是"新基会咨询"产生的收入，这是一家贸易子公司，根据新基会的核心原则"使组织走向新经济"，向企业、公共机构和慈善机构提供咨询服务①。实际上，这意味着"重视重要事项"团队的 SROI 方法在小型企业、公共部门组织和慈善机

---

① 　见 http://www.nef-consulting.co.uk/about-us/what-we-do/，访问于 2014 年 10 月 18 日。

构中的应用。它的建立既是为了获得更多资金，又是为了证明新基会模型的适用性，尽管它最初处于亏损状态，但一直稳定增长。到我们的时间框架结束时，它产生的利润让新基会有了一个小小的但不断增长的运作空间①。展望未来，考虑到围绕新基会咨询建立的机构能力，可以想象 SROI 方法有助于扩大新基会在不同领域的影响力。例如，它可以允许新基会介入有关经济与福祉之间联系的专业基础架构。从这个意义上讲，新基会产生的 SROI、HPI 和其他指标可以解释为自身的干预措施（Eyal and Levy 2013），它们可以让新基会在与福祉相关的经济决策基础中有所施展。

2007—2013 年，新基会的另一部分资金来自非限定性的捐赠。这些捐赠可分为信托基金（特别是 AIM 基金会、2010 年以来的 Freshfield 基金会、RH Southern 信托基金会和直到 2011 年为止的 Roddick 基金会）和个人捐赠（包括筹款活动）②，这些个人捐赠约占新基会年收入的十分之一。最后，出版物和教育产品（如新经济暑期学校）的销售收入在最终预算中也略有增加。

就资金的形式而言，新基会没有收到大型个人和企业捐助者（2009 年有一个明显的例外）③、政党、学术研究委员会以及来自政府、会员项目和订阅的捐款，这一点可以和它所收到的资金一样说明问题。缺乏这些资金来源有时与英国背景的特殊性有关——相比之下，德国为智库提供公共资金，而其他则是由于新基会的具体原因。据受访者称，新基会与新古典经济学（在学术界仍占主导地位）、主流政党和亲企业宣传的距离，阻碍了其获得经济研究委员会、政党捐赠和大企业支持的前景。

这些数字也证明，仅仅一个投标或捐赠就可以对新基会的整体财务产生相当大

---

① 根据新基会的财务报表，2009 年，新基会的咨询花费了大约 86 000 英镑，而在 2012 年这一项创造了大致相等的利润。2017 年，在除去杂费和特许使用金后，新基会的咨询收益也与此前大致相当，尽管其交易额已经有了大幅提升。

② 有时募资会以有趣的方式与交流活动产生联系，如"纯联结"（Just Bond）运动。

③ 根据新基会的财务报表，2009 年一位匿名捐助者一次性捐赠了 50 万英镑非限定性的资金。此后这样额度的捐赠从未发生，且在大多数的其他年份中，新基会中来自个人捐赠的总数很少超过 20 万英镑。

的影响。有时，如在 2009 年或 2012 年①，仅一个收入来源就可能会使融资结构向限定性或非限定性收入、盈利或亏损经营倾斜。这或许可以解释团队重组的频率。无论如何，它的相对灵活性和内部多样性允许新基会"对冲"掉一个不稳定的组织模型所固有的风险。因此，2008 年的危机对新基会来说，不仅是传播其信息的一个机会，也带来了组织风险（例如可用的公共资金较少）和机遇（例如银行改革研究委托）。

风格与修辞

　　由于全能型智库关注的政策领域可能会受到可用资金的影响，特别是那些没有大量核心资金的智库，因此罗列这些政策领域不足以概括其组织的工作和身份。更重要的是，为了使智库发挥作用，智库的知识"品牌"必须能够在多个领域上体现。就像 20 世纪 70 年代的右翼智库在迄今尚未跨越的政策边界上运用新自由主义的方法一样（Mirowski 2013），新自由主义基金需要提出自己的各种建议，同时也要用一种令人信服的、符合逻辑的方式在公众中陈述自己的观点。这一点适用于民主、高等教育和移民领域，在这些领域，新基会的报告相对较少；也适用于银行改革、社会政策和福祉领域，新基会在这些领域发表了许多报告。基于这些原因，我主要关注智库的"修辞"，即它们经常提出的论点和与受众互动的方式，而不仅仅是它们的政策重点和提出的明确建议。

　　值得一提的是，专注于修辞和主题可能会让智库的出版物体现出人为的同质性，或者至少会让我们倾向于找到这种统一性，特别是对于新基会这样复杂多样的组织。此外，修辞和格式不仅在作者和研究团队之间有所不同，其自身也会随着时间的推移而不同，这一点至关重要。考虑到这些注意事项，以下是新基会反复出现的主题和修

---

　　① 　2012 年，由布莱克维尔出版社创始人建立的塔卜尼信托（Tubney Trust）向新基会提供了 40 万英镑资金以支持一项为期三年的研究计划，目的是"增进关键性非政府环保组织在其工作中理解和使用社会经济数据的能力，以实现英国境内水体中的生物多样性"。

辞的总结，以便与其他智库和政策行动者形成对照。不过，我认为，以下部分内容在
2011 年和 2012 年——联盟的削减开支计划正如火如荼地进行——尤其是在 2013
年的报告《塑造经济》(*Framing the economy*)（Afoko and Vockins 08/2013）发表后，
对新基会的一些干预措施的适用程度有所降低。

新基会许多论述的一个显著特征是反复出现的二元论，它有助于区分什么是可
取的，什么是不可取的。它们也以某种形式存在于许多其他智库中，并且通常与组织
本身之前的思想立场相一致。新基会的案例中，两分法的两面是围绕着形式主义主
流经济学的轴心展开的，这种主流经济学提倡为了自己的利益而消费和增长，与更加
关注福祉和可持续性的新经济学背道而驰。这一点在无限增长/地球限制、贪婪/公
平、克隆城镇/转型城镇、"大而不能倒"的银行/本地银行以及"照常营业"/新经济等
对立观点中被进一步扩大。

新基会的作者们时不时地将自己定位为局外人，承认自己在经济和政策制定界
属于少数派，或者至少很少站在现状一边。从这个意义上说，他们是推动经济、社会
和环境新关系的先锋派。考虑到这一立场，上述二元性的解决以及积极变革的机会
窗口往往会涉及一个世界末日和乌托邦的层面：首先是对错误的事情的劝诫，以及如
果他们的警告得不到重视，事情会变得多么糟糕；他们的许多报告都提出了一个如何
改变世界的愿景，尤其是他们认为世界将被迫被改善。由于这些激进的想法是对根
本的、最终不可避免的政策选择所做出的回应，新基会与接受程度不一的公众和政策
制定者进行接触的尝试取决于人们对形势的严重性和对采取行动的责任的认识。因
此，危机——无论是可见的还是抽象的、当前的还是隐约的——是他们争论的关键，
因为他们构成了其叙述发展的转折点。新基会主管斯图尔特·沃利斯的一段话很好
地概括了这一点："不同的未来不仅是必要的，而且是可能的。"（NEF 10/2009：2）

关于后者的一个很好的例子是政策科幻小说《未来新闻》(*Future news*)的实践
（Boyle et al. 05/2009），新基会的作者们通过设定 2027 年的虚构小报阐述了他们对
未来的看法。其中，石油峰值和气候变化的威胁比目前严重得多，因为它们更"实

82

际"。反乌托邦事件占满了《未来新闻》的版面，包括东安格利亚气候难民、粮食短缺、洪水、停电和人口危机。作为回应，即将上任的英国政府制定了一项碳信贷政策（个人生产的碳足迹上限），补贴了风电场，促进了当地农产品的消费，以及采纳了新基会先前报告中提出的其他建议。

希望与岌岌可危两者间对立的另一种表达方式是重新评估已经存在的事实。新基会文献经常认为，一般的经济分析很少重视没有价格或不能定价的东西（如碳足迹、福祉），因此人类存在的重要方面被习惯性地忽视，被撇为"外部事物"。这一论点与"重视重要事项"团队的工作及其 SROI 方法有所关联，并将工作、地方经济、环境和福祉等政策结合在一起。这一系列主题反过来又合并为公共干预和政策建议，相当于通过社会科学方法重新评估我们目前的状况，就 SROI 和 HPI 而言，是将经济产出与环境和福祉指标联系起来以评估我们的现状。在这样一种方式下，新基会试图凸显那些基础性的但往往被忽视的领域。国家和政府在这一关头的角色，含蓄地说，是一个变革促进者和一个对被市场忽视的"外部性"负责的监管者（Green New Deal Group 07/2008），这是新基会和自由市场智库之间的另一个争论点。

他们将最深远且前卫的思想和日常生活联系起来的政策建议之一，就是最初由哈德利信托基金资助的"21 小时工作周"。作为社会政策小组的一个明星项目，它提议大幅缩短英国的工作周时长，或者至少与其他欧洲国家一同朝着这样一个政策目标迈进。他们认为，这一措施将对生产力、就业、两性平等、福祉和环境产生有利影响。这一政策多年来被多种方式宣传，包括政策报告（Coote et al. 02/2010）、公开演讲（LSE 2012）、书籍（Skidelsky et al. 2013）以及媒体（《卫报》2010）。

这个例子说明了新基会工作的另一个有趣的特性。尽管"21 小时工作周"的争论主要是由社会政策小组提出的，但它的分析和建议在概念上也与组织的其他部分有关：在关心自由时间对幸福的影响方面与"福祉"和"重视重要事项"部门相关，在关心其积极的外部影响方面与"环境"和"地方经济"部门相关。因此，尽管新基会的划分程度很高，但提出的建议常常只与几个政策问题相关联：经济、社会、福祉和环境。

从这个意义上说，新基会的工作往往是可延展的但又是整体的，这或许解释了为什么尽管资金结构不适合跨主题的工作，但有时它依然被视为一个连接不同政策领域的智库。一位受访者说：

> "新基会的分类系统有其优势和劣势。其中一个关键的弱点是新基会不太能应付跨主题的工作。更讽刺的是，人们往往认为新基会非常擅长这项工作……但事实上，这可能是因为出资人和融资系统的运作方式，我们并没有像我们所期待的那样做太多的整合工作。"（新基会访谈）

84

　　就新基会出版物的格式和基调而言，一些修辞手法在其报告和公共干预中尤为常见，这使得员工能够在各个平台上产生一个可识别的"品牌"。其中之一是引用著名学者的名言，包括社会学家鲍曼（Bauman）、贝克（Beck）、吉登斯（Giddens），作家王尔德（Wide）、梭罗（Thoreau），哲学家米尔斯（Mills）、边沁（Bentham）、亚里士多德（Aristotle），政治家丘吉尔（Churchill）、甘地（Gandhi）及异端经济学家凯恩斯和舒马赫。他们的许多公开演讲和政策简报都附有这些人物的名言，通常带有反消费主义的暗调，以及对主流经济学的含蓄的或带有其他感情的批评。我们可以推断，这将他们与那些思想家联系在一起，用布尔迪厄的话说，也同时展示了某种程度的象征和文化资本。一个很好的例子是新基会的《大转型》（*The Great Transition*）中引用的异端经济学家肯尼斯·博丁（Kenneth Boulding）的一句话："任何相信指数增长可以在有限的世界中永远持续下去的人，要么是疯子，要么是经济学家。"

　　另一种常见的修辞手法是引用国际实例。这些例子可以分为两类：一类是国家提供充足福利的欧洲国家（比如荷兰，一周工作四天的高生产率），另一类是拉丁美洲国家（加上不丹）（比如乌拉圭对其前总统穆希卡节俭理念的支持；哥斯达黎加的低碳足迹，高福利水平，新基会的高绩效 HPI；玻利维亚的《地球母亲法》；不丹对其幸福政策的重视。）与英国相比，这些都是积极的，这意味着其他政策议程是可能的，也是切实可行的。

这两种论证都与新基会员工对该组织异端性及其非常规性的政策建议的自我认知有关。用受访者的话说，新基会"不做教条"，专注于"提出一个激进的案例，即使短期内似乎不可行"（新基会访谈）。由于新基会的愿景处于一个少数派的位置，特别是在一场主要由紧缩政策决定的公开辩论中，那么似乎有必要证明其立场在思想上是稳健的，而且是未来可能的指导方针：新基会的理念已经在其他地方得到应用，并得到了伟大思想家的支持。

值得补充的是，在新基会的"必要的""可能的"和"可取的"的结合中，规范性话语和专家描述性话语有一种奇妙的结合。与任何智库一样，新基会既需要提供一个关于政体应该争取什么的愿景，也需要提供证据来支持其主张。考虑到其作为局外人的地位，后者是根本性的，但由于对学术经济学持怀疑态度，它必须依赖主流之外的思想。这一难题引出了一个问题，即新基会是否应该采取一种战略，寻求借助自己的方法来揭穿经济学，或者应该与其保持距离。有人可能会说，由于它的经济论点被许多制度上认可的合法性来源所禁止——例如，经济与社会研究委员会（ESRC）的资助形式——所以它必须在一定程度上重新定义专业知识，并塑造自己的技术参政形式。可以说，这是"重视重要事项"团队的首要任务及指标。

这种在宣传和专业知识之间的紧张关系有助于解释另一种潜在的紧张关系，正如一些新基会员工所提到的，是成为"一个绿色版本的财政研究所"（新基会访谈）还是成为一个更具政治参与性的组织，即如何同时成为"黑客"和"书呆子"的困境（Medvetz 2012：173 - 174），这种困境以某种形式存在于所有智库中。尽管如此，就大多数意图和目的而言，这两种策略之间的张力并没有在新基会的整体干预下得到解决，而是在不同的研究团队中有所不同。也许这就是新基会这样的智库具有灵活性的部分原因，但这常常与它们的团结性相冲突。

这个难题也是"研究员"制度的基础。新基会研究员是由管理层任命的个人，他们通过自己的工作或想法与组织联系在一起。尽管研究员不参与日常工作，但他们通过共同撰写报告、博客或在公共活动中发表演讲等方式进行合作。其中有前雇员安德鲁·西姆斯（Andrew Simms）、安·佩蒂弗（Ann Pettifor）、丹尼尔·博伊尔（Daniel Boyle）、尼克·马克斯（Nic Marks）、埃德·梅奥（Ed Mayo），学者埃德加·卡恩（Edgar Cahn）、伊恩·高夫（Ian Gough）、蒂姆·杰克逊（Tim Jackson）及政策专家和实践者杰里米·尼科尔斯（Jeremy Nicolls）、大卫·伍德沃德（David Woodward）。他们大多独立地在广泛的政策领域中采取大量干预措施，这些干预通常是从学术或半学术的角度出发，并且常常以其"研究员"的身份进行。其中一些例子来自较多产的研究员，如丹尼尔·博伊尔（Daniel Boyle 2014）关于中产阶级衰落的著作，安妮·佩蒂弗（Anne Pettifor 2003，2006）的有关信贷债务的书，安德鲁·西姆斯（Andrew Simms 2013）的关于乐观起因的书，以及蒂姆·杰克逊（Tim Jackson 2011）的《没有增长的繁荣》（*Prosperity Without Growth*）。因此，如果与他们的其余工作不冲突，研究员可以帮助新基会在各个平台上建立和传播机构的品牌。

活动狂潮：批评家所看到的危机

由于新基会的一些核心思想，如"GDP 增长不能无限延伸、现代经济学无法衡量或促进福祉以及新自由主义模式是不可持续的"，可以说这个智库在 2008 年之后有一个绝佳的机会来传播其信息。早在 2000 年，它批评英国经济过分依赖金融服务（Huber and Robertson 06/2000）。此外，研究员安·佩蒂弗（Ann Pettifor 2003，2006）声称已经预见到美国信贷市场即将出现危机。因此，作为可能产生的公共干预的一个指导框架，我在上一章中假设，新基会的立场首先是将形势解读为对其反对自由市场的劝导的确认，然后请求对经济模式进行彻底改革。在英国背景下，鉴于紧缩政策已成为 2010 年后应对危机的主要政策，所以随之而来的将会是对政府政策的失望和批评。在这一节及之后出现的类似内容中，我们将试图追踪这个过程，判断是否发生过这一顺序，或许更为关键的是，这一顺序是如何发生的。

87 　　鉴于新基会长期以来对金融资本主义的批评，可以说它已经有了一个"立足点"（Harré et al. 2009）来解释危机形成的原因，并向当时更有可能接受的公众谴责过度的金融化。用一位受访者的话来说，这种认识产生了"一种疯狂的活动和一种兴奋感"（新基会访谈）。新基会最初利用了这一机会，他们首先汇编了旧的材料和报告以使这些文献变得再次与时局相关。正如前面章节提到的"垃圾桶"（Stone 2007）一样，新基会通过收集几十年来准备的工作来宣传自己的想法，并提醒人们注意早期的报告，这些报告现在看来是有着令人惊叹的先见之明（Johnson et al. 10/2007）。从新基会这种置身现状之外的立场来看，这个关头引发的不仅仅是一种机构的自我辩护，更是一种传播其对自由市场批评的持续努力。

　　（新基会）首次公共干预是以与《卫报》（2008a）组织的座谈小组形式出现的，后来被纳入了《三重紧缩》（*Triple Crunch*）（Potts 11/2008）报告中。其中，绿色新政小组的几位发言人（见下文）争辩说，有必要建立一种新的经济模型，而现下的这个模型已经被证明是不合格的。紧接着，2008 年 10 月，安德鲁·西姆斯和安·佩蒂弗在舒马赫讲座上做了两次演讲，后来出版了《无政府状态下的九顿饭》（*Nine Meals from Anarchy*）（Simms 11/2008）。不久之后，发布了一份更充实具体的报告——《崩溃的灰烬》（*From the Ashes of the Crash*）（Simms 11/2008），其中包含大量的政策建议。这些建议中有一些很早就受到了伦敦金融城中批评家的青睐：拆分零售和投资银行业务、加强金融业监管、进行资本管制并进一步监督货币生产。当时的政策主管西姆斯于 2008 年 8 月发表了《一百个月》（*One hundred months*）（《卫报》2008b）：其中的一系列柱状图展示了全球气温上升超过 2 ℃的倒计时，许多气候科学家认为这是一个无法逆转的节点。在诸如此类的公共干预中，经济、社会和环境危机变得一模一样。贝特（Baert 2012:315）指出，成功进行思想定位通常需要重复。在危机开始时，新基会就是这么干的。

88 　　研究团队之间进行了许多类似的工作，在这里我的重述必定是不完整的。但是，还是可以进行一些概括。首先，可以理解的是，在这个关键时刻，在奥斯本（Osborne

2004)的措辞中,大部分语调变得微微地"法制化"了:既具批评性又具有规范性,谴责那些使全球金融体系濒临崩溃的人们的错误,并表达出了这些人的想法。前者的一个例子是 I. O. U. K 报告(Boyle et al. 03/2009),该报告指责"大而不能倒"的机构无力和不愿放贷,主张对金融业进行除垢。在这一关头,人们还发现它们的一些报告呼吁激进主义和乐观主义。例如,社会政策小组出版了《绿色,幸福,公平》(*Green Well Fair*)(Coote and Franklin 02/2009),提出了一个新的框架来指导社会政策以促进福祉和可持续性。紧接着新基会通过《时代新财富》(*The New Wealth of Time*)(Coote et al. 11/2008)在英国推广时间银行(即人们在其中进行时间而非金钱交易的组织)。这使得关于这一主题的较早的工作(NEF 07/2001)浮出水面,并寻求在经济不确定时期促进对危机的反应,以巩固当地社区,并在货币化经济之外创造空间。此后,这一举措在西班牙等遭受衰退打击的国家得到了体现。恰巧那个时候,斯图尔特·沃利斯在达沃斯世界经济论坛会议上发表了讲话(Reuters 2009)。

　　大约在同一时期,新基会发布了两篇需要强调的重要文件:危机发生前一段时间的《绿色新政》(*The Green New Deal*)(07/2008)和不久之后的《大转型》(10/2009),参考了富兰克林·德拉诺·罗斯福(Franklin Delano Roosevelt)和卡尔·波兰尼(Karl Polanyi)。第一个文件奠定了绿色新政(GND)集团的基础。这一集团由新基会的一些高级职员、"地球之友"的两名前董事、《卫报》经济编辑卡罗琳·卢卡斯(Caroline Lucas,绿党议员)、绿色和平组织经济部前负责人、税务司法活动家理查德·墨菲(Richard Murphy)和太阳能公司(Solarcentury)主席组成,目标是汇集以促进绿色能源和可持续发展的公共投资来增强经济的提案。基于能源(石油峰值)、环境(全球变暖)和经济危机"三重危机"即将到来的想法,GND 提出了一个在环境友好型且受凯恩斯启发的刺激计划中解决这三个问题的途径。这可以被认为是在新基会思想中调和"舒马赫主义"和"凯恩斯主义"的尝试。

　　另一方面,《大转型》最初起草时是为了争取资助机构"社会变革网络"(Network

89

for Social Change)的支持①。它累积了新基会多年来所从事的大部分工作,同时也连贯地汇集了组织中可用的团队和专业知识。从这个意义上说,这种转型是指经济和社会的一种运动,从消费到福祉,从贪婪到共同利益,从衍生品到"实体"经济,从抽象到具体。

　　它们的名字本身就彰显了其文章的野心,通过一个关键的转折点———一个过渡、一种新政———架起新基会沟通世界末日和乌托邦的桥梁。两者都是影响未来政府采取何种措施来解决当前困境的明确的路线图,既从整体上审视了问题,又考虑到如果不这样做会带来的可怕后果。从这个意义上来说,虽然这些文献可以说与政治或政党有着更远的距离,也是从一个不太有政治资本的立场制定的,但是它们会让人些许联想到其他那些智库为即将到来的新政府制定的宏大政策蓝图,例如亚当所在 20 世纪 80 年代制定的"欧米茄计划"(Omega project)(Pirie 2012a：93 – 105)和政策交流智库在 2009—2010 年的报告(见第六章)。即使不能对政策制定或政党选举宣言直接施加影响,这些报告也可以被视为原则宣言和未来发展的平台。它们收集了新基会所代表的想法和建议,并为其组织制定了未来的路线图。

　　为了启动大转型,新基会于 2009 年 10 月在伦敦南岸举行了一场"大局"活动(Wimbush 02/2010),据报道有 2 100 多人出席。虽然这个时间在危机发展中已算较晚,但其目的是将资助者、活动家和实践者聚集在一起,以便阐明社会发展的新形势。这样一个项目的资金是不确定的,而且安排的时间比预期的要长。一位受访者告诉我,新基会没有筹集到活动所需的资源,但他们认为即使在亏损的情况下也有必要坚持。把志同道合的人聚集在一起,发展一项新的进步经济计划的紧迫性在这个活动中体现了出来。

　　更广泛地讲,当时凯恩斯主义的论点再度兴起,这似乎也开放了影响未来政府的机会窗口。尽管紧缩作为一项政策议程的可能性似乎已然逼近,但其他政策选择也

---

① http://www.thenetworkforsocialchange.org.uk,访问于 2014 年 10 月 25 日。

是可以想象的。当时的英国首相戈登·布朗甚至明确指出了建立 GND 的必要性（BBC 2009），更不用说，在这本书的时间框架之外，这个概念重新获得了重视，尤其是在美国。一些受访者指出，这种上升到中心地位的可能性带来了希望和躁动，但也在组织内部产生了分歧，尤其是关于新基会应该扮演的角色：它是要成为新秩序的活动家还是技术专家？

基于 SROI 方法的一份的报告《不公平》（*A bit rich*）（12/2009）是这些紧张关系如何在实践中显现的一个很好的例子。它试图将不同职业的社会回报与它们的平均工资进行比较。例如，研究发现，伦敦金融城的银行家每拿到 1 英镑就会损失 7 英镑，而医院的清洁工每拿到 1 英镑就会产生超过 10 英镑的收入。但为了得到这些数据，它的模型将银行危机损失的全部责任转嫁给了银行家，这引发了《金融时报》和其他媒体对其公开的指责。尽管该报告在获得充分报道方面取得了成功，但该方法经常受到组织内外的批评。

值得一提的是，在危机之后的几年里，互联网和社交媒体作为政治工具的崛起也让人目不暇接。可能是受皇家艺术协会（RSA）系列成功的启发，新基会委托制作动画视频通过 YouTube 进行推广。其中最引人注目的是"不可能的仓鼠"，它通过描绘一只仓鼠来反对经济的无限增长，如果这只仓鼠在出生和青春期之间以同样的速度无限增长，那么到年底它将重达 90 亿吨，所以为什么要假设经济可以永远以指数速度增长呢（Chowla et al. 01/2010）？这件作品虽然以有趣的方式从多年的工作中汲取了灵感且广受欢迎，但同时也带来了一个明显的难题：经济衰退是否意味着我们需要更少而不是更多的增长？如果不是，那什么时候我们需要减少增长呢？这体现了新基会在可持续发展方向和推出财政紧缩替代品的需求之间的紧张关系，这种紧张关系基本上经常意味着某种形式的经济刺激。

尽管如此，在本书的时间节点内，一个可以定义新基会公共干预措施的主要事件是 2010 年的保守党领导的政府选举。它逐步明确了应对危机的主要政策：通过削减政府开支，特别是在福利方面的开支来巩固财政。这意味着国家经济体系结构转型

91

的窗口开始关闭，GND 开始变得有些不切实际。和大多数左翼人士一样，新基会逐渐发现自己反对变革潮流，而不是领导变革潮流。早在 2009 年，GND 集团就认为"现在削减开支会引发失业率增加，税收减少，限制政府资金而无法在适当时机启动绿色新政，从而导致经济衰退会更加严重"(12/2009：3)。

就新基会的组织结构而言，2010 年，"气候与能源""地方经济"和"民主与参与"之类的研究团队因持续的资金短缺而饱受煎熬，被迫重组。另一方面，"金融与商业"和"社会政策"获得了实质性的推动，尤其是在赢得欧洲委员会关于银行业改革的长期资助计划及获得慈善信托基金对其研究紧缩政策的地方效应的支持等方面(Penny 07/2012；Penny and Slay 08/2013)。从 2010 年起，金融团队的员工数量有所增加，这些新人由一群在银行业中有实践经验和才能的经济学家组成。他们发布了一系列雄心勃勃的报告，这些内容涉及避税天堂以及英国政府在颠覆金融改革中所扮演的角色(Greenham et al. 03/2011)，并直接向银行独立委员会(ICB)提供了建议。当时，该组织还聘请了前财政顾问詹姆斯·梅德韦(James Meadway)为高级经济师。梅德韦的任务是开发一种分析模型来应对经济衰退和紧缩，并经常为新基会的博客撰写文章。对于这种更加关注宏观经济和金融的做法，一位受访者表示：

　　　"确实是这样，在金融危机之后，出资者准备好为就业和金融体系改革提供资金，而在那之前他们只是在雾里看花。"(新基会访谈)

不过，由于新基会的收入结构趋于分散，而且研究人员通常是其团队的筹款人，这意味着新基会的研究偏向于可以提供资金的主题，缩减了应对即将到来的事件的人员和时间。简而言之，由于新基会过分依赖研究项目的资助，其大部分资源必须用于确保和推动这些资助项目，而不是推进更有远大意义的长期工作，哪怕是应对动荡的政策环境。这种情况大概与其政治定位有关，一些受访者称，这种定位导致其很难筹集到大量的核心资金：

如果你仅有六个月的时间，直到资金耗尽，你做的项目就会被终止。这非常不稳定。你必须不断获得援助……我们很难拥有那个所谓的"能力"，去应对发生的事情……因为谁来为此买单呢？很难到资助人那里说："您能雇用我一年吗？你知道的，就是做一些研究。"（新基会访谈）

关于新基会的政策影响，尽管联合政府的政策往往与其建议截然相反，但仍然存在着弥合分歧的巧合和尝试。新基会通过重塑卡梅伦的"大社会"（Big Society）构想（见第六章）以适应其理念就是一个很好的例子，例如在报告《消减》（*Cutting it austerity*）（Coote 10/2010）中特别指出联合生产模式，同时警告迅速减少社会服务供应的风险。虽然如此，除去一些特例，新基会的想法在主流政治圈子里影响甚少。我们可以提及的三点想法是：政府对福祉的衡量（这可以说是新基会的核心，如 HPI 和 SROI）；提交给银行独立委员会的报告；在欧盟层面上，"自然经济"团队在欧洲共同渔业政策改革辩论中的作用。

此外，新基会认为人们缺乏银行运作知识，所以出版了一本关于货币创造的书（Greenham et al. 2012），此书后来被英格兰银行和英国《金融时报》编辑马丁·沃尔夫（Martin Wolf）引用。在这一层面，新基会还参与了经济部门内部的一项日益壮大的扩展课程的运动：它在"反思经济学"活动中占有重要地位（Yang 06/2013）。可以推断出，新基会至少在两个层面对作为 2008 年后不断增长的扩大经济分析举措的一部分非常感兴趣，如乔治·索罗斯（George Soros）赞助的新经济思维研究所（INET）。首先是象征性的，因为它使新基会的知识地位合法化（用布尔迪厄的术语来讲，即定义了学术经济学领域的界限），但同时也是在实质性的，是因为它扩展了新基会可以聚集的资源（例如，学术经费、对异端经济学感兴趣的毕业生）。然而，尽管如此，新古典范式的根本转变在许多经济学学科中尚未完全实现。

抛开这些部分的成功不谈，我的许多受访者都有一种挫败感。2013 年底，GND集团发表了一份五年期自查报告，指出："我们的警告和建议……被置之不理"（09/

93

2013：8)。对新基会来说,财政紧缩的一个特别令人不安的方面是,人们普遍认为是政府超支导致了危机。这与他们一直争论的一切都背道而驰,尤其是在需要采取不同的宏观经济战略(Meadway 04/2013)和投资"上游"而不是削减预防性举措方面,这使得情况在长期更糟(Coote 04/2012)。但是,通常在政府代表、媒体、其他智库的讲话甚至民意调查结果中都可以看到,紧缩政策往往被认为是"符合常识的"。不出所料,新基会的一些工作与联合政府的政治情绪和政策议程经常脱节。例如,2012年末,当公共开支削减和相关的紧缩政策讨论如火如荼的时候,新基会却提出了"全国园艺假期"(Simms and Conisbee 10/2012),鼓励雇主提供几天的园艺假期,作为促进当地生产、增加幸福感、保护环境和巩固当地社区的一种方式。

理解和克服紧缩政策的普遍性成了新基会使命的一个重要部分,因为它被认为是推行其所倡导的政策类型的主要障碍。新基会对此的第一次尝试是一系列的报道和博客文章,以及《流言终结者》(*Mythbusters*)节目,它试图通过证明紧缩政策在事实上是不准确的来揭穿紧缩政策的共同论点。因此,它经常用技术性的语气,例如,针对英国破产的说法,新基会认为:

> 如果说英国现在算是破产,那么等于说它在 1750—1850 年破产了整整一个世纪,还有第二次世界大战之后的 20 年。事实上,在这两种情况下,英国都算不上破产,这两个时期都是投资和国家复兴的时期。今天,我们的国债明显低于日本(约占 GDP 的 200％),与德国(83％)和美国(80％)相当。从国际或历史的标准来看,国债并不高。(Reid 04/2013)

《流言终结者》之后的几个月,一个新的出版物出现了——《塑造经济》。它采取了另一种策略:由两名对叙事分析感兴趣的新员工撰写。这份报告对紧缩政策为何具有如此强的韧性进行了分析,并提出了解决该问题的办法。受有关语义框架的文献的影响(Lakoff 2004),这篇报告解释说,仅仅反对紧缩而不质疑其基础,实际上可以增强其框架，即支撑紧缩地看待世界的方式。这表明，人们越来越关注反紧缩政策话语的无效性，并意识到"与经济叙述有关的胜利来自故事，而不是统计数字。单凭事实，反对紧缩政策的人几乎没有机会反对一个发展良好、被讲得好且被广泛相信的故事"（Afoko and Vockins 08/2013：30）。

    例如，《流言终结者》试图揭穿的"危险债务"这一框架，即使它被认为是事实上不准确的，也还是能产生一种让人们去理解的说服力：

> 这个框架早在财政紧缩之前就存在了。我们中的大多数人已经对债务持有负面的看法，这种看法往往取决于个人经验。紧缩政策的作用是将我们对债务的现有担忧与我们对经济问题的理解结合起来。这意味着一个词很可能激活这个框架：借款、债务、赤字、信贷、国债。（Afoko and Vockins 08/2013：9）

    更重要的是，报告认为，新基会过去提出的一些论点不仅没有效果，有时甚至适得其反：

> 削减开支从来就不是可取的；它们在紧缩中所扮演的角色取决于这样一种观点，即除了它们之外，别无他法。这是一种构建论点的非常有力的方式，表明没有选择。这是紧缩故事的关键，也是为了使情节可信而必须接受的一部分。那些通过强调财政紧缩带来的痛苦而反对紧缩的人并没有攻击这个框架——根据他们的言辞，他们甚至可能会强化它。（Afoko and Vockins，08/2013：9）

    在另一个例子中，《塑造经济》甚至批评了新基会报告中观点论证的方式，因为这些论证具有高度的技术性论证风格，而且无法与人们对经济学的日常理解联系起来，

95

特别是在公共话语不断右倾的背景下。阿福科和沃金斯甚至批评环保主义者"繁荣而不增长"的想法，认为它在经济衰退时期不合时宜。然而，在所有情况下以及在整个组织中，思想变革往往很难实施，而且实施速度很慢。一位受访者指出：

96　　　　　　　*如果你在从事银行业之类的工作……我会发现自己……在谈论新自由*
主义框架，谈论"应该这样做，应该有地方银行，因为它们对经济增长的影
响"……这显然加强了对 GDP 的关注，而且这无济于事，但我发现自己深陷
其中……有时候你发现自己在强化消极的框架，仅仅是因为你想表达你的
观点。（新基会访谈）

　　在经历了多年来为那些对政府政策影响相对较小的想法奔走及一场在理解层面与许多人大相径庭的重大危机之后，新基会必须要采取新的策略才能破局。但要颠覆联合政府的框架，新基会不仅需要一个有竞争力的故事，而且还需要使者不断地推动它前进。自 2013 年以来，丹尼尔·沃金斯帮助组织了新经济研究网络，这是一个旨在吸引对新经济运动感兴趣的人（宣传组织、慈善机构、学术界、公共部门工作者等）以及探索在 2008 年后的英国，"新经济"首先意味着什么的网络平台。

论新基会范儿

　　本章的最后，我想强调一下新基会研究人员的两种特殊公共干预措施，它们是该组织在 2007—2013 年经历的内部紧张状态的缩影。两者都描绘了由与组织相关的重要人物进行的不同类型的公众参与，甚至可以说它们代表了新基会（甚至更广泛的左翼智库）所能涵盖和做到的东西。第一个是尼克·马克斯（前福利主管兼研究员）为 TED 演讲做的关于 2010 年 HPI 结果的报告。第二个是詹姆斯·梅德韦（高级经济学家）在 2011 年占领伦敦证券交易所（LSX）抗议者运动高峰时向抗议者发表的讲话。尽管两者都是简短的演讲，但他们在内容方面有很大不同。前者传递了乐观的信息，主张政策应集中在对福祉重要的事情上，并以国际调查数据发现为指导。马克斯的讲话语气令人振奋，让人联想起新基会 2009 年前后的很多材料。后者讲话则更为犀利，指责一种不公平和无法容忍的状况。梅德韦依靠官方数据来严厉谴责伦敦金融城和政府，呼吁采取集体行动，以一种振奋人心、毫不含糊的政治方式反对紧缩和金融主导地位。

97

这些公共干预措施之间的对比说明了像新基会这样的智库如何运作的两个特征。第一，在员工和团队中，新基会能够集中多种资源，以不同的受众为目标，这是任何一个独立工作的人都无法做到的。事实上，很难想象梅德韦和马克斯会在不改变风格的情况下想扮演对方的角色，例如，新基会的财务主管托尼·格林汉姆（Tony Greenham）用更为正式的方式为银行独立委员会提供咨询（NEF 12/2010）。

不能仅仅用隐含的不同惯例来解释新基会工作人员在多个政策和政治领域工作时展示自己及其组织的方式的范围。可以肯定的是，传递同一信息的不同方式会影响人们对这条信息的解读，以及传达者对这条信息的感知。因此，通过其政策研究人员的公共干预措施的差异，细心的局外人也可以看出新基会工作中存在的紧张关系——在被视为活动家或学者、通才或专家之间的紧张关系。贝特和布斯（Baert and Booth 2012）就公共知识分子如何表述自己的问题提出了四个两分法：倾向于阶级或平等、普遍或专业、激情或疏远、个人或集体。此方法在新基会组织内部得以应用，并在每次有人代表新基会发言时都能得到体现。

关于新基会成员如何代表其组织发言，我想讨论的第二个特点是，公共干预也随着时间而变化。首先，就它们与外部事件的关系而言。作为智库这样的他律机构，公共干预的时机和有效性不能脱离官方政策议程和媒体组织的焦点。外部环境塑造了对于一个看法的理解及一个组织的定位：梅德韦在"占领伦敦证券交易所"中的演讲可以在任何其他环境中被解读出非常不同的内容。

关于新基会应对外部环境变化的能力，尽管该组织的财务结构要求其将大部分

98

资源集中在中期的委托项目上，但一些策略使其在短期内更具反应性，在长期内具有创新性。这些措施包括尽可能将基于项目的研究与更广泛的辩论和组织的核心任务联系起来，将有限的资源用于传播，在"垃圾桶"模型中回收较旧的报告，并分配一些时间侧重于快速反应公共干预（例如，通过博客和社交媒体）。然而，对于一个如此依赖研究合同的组织来说，有些情况几乎是不可避免的——"新基会提出的大多数创新想法几乎都是在人们的业余时间完成的"（新基会访谈），而最佳时机的公共干预往往是在"规划路线"之外完成的。

此外，新基会的公共干预受外部环境影响的同时，也被自己的机构历史所左右。比如说，提出英国需要更严格地监管其银行业的论点，这在 2006 年、2008 年或 2013 年可能会对一家机构产生截然不同的后果。这种可变性也说明了组织在人员、结构和资金方面的转变，以及在动荡的政治背景下机构如何"考量"自己。

关于这一点，值得注意的是，观念上的改变往往与工作人员的变动有关。一群研究人员的加入或退休可能会在一个组织的出版物和思想中留下痕迹。关于新基会是什么和应该是什么的想法，可以说是由实际的人"体现"的。关于丹尼尔·沃金斯的到来，一位受访者评论道：

> （沃金斯）读过很多关于叙述和叙述能力的书，当你看到事情如何变化时，事实并不重要，重要的是叙述和故事。他把这个带到了新基会，他说："听着，我们需要聊聊这个。"所以，如果他没有在新基会，我不知道这段对话会不会存在。（新基会访谈）

99　　但是，这些新对话很少突然发生，也永远不会在真空中进行。智库的变化很少是全面而彻底的，它们是沉积和分层的过程。作为例证，新基会的负责人斯图尔特·沃利斯于 2013 年末在剑桥大学发表的题为《经济学存在缺陷的主导地位》(*The flawed dominance of economics*) 的演讲中没有提到框架，而是保留了 2009—2010 年

(CUSPE 2013)的大部分论述。然而，2014年，他为《卫报》撰写了一篇评论，这篇文章介于新基会的两种风格之间，在唤起《大转型》比喻的同时也强调了框架的重要性。

　　我开始以一种假设来考察2007—2013年新基会的公共干预措施：特定的思想立场和资源决定了组织如何应对经济危机。这种推测是基于这样一个事实，即具有相关受众和支持者的有确定地位的个人（更不用说机构）不太可能参与重新定位的风险过程，尤其是围绕他们身份的核心问题，例如他们对经济的看法。思想上的改变有疏远盟友的风险，没有盟友的智库无法长期生存。这场危机的不同时刻，以及在这些时刻他们工作中可预期的内容，都在第二章的一个模型中得到了阐述。新基会作为一个批评英国经济模式的非正统智库，提出了这一系列尝试性的公共干预（以及时间表和示例）：

　　——"好日子快到头了"（2007—2008年）：《第一次世界性债务危机的到来》（*The Coming First World Debt Crisis*）（Pettifor 2006）

　　——"我们早就说过"（2008年9月—12月）：《崩溃的灰烬》（Simms 11/2008）

　　——"这也是改变事情的一个机会"（2009—2010年大选）：《大转型》（NEF 10/2009）

　　——"我们应该吸取教训"（2010—2011年）：《推翻更安全的金融》（*Subverting Safer Finance*）（Greenham et al. 03/2011）

　　——"危机还将发生"（2012—2013年）：《我们是怎么走到这一步的？》（*How Did We Get Here?*）（Meadway 02/2012）

　　可以肯定的是，这些象限是可以重叠的——最近的一篇博客文章可以用第一篇或最后一篇来表述：危机仍在逼近，问题"不是如果，而是何时"（Meadway 11/2014）。但是，事实证明它们是一个很实用的假设。每个"时刻"的例子都不难发现。但是，该模型并未考虑"关于"危机的论述之外的观念上的变化。正如我所表达的，新基会在如何与公众互动方面经历了重要的转变。至关重要的是，它们源自新基会对自身在经济和紧缩辩论中角色的反思，这些反思在《塑造经济》中最自省的段落中也能看到。

100

这意味着，新基会需要一定程度的自我意识，并对哪怕是在试图传达其信息时可能产生的反响进行有效的诊断。关于思想变革，一位受访者评论说：

> （2008 年的经济危机）与其他危机截然不同。就像大萧条之后，为什么什么都没有改变？历史上有很多危机，大萧条产生了凯恩斯主义，20 世纪 70 年代的石油危机，产生了新自由主义。众所周知，有危机就有变化。而这一次并没有发生，当你置身事外来看这场危机你会觉得挺有趣。（新基会访谈）

为了回应这个谜题，这位受访者引用了米尔顿·弗里德曼（Milton Friedman）的政策变革观点。弗里德曼将危机视为可能进行重要变革的主要转折点，也就是金顿（Kingdon 2003）所描述的打开了"机会窗口"。弗里德曼的神秘镜像和安东尼奥·葛兰西都在新基会参与的"思想之争"中被提及。与对变化的理解（在关键时刻之后更有可能）相一致，2008 年的危机被认为是错过的机会。它们的对手，即现状的捍卫者，没有陷入混乱，反而更加井井有条。

为什么这个机会窗口被错过了呢？如果说新基会没有利用这个机会，那肯定有点不公平。智库只是众多参与者中的一个，广泛的政治倾向掀起了一股它们无法控制的潮流。2008 年的危机以及随后由保守党领导的、致力于全面紧缩计划的联合政府的选举，虽然与新基会几乎没有关系，但对其工作产生了深远影响。然而，许多受访者似乎仍有点失望，他们认为本可以做更多的事情，但却没有做成。这种幻灭可能与他们需要大量的资源和时间来满足资助者的优先研究事项有关，这限制了他们对其他事业的投入程度。由于对基于项目的资金的依赖，他们认为获得大量核心支持可以使工作更轻松，影响力更大。有了这些资源，他们大概可以做更多的工作来在公众中传播他们的想法并协调他们的信息。

面对这种挥之不去的挫败感，以及他们的想法有时在政治和媒体环境中所遭到的敌意，新基会中最明显的知识转变发生在他们认为的公众对经济的理解形成的程度上，而不在指导组织的核心原则上。这就是为什么在 2013 年，他们专注于制定战略并建立志趣相投的人际网络来协调和传播其思想。这种转变的一个指标是，尽管舒马赫的观点肯定会继续影响新基会的工作，但很难想象这些观点如今还会像 2008年和 2009 年那样令人愉快。

　　这些变化引出了一个问题，即新基会如何在如此众多的离心力的作用下，成为一个知识统一体，特别是对于如此依赖合同研究资金的机构而言？没有直接的答案。尽管被受访者描述了他们所倡导的社会类型的例子不计其数，但仍有一些人在思考"新经济"是什么，并怀疑他们是否已经对这一问题达成共识。顺便提一下，曾经有一次，一个受访者听到另一个智库说某个政策想法似乎"很有新基会范儿"，但他并不同意。有时，组织成员关于组织的概念与局外人的看法并不相符，甚至这种差异也会出现在组织成员之间。新基会已达到一定程度的可辨识性（至少在同行政策专家中"新基会范儿"的概念是有意义的），但这仍然需要协调和传播（轮廓模糊）。从某种意义上讲，这就是新经济研究网络的使命，为"新经济"达成一个集体的、简单的、有说服力的定义，这个定义能够说服他人，改变框架，并广为传播。

　　可以说，新基会反对的对象——"旧"经济学，是很清晰明了的。如果是这样的话，"新经济"可以被视为一个有助于将不同的行动者聚集在一起的消极概念。麦克伦南（McLennan 2004：496）认为，这可能解释了在提出新自由主义政策的替代方案时存在的困难，即这种广泛的消极观点往往停留在允许多样性和不承诺的解释性批评层面。如果是这样的话，那么"反对"比"支持"更容易，这个问题绝不仅仅关乎新基会，而是更广泛地向左翼延伸。

　　有鉴于此，像新基会这样的智库能否像前几章所讨论的那样，用与公共学者类似的理论和方法进行研究？从广泛意义上来讲，我认为这是可以的。与学者萨特相比，新基会在制度上对资金环境和其他制度压力更为敏感，但它们也有许多共同点。首先，正如我们所看到的，维持其运转的企业正在产生公共干预，另外，作为一个组织，

102

新基会确实能够学习。在这种情况下，2008 年的主要教训是（如果有教训的话）：只支持一个在时机上成熟的想法是不够的。

参考文献

[1] Baert, P. (2012). Positioning theory and intellectual interventions. *Journal for the Theory of Social Behaviour*, *42*(3), 304 – 324.

[2] Baert, P., & Booth, J. (2012). Tensions within the public intellectual: Political interventions from Dreyfus to the new social media. *International Journal of Politics, Culture and Society*, *25*(4), 111 – 126.

[3] BBC. (2009). *Brown calls for 'green new deal.'* Accessed 10 October 2014. http://news.bbc.co.uk/1/hi/uk_politics/7927381.stm.

[4] Boyle, D. (2014). *Broke: Who killed the middle classes?*. London: Fourth Estate.

[5] Bronk, R. (2009). *The romantic economist: Imagination in economics*. Cambridge: Cambridge University Press.

[6] Cronin, B. (2010). The diffusion of heterodox economics. *American Journal of Economics and Sociology*, *69*(5), 1475 – 1494.

[7] CUSPE. (2013). *Stewart Wallis—The flawed dominance of economics*. Accessed 4 November 2014. https://www.youtube.com/watch?v=7TbpQlcWaYQ.

[8] Ekins, P. (1986). *The living economy*. London: Routledge.

[9] Eyal, G., & Levy, M. (2013). Economic indicators as public interventions. In T. Mata & S. Medema (Eds.), *The economist as public intellectual* (pp. 220 – 253). London: Duke University Press.

[10] *Financial Times*. (2009). Top bankers destroy value, study claims. Accessed 22 March 2016. https://www.ft.com/content/7e3edf6e-e827-11de-8a02-00144feab49a.

[11] Friedmann, J. (1992). *Empowerment: The politics of alternative development*.

Hoboken: Wiley-Blackwell.

[12] Greenham, T., Jackson, A., Ryan-Collins, J., & Werner, R. (2012). *Where does money come from: A guide to the UK monetary and banking system*. London: NEF.

[13] González Hernando, M. (2018). Two British think tanks after the global financial crisis: Intellectual and institutional transformations. *Policy & Society, 37* (2), 140–154.

[14] *Guardian*. (2008a). *Andrew Simms: Tackling the 'triple crunch' with a green new deal*. Accessed 28 October 2014. https://www.theguardian.com/commentisfree/2008/sep/19/creditcrunch.marketturmoil.

[15] *Guardian*. (2008b). *Andrew Simms: The final countdown*. Accessed 28 October 2014. https://www.theguardian.com/environment/2008/aug/01/climatechange.carbonemissions.

[16] *Guardian*. (2010). *Anna Coote: A shorter working week would benefit society*. Accessed 30 October 2014. http://www.theguardian.com/commentisfree/2010/jul/30/short-working-week-benfit-society.

[17] *Guardian*. (2014). *Stewart Wallis: An economic system that supports people and planet is still possible*. Accessed 4 November 2014. http://www.theguardian.com/sustainable-business/2014/nov/04/economic-system-supports-peopleplanet-possible.

[18] Harré, R., Moghaddam, F. M., Pilkerton Cairnie, T., Rothbart, D., & Sabat, S. R. (2009). Recent advances in positioning theory. *Theory and Psychology, 19*(5), 5–31.

[19] Jackson, T. (2011 [2009]). *Prosperity without growth*. London: Routledge.

[20] Kingdon, J. (2003). *Agendas, alternatives and public policies*. New York: Longman.

[21] Lakoff, G. (2004). *Don't think of an elephant! Know your values and frame the debate*. London: Chelsea Green.

[22] McLennan, G. (2004). Travelling with vehicular ideas: The case of the third way. *Economy & Society, 33*(4), 484–499.

104

[23] Meadows, D. H., Meadows, D. L., Randers, J., & Behrens, W. W., III. (1972). *The limits to growth*. New York: Universe Books.

[24] Medvetz, T. (2012). *Think tanks in America*. Chicago: University of Chicago Press.

[25] Mirowski, P. (2013). *Never let a serious crisis go to waste*. London: Verso.

[26] Osborne, T. (2004). On mediators: Intellectuals and the ideas trade in the knowledge society. *Economy & Society*, *33*(4), 430 – 447.

[27] Pettifor, A. (2003). *The real world economic outlook 2003: The legacy of globalization: Debt and deflation*. London: Palgrave.

[28] Pettifor, A. (2006). *The coming first world debt crisis*. London: Palgrave.

[29] Pirie, M. (2012). *Think tank: The history of the Adam Smith Institute*. London: Biteback.

[30] Reuters. (2009). *On wealth versus well-being*. Accessed 20 October 2014. http:// blogs. reuters. com/davos/2009/02/01/on-wealth-versus-well-being/.

[31] Schumacher, D. (2011). *Small is beautiful in the XXI century: The legacy of E. F. Schumacher*. Devon: Green Books.

[32] Schumacher, E. F. (1973). *Small is beautiful*. London: Blond & Briggs.

[33] Simms, A. (2013). *Cancel the apocalypse: A new path to prosperity*. London: Little Brown Book.

[34] Skidelsky, R., Jackson, T., Schor, J., Coote, A., Franklin, J., Harris, M., et al. (2013). *Time on our side: Why we all need a shorter working week*. London: NEF.

[35] Stone, D. (2007). Recycling bins, garbage cans or think tanks? *Public Administration*, *85*(2), 259 – 278.

[36] TED. (2010). *Nic Marks: The Happy Planet Index*. Accessed 24 October 2014. http://www. ted. com/talks/nic_marks_the_happy_planet_index.

[37] Wolf, M. (2014). *The shifts and the shocks: What we've learned—And have still to

learn—From the financial crisis. London: Penguin.

Think Tank Reports and Blog Posts   105

(NEF, available at neweconomics.org)

[1] Afoko, C., & Vockins, D. (08/2013). *Framing the economy*.

[2] Boyle, D., Johnson, V., Walker, P., & Wimbush, A. (05/2009). *Future news*.

[3] Boyle, D., Nissan, S., & Spratt, S. (03/2009). I.O.U.K. Brown, J., & Nissan, S. (06/2007). *Reconsidering UK community development finance*.

[4] Chowla, P., Johnson, V., & Simms, A. (01/2010). *Growth isn't possible*.

[5] Coote, A. (10/2010). *Cutting it*.

[6] Coote, A. (04/2012). *The wisdom of prevention*.

[7] Coote, A. (10/2012). *Beyond Beveridge: A new economics vision of a new social settlement*.

[8] Coote, A., & Franklin, J. (02/2009). *Green well fair*.

[9] Coote, A., Franklin, J., & Simms, A. (02/2010). *21 hours*.

[10] Coote, A., Ryan-Collins, J., & Stephens, L. (11/2008). *The new wealth of time*.

[11] Esteban, A. (10/2012). *Natural solutions: Nature's role in delivering well-being and key policy goals—Opportunities for the third sector*.

[12] Green New Deal Group. (07/2008). *A green new deal: Joined-up policies to solve the triple crunch of the credit crisis, climate change and high oil prices*.

[13] Green New Deal Group. (12/2009). *The cuts won't work*.

[14] Green New Deal Group. (09/2013). *A national plan for the UK: From austerity to the age of the green new deal*.

[15] Greenham, T., Potts, R., Prieg, L., & Simms, A. (02/2011). *Featherbedding financial services*.

[16] Greenham, T., Potts, R., Prieg, L., & Simms, A. (03/2011). *Subverting safer*

finance.

[17] Greenham, T., Prieg, L., & Ryan-Collins, J. (11/2011). *Quid pro quo: Redressing the privileges of the banking industry.*

[18] Huber, J., & Robertson, J. (06/2000). *Creating new money: A monetary reform for the information age.*

[19] Johnson, V., Simms, A., & Smith, J. (10/2007). *Chinadependence.*

[20] Kersley, H., & Steed, S. (12/2009). *A bit rich.*

[21] Kjell, P., Simms, A., & Potts, R. (06/2005). *Clone town Britain.*

[22] LSE. (2012). *About time: Examining the case for a shorter working week.* Accessed 21 April 2015. https://www.youtube.com/watch?v=nqI951u9emQ.

[23] Meadway, J. (11/2011). *Audio: James Meadway addresses occupy London.*

[24] Meadway, J. (02/2012). *How did we get here?*

106　　[25] Meadway, J. (04/2013). *Why we need a new macroeconomic strategy.*

[26] Meadway, J. (11/2014). *The next financial crisis—Not if but when.*

[27] Mitchell, S., Neitzert, E., & Shaheen, F. (10/2010). *Why the cap won't fit.*

[28] Muttitt, G. (02/2003). *Degrees of capture: Universities, the oil industry and climate change.*

[29] NEF. (07/2001). *Timebanks: A radical manifesto for the UK.*

[30] NEF. (05/2009) *Tools for you: Approaches to proving and improving for charities, voluntary organisations and social enterprise.*

[31] NEF. (10/2009). *The great transition.*

[32] NEF. (12/2010). *Response to independent commission on banking issues paper.*

[33] Nissan, S., & Thiel, V. (09/2008). UK CDFIs—*From surviving to thriving.*

[34] Penny, J. (07/2012). *Cutting it in Birmingham: Why the grass roots aren't growing any more.*

[35] Penny, J., & Slay, J. (08/2013). *Surviving austerity.*

[36] Potts, R. (Ed.). (11/2008). *Triple crunch*.

[37] Reid, S. (04/2013). *Mythbusters*.

[38] Sharpe, R. (06/2010). *An inconvenient sandwich: The throwaway economics of takeaway food*.

[39] Simms, A. (11/2008). *From the ashes of the crash*.

[40] Simms, A. (11/2008). *Nine meals from anarchy*.

[41] Simms, A., & Conisbee, M. (10/2012). *National gardening leave: Why Britain would be better off if we all spent less time at the office*.

[42] Wimbush, A. (02/2010). *The bigger picture*.

[43] Yang, Y. (06/2013). *Rethinking economics: A new conference this weekend*.

第四章　亚当·斯密研究所：自由市场的禁卫军

亚当所是英国最负盛名的智库之一，由三位圣安德鲁斯大学的研究生马德森·皮里（Madsen Pirie）、斯图尔特·巴特勒（Stuart Butler）和埃蒙·巴特勒（Eamonn Butler）兄弟于 1977 年创立。该智库以亚当·斯密冠名，既是为了纪念《国富论》（*The Wealth of Nations*）出版两百周年，也体现了三位创始人的苏格兰背景，且传达了创始人认为英国亟须的古典自由主义观念。自创办起，即使从未雇佣超过 10 名全职成员，亚当所也被认为是英国历史上最著名、最具影响力的自由市场政策智库之一。

创办 40 年以来，亚当所的负责人仍是创始人中的两位，其中马德森·皮里任主席，埃蒙·巴特勒任主任①，两人都是自由市场组织朝圣山学社（Mont-Pèlerin Society）的成员（两人分别于 1976 和 1984 年加入，巴特勒在本书写作期间还担任学社副主席），同列该学社成员的还包括弗里德里希·哈耶克（Friedrich Hayek）、卡尔·波普尔（Karl Popper）、乔治·斯蒂格勒（George Stigler）、詹姆斯·布坎南（James Buchanan）以及米尔顿·弗里德曼（Milton Friedman）等。在新自由主义思想史上，亚当所举足轻重（Cockett 1995），而皮里和巴特勒则是研究所的卫士和老面孔。当然，该智库也有着一张覆盖其成员、学者、政客、实习生和商人的广阔关系网。

亚当所的历史与撒切尔夫人的首相任期紧密相连。它与经济所和政策研究中心构成了当时智库中的"三驾马车"，一同为 20 世纪 80 年代英国转向放松监管和福利

---

①　斯图尔特·巴特勒 1979 年离开亚当所，加入了与美国共和党相关的智库中最为重要的传统基金会（Heritage Foundation）。

改革政策打下了理论基础。根据以往的研究（Desai 1994；Jackson 2012），三大智库中经济所主要提供学术支持，政策研究中心提供与政界的联系，而亚当所及其学者则主要负责起草大胆的政策，以推动此前不敢想象的改革。这一功能有赖于亚当所的两大特征。其一，亚当所成员自视为"政策工程师"（Pirie 1988；Heffernan 1996）和设计者，旨在谋划简单可行、具备可操作性并能够推动自由市场发展进程的政策；其二，亚当所认为自身并不隶属于任何党派。根据德纳姆和加内特（Denham and Garnett 1998）以及皮里本人（Pirie 2012a：105）的研究，与政客保持一定的距离使亚当所能够提出非常激进的改革方案，与之相比，大多数党派的理念相对温和，这就使较为折中的自由市场政策显得较为稳健。皮里常被引用的一句名言生动地概括了这一理念："我们的提议被认为处于疯狂边缘，但很快这些提议就成了政策的边界线。"

因此，亚当所成了英国被研究最多的智库之一，尤其是在涉及 20 世纪 80 年代的新自由主义改革和自由市场思想家影响的论述中（James 1993；Heffernan 1996；Denham and Garnett 1998；Jackson 2012；Kay et al. 2012；Djelic 2014）。也正因如此，亚当所成了研究智库与政策范式变革之间关系的典型案例之一，尤其是涉及从"战后思想"到"新自由主义"共识的转变时（Desai 1994）。皮里（Pirie 2012a）本人就曾出版过一部直接以《智库》为题的著作，别有风味地讲述了亚当所的历史，涵盖了这一机构从圣安德鲁斯大学保守主义学社这一相对低微的起点，历经撒切尔夫人、梅杰以及新工党任期，直到联合政府执政初期的历程。几十年间，亚当所成长为私有化、统一税收、放松监管、付款凭单制度以及低关税的强力倡导者之一。这些理念的背后则由货币主义、公共选择理论、古典自由主义和奥地利学派等经济学理论支撑。尽管亚当所并非这些理念的唯一倡导者，但其有力的宣传战略使该智库拥有强大的公众形象，亚当所也一直寻求将决策从政客和公务员之间转移到个人和市场中去，将对专家和官员的不信任与放任自由的经济观念和生活选择联系起来。

110

109

表 4.1   亚当所在全球智库排行榜中的位次（McGann 2009—2015）

排行榜类别	年份						
	2008	2009	2010	2011	2012	2013	2014
全球		24	19	20			
全球（不包含美国）	10	7	8	8	70	69	69
西欧	8	2	6	9	22	21	16
国内经济政策			9	7	8	3	3
国际经济政策	5	3		21	11	8	5
政策导向型研究				17	17	13	12
对公共政策的影响			20	23	18	20	24
社会政策		6					
最佳社交媒体应用（2013 年起设立）						16/32	17
公共参与（2013 年起设立）						49	40

110   在政策辩论中，亚当所被认为拥有大于其机构规模的影响力。在宾夕法尼亚大学出版的每一版智库排名中，亚当所都位列前十（表 4.1），在许多预算成果更多的机构之上。尽管这些榜单前后不一[①]，时有错漏[②]，且经常引起批评（Seiler and Wohlrabe 2010；Trevisan 2012），但它们仍证明了亚当所的地位。

组织和资金结构

亚当所的总部位于伦敦大史密斯街（Great Smith Street）23 号，以一小块黄铜匾额标明，距离威斯敏斯特大教堂、教育部、商务部以及商业、创新与技能部（BIS）仅几步之遥。与其所处的黄金地段和令人印象深刻的建筑相比，亚当所的内部陈设十分

①   2010 年，亚当所被列为全球（不包含美国）最佳智库第 8 名，却同时被列为西欧最佳智库第 6 名。
②   2013 年，亚当所在"最佳社交媒体应用"一栏中，同时排名第 16 和第 32 位。

普通,包括一个书架、一幅带有智库商标的横幅、一小部楼梯,以及屏风后面的几张电脑桌,主要供实习生和处于空档年的学生使用,墙壁上装饰着几幅亚当·斯密的画像。楼上是一个小阁楼,用来举办商业午餐、月度例会、讨论会和媒体访谈等活动。我第一次造访亚当所总部时,在场最年长的成员还不满 30 岁,皮里和巴特勒也并不在位于大史密斯街 23 号的总部工作,他们的办公室在附近,总部主要用于会议和公共活动。

111

亚当所对于实习生的依赖折射着早年这一智库对年轻人的特殊关注。在其成立之初,亚当所在资金上依靠的是教育投资和成员的教学收入,这一点在如今许多事务中留下了痕迹,其一是所谓的"自由周"(与经济所共同组织),即为期一周的系列研讨会,主要由大学生参与,核心读物包括《自由入门指南》(*A beginner's guide to liberty*)(Wellings 12/2009),以及哈耶克、斯密等人的著作。其二,亚当所还为自由主义学生社团提供支持,并组织见习、系列研讨会[1]、有奖征文[2]和"下一代"俱乐部(The Next Generation, TNG,一个由 30 岁以下的自由市场主义者组成的俱乐部,成员每月聚会一次,参加酒会,并由一位知名嘉宾在随后做一场简短的演讲)。多年以来,诸如此类的对外项目使亚当所建立起了一个同道关系网,其中的许多人都曾作为实习生、研究者、捐助者、研究员或作者,为亚当所或其他自由市场组织做过贡献(Pirie 2012a：20)。

当然,亚当所的宗旨还是改变公共政策。为实现这一目标,该智库将自身打造成了众所周知的"梅德韦茨式"智库,即从梅德韦茨所说的四个领域(Medvetz 2012a)吸纳资源:媒体、政界、学界和企业界。皮里(Pirie 2012a：20)的著作中也确实大量提到了亚当所涵盖海内外传统学者、公共知识分子(哈耶克就曾是亚当所的受托人之一)、记者、政客、商人、慈善家和智库学者的关系网络。根据皮里的叙述,这些广博的社会关系在很大程度上保证了亚当所的运作。

---

[1]　"开放社会独立研讨会"和"自由讲座",分别针对中学六年级学生和大学生。

[2]　"自由青年作者"是一项针对 21 岁以下学生的写作比赛,要求参赛者提交与"推进英国自由、富裕和幸福的三种政策选择"等题目相关的文章,见 http://www.adamsmith.org,访问于 2015 年 3 月 15 日。

亚当所对这些非正式和半正式社会关系的仰赖值得重视。与其他许多智库不

112　同，亚当所并不追求正式的受托研究拨款（Clark 2012），内部也不划分团队。相反，

该智库依靠的是其"研究员""资深研究员"①和其他支持者以亚当所的名义写作，并

以博客、政策简报或正式报告的形式发表。许多合作者都曾是亚当所的雇员，如蒂

姆·埃文斯（Tim Evans）、汤姆·克劳赫蒂（Tom Clougherty）、弗洛鲁太平绅士（JP

Flouru）等，但也有部分全职学者，如理查德·蒂瑟（Richard Teather）②、詹姆斯·斯

坦菲尔德（James Stanfield）③以及蒂姆·安布勒（Tim Ambler）④等，除此之外，还有

市场分析师、咨询师、银行家和律师，如加布里埃尔·斯坦（Gabriel Stein）、安东尼·

埃文斯（Anthony Evans）、普雷斯顿·伯恩（Preston Byrne）和奈杰尔·霍金斯（Nigel

Hawkins）等提供书面内容或建议。亚当所的研究员中还包括记者，如詹姆斯·巴托

罗缪（James Bartholomew），以及商界和金融界人士，如拉尔斯·克里斯滕森（Lars

Christensen）、迈尔斯·萨尔蒂尔（Miles Saltiel）和蒂姆·沃斯托（Tim Worstall）等。

许多研究员还与其他智库或游说组织保持着密切关系，包括克里斯托弗·斯诺登

（Christopher Snowdon）⑤、迪帕克·拉尔（Deepak Lal）⑥、凯斯·拜菲尔德（Keith

Boyfield）、杰米·怀特（Jamie Whyte，经济所成员、作者、研究员）、多米尼克·拉赞斯

基（Dominique Lazanski）、埃本·沃尔逊（Eben Wilson，纳税人联盟）、安东·豪斯

（Anton Howes，自由联盟），以及汤姆·帕普沃思（Tom Papworth，中央论坛）等。

　　亚当所与外部成员和机构之间的关系也是互惠的。经济所经常通过埃蒙·巴特

---

　　①　与新基会类似，"研究员"指的是与亚当所持有相同的总体理念、为其做出贡献，但并不参与其日常运转的人士。正如一位受访者所说的，"研究员"指那些受益于与亚当所的联系的人士，而"资深研究员"指的是那些亚当所能从与他们的关系中受益的人士。

　　②　理查德·蒂瑟是伯恩茅斯大学税法方面的高级讲师。

　　③　詹姆斯·斯坦菲尔德是纽卡斯尔大学韦斯特中心的系主任。

　　④　蒂姆·安布勒是伦敦商学院市场营销学领域已退休的资深研究员。

　　⑤　克里斯托弗·斯诺登是经济所生活方式经济学主任。

　　⑥　迪帕克·拉尔是美国加州大学洛杉矶分校的名誉教授、卡托（CATO）研究所研究员。他也经常为经济所供稿。

勒出版初级读物，埃蒙·巴特勒和皮里也都是纳税人联盟的学术顾问委员会成员（名单是公开的）。亚当所同时也是一些跨国自由市场团体的成员，如阿特拉斯网络（Djelic 2014），以及 2009 年之前的斯德哥尔摩网络，同时亚当所还与一些美国的自由派智库保持着联系①。这些联系确实使亚当所网罗了大批观点相近的专家和机构。邀请他们发表演讲或引述其观点，也使亚当所的学术网络和公共干预显得尤为强大。

　　日常运作方面，大多数亚当所的研究员和资深研究员并不经常参与其中，即使偶尔为之，也极少接受报酬。加之亚当所研究导向型雇员和资金匮乏，因此该智库发表的政策报告少于其他更大的综合智库。相反，亚当所主要活跃于网络媒介中，并注重保持激进的传播策略，以增加其出版物和活动的影响力为主要目标。亚当所的雇员和研究员们经常出现在电视、广播、（大幅）报纸和小报上，包括《金融时报》《太阳报》《每日邮报》《旁观者》《泰晤士报》《每日电讯报》和《卫报》等。值得注意的是，许多亚当所的现任和前任成员都曾是《伦敦金融城早报》的专栏作者或编辑，这是一份聚焦商业的免费报纸，在伦敦市发放。

　　政治上而言，尽管亚当所宣称自身独立于党派，但它却长期与保守党合作，与亲市场的新工党成员和自由民主党人的合作则较少。虽然亚当所与一些资深的保守党员，如迈克尔·福赛斯（Michael Forsyth）、迈克尔·波蒂略（Michael Portillo）、约翰·雷德伍德（John Redwood）等和年轻一代的自由派保守党人保持着联络，但它也并非与保守党最亲近的智库（Pautz 2012b）。为了搭建这一关系网络，亚当所依靠的是多年积累的人际关系和非正式活动的举办经历，如商业午餐（即在亚当所总部举办，由政客、记者和自由市场支持者参加的午餐，包含一场由类似背景的学者所做的简短演

---

① 例如亚当所与埃德温·福尔纳（Edwin Feulner）和斯图尔特·巴特勒的联系，两人分别是美国传统基金会政策创新中心的主席和主任。此外，经常有来自卡托研究所和乔治梅森大学的学者在亚当所发表客座演讲。马德森·皮里和埃·巴特勒还与希尔斯代尔学院保持着密切联系，亚当所的成员也常在美国自由派智库举办公共讲座，如现已停办的国家政策分析中心（NCPA）。

114　说)等。这些例子都体现了亚当所精准的影响力战略，几十年来，亚当所在威斯敏斯特附近的总部逐渐成熟。一位受访者的话值得引述：

> 我们身边都是观点能被我们所接受的专家，他们发表演讲时，我们会邀请财经记者……报纸商业版的编辑前来，把他们安排在一张桌子上……这是为了影响他们，因为他们的报道将会影响财政部和内阁团队。如果他们不赞同顶级专家的观点以及由此而来的共识，那么他们势必会感觉受到了孤立。因此我们通过影响公共领域的方式来影响政治事件；我们不会私下做这些事情，而是公开进行……没有必要私下做这些事，因为假使你能在周二通过半个小时的私人会谈改变一位部长的想法，那么就总有人能在周三再把他的想法改过来，但如果你影响的是舆论潮流，那么想要改变就困难得多。（亚当所访谈）

这些努力都体现了一个规模不大但有着广泛社会联系的智库寻求以尽可能少的资源保证最大影响力的方式。尽管在金融危机后，亚当所确实经历了一些显著的组织结构变化，但它仍保持着相对较小的预算规模。依靠其关系网中的众多同仁，亚当所取得了相较于其办公场所和雇员规模更大的公共存在感。正如一份年度评审所总结的，"许多智库都有着庞大的预算规模，但少有智库能像亚当所这样花最少的钱办最多的事"（ASI 01/2011）。

尽管预算不多，但这些资金又从何而来呢？与众多英国智库不同，亚当所从 1991 年起就不再是一个正式的慈善组织①。如今，它由几个正式组织构成，其中部分登记于慈善委员会。至于这样做的原因，一位亚当所的受访者表示：

---

① 数据来自慈善委员会（注册号：282164），见 http://apps. charitycommission. gov. uk/Showcharity/RegisterOfCharities/RemovedCharityMain. aspx? RegisteredCharityNumber＝282164&SubsidiaryNumber＝0,访问于 2015 年 2 月 18 日。

我们的活动在法律上确实可以被定义为慈善性质的，但……公众大多
不能理解这一点，我们也不希望从民众口中听到类似于"他们只是装作慈善
机构，事实上则是在推销自由市场理念"的话，因为我们就是这样的组
织……公众认为伪装成一个慈善机构是虚伪而带有欺骗性的，所以我们就
干脆不这样做。（亚当所访谈）

　　目前，亚当所主要分为亚当所（研究）有限公司和亚当·斯密研究信托两部分。
根据与亚当所成员的邮件沟通（2015 年 3 月 9 日），前者是一个非营利性的股份有限
公司，亚当所的大部分事务也都在该公司框架下运行。后者则是一个注册的慈善机
构，资助前者的非政治性教育工作①。皮里（Pirie 2012a：34 - 35）本人也在他的书中
描述了亚当所这一花费数年建立起来的特殊组织架构。除了上述两部分之外，亚当
所还包含着一些规模更小的慈善机构，用以为教育投资划拨经费，但许多已经停止
运行。

　　除了上述内容之外，很难再对亚当所的收入来源做详细分析，这一智库本身有着
严格的保密政策。有关亚当所（研究）有限公司和亚当·斯密研究信托的数据已经汇
总（见表 4.2），但这些数字并不能提供太多信息，例如亚当所（研究）有限公司的赤字
就并不能很好地展现亚当所的预算规模。但我还是将这些数据摘录下来，原因有二。
其一，这些是公众能够获取到的有关亚当所的财务数据；其二，将这些数据与英国其
他智库的数据进行比较，可以印证亚当所的财务规模相对较小，其他智库的经费一般
动辄数百万英镑。

　　在与其成员的私人通信（2015 年 3 月 9 日）中，一位亚当所的成员表示，在任一

①　注册于财政事务署的经济学研究和教育慈善基金会（注册号：270958），由埃蒙·巴特勒任负责
人。根据其年报，该基金会的任务是"资助社会科学综合领域的研究、会议和出版"。根据与亚当所成
员的个人沟通（2015 年 3 月 9 日），这一工作也包括为学生组织等更小的团体筹款。见 http://apps.
charitycommission. gov. uk/Show charity/RegisterOfCharities/CharityWithoutPartB. aspx? Registered-
CharityNumber＝270958&SubsidiaryNumber＝0，访问于 2015 年 3 月 10 日。

年份，亚当所大约 50％的经费来自各慈善基金会，35％来自个人，15％来自企业捐助者。亚当所的网站上提供了部分捐赠的详细形式：主要分为"成员"和"捐助人"两支。

117   亚当所也以非营利性基金会的身份在美国注册，根据美国《国内税收法典》第 501(c)(3)条的豁免规定，向基金会的捐赠可以免税。至于其总预算规模，2007—2013 年，亚当所的财源总体扩大，尽管很难获得准确的数据。一位受访者表示：

> 我们明年(2015 年)的预算目标是 33 万英镑，这并不是个秘密，而且这个数字也比今年的低……我们的主要开支在于人员薪水，其中还不包括(马德森和埃蒙的)。(其他智库)能够开展更大的项目，我们则必须非常节俭。
>
> (亚当所访谈)

116   **表 4.2   亚当所(研究)有限公司和亚当·斯密研究信托财务状况总览**

亚当所(研究)有限公司(单位:英镑)	年份						
	2007	2008	2009	2010	2011	2012	2013
总资产	46 652	42 815	39 656	25 686	34 178	40 884	28 319
负债	235 033	204 282	109 986	75 054	56 211	56 855	80 495
结余	−188 381	−161 467	−70 330	−49 387	−22 033	−15 971	−52 176
亚当·斯密研究信托	2007	2008	2009	2010	2011	2012	2013
收入	11 440	34 583	38 735	29 288	206 209	45 203	212 577
开支	31 916	89 643	62 511	55 226	39 075	47 605	67 630
净结余	−28 561	−55 209	−23 856	−26 025	−12 908	−2 451	144 870
资产	182 356	153 795	98 586	74 730	49 453	36 545	34 904
结余	153 795	98 586	74 730	49 453	36 545	34 094	178 964

注：数据来自公司注册处(注册号：1553005、802750)，见 http://wck2. companieshouse. gov. uk//compdetails 及 http://apps. charitycommission. gov. uk/Showcharity/RegisterOfCharities/CharityWithoutPartB. aspx? RegisteredCharityNumber＝802750&SubsidiaryNumber＝0，访问于 2015 年 2 月 28 日。

　　批评者抓住了资金来源模糊不清这一点①,但亚当所并未对此避之不谈。2012 　　117
年,针对亚当所在一份智库透明度调查中排名靠后的情况,一位研究员回应道:"我们
乐于见到他人根据理念和观点的质量来评判我们。作为一个非党派政治、非营利性
的独立智库,思想和观点也理应是评价我们的唯一标准。"(《每日电讯报》2012)针对
同一事件,一位亚当所的受访者表示:

　　　　我们不公开(捐助者的)姓名,这主要是出于两方面原因。其一是保护
　　他们的隐私;其二则要严肃一些,我们不希望我们的捐助者受到恐吓威胁。
　　如果一个亚当所捐赠者的身份广为人所知,他将面临诸如"占领"组织等团
　　体的示威游行……捐赠者确实会受到来自那些反对我们观点的组织的威
　　胁。(亚当所访谈)

　　撇开这些盲点,低预算和高核心资金占比②意味着即使亚当所从事长期研究的　　118
能力相对较弱,但它还是能与那些依赖研究合同的大型智库竞争。尽管批评者们经
常推测捐助者优先权在多大程度上左右着亚当所的公共干预或研究领域(Kay et al.
2013),但亚当所倡导放松监管和私有化的总体理念总是能吸引到企业捐助。2013
年,《观察家报》曾报道,亚当所从一家烟草公司那里获得了 13 000 英镑的资助。一
位受访者对此表示:

---

　　① 资金来源模糊不清或许解释了一个常见的困惑。亚当·斯密国际(一个国际发展组织,亚当所
的成员曾正式隶属于该机构,但目前皮里和巴特勒宣称该机构已经完全独立)的公开账目经常与亚当
所的账目合并。亚当·斯密国际的预算经常达到数百万英镑,其中很大一部分来自英国国际发展部
(DfID)(《卫报》2012)。见 http://www.adamsmithinternational.com/about-us/our-history/,访问于
2015 年 3 月 13 日。
　　② "几乎所有(捐赠)都属于核心资金。一些捐助者曾希望其捐助能够用于青年活动,但几乎没有
捐助者会指定特定的项目……我们的一些项目确实也接受个人捐赠,(例如)我们曾向捐助者表示,希
望能再次与经济所一同举办一场'自由周'活动,请求其资助……但通常来说,捐助者可以指定其捐赠
归入核心资金或青年项目。"(亚当所访谈)

　　　左翼人士一直批评我们接受大烟草公司的资助……并为吸烟辩护……事实上他们完全错了。我们反对烟草简单包装的原因在于我们倡导个人选择……正是因为我们坚决维护自由派观念，这些机构才愿意支持并资助我们。（亚当所访谈）

　　根据这一逻辑，由于很少或完全没有内部研究，亚当所在选择进行公共干预时，可以比那些严重依赖研究合同的智库更加灵活。为了保持独立性，亚当所还为单个捐助者的捐赠在总预算中的占比设置了上限（Heffernan 1996；Clark 2012）。也正是如此，在 2007—2013 年，与其他合同导向型智库相比（如新基会），亚当所在选取其优先事务时拥有更大的空间，虽然这也意味着更加依赖智库外的作者。

风格与修辞

　　在探讨亚当所最常用的修辞前，需要先做几点说明。前文已经讲到，要描述一个综合智库所谓的"风格"，最有效的手段是关注其用词以及常用的观点，而不是其研究领域，因为研究领域可能随着政治气候和资金情况而变化。这条原则在分析亚当所时仍然适用。但由于亚当所极高的核心资金占比，在选择政策领域时拥有比大型智库和合同导向型智库更大的灵活性和自主权，即使这意味着亚当所相对难以进行长期的实证研究。

　　此外，我们必须牢记自由市场经济学和新自由主义都是繁杂的概念。认为亚当所代表或反映的是全部"新自由主义思想"自然是错误的（Dean 2012），尽管亚当所曾经参与定义新自由主义在公共政策领域的含义，且与推动自由主义的两个最重要的国际联盟（朝圣山学社和阿特拉斯网络）有着密切的联系。因此，尽管目前已经有许多研究新自由主义思想范畴和历史的著述，但为了评价亚当所的贡献，某种程度上我们还是需要从头开始。

再者，由于亚当所的组织架构高度依赖外部专家和研究员，其典型的公共干预模式也迥异于研究合同导向型的智库。这意味着对亚当所而言，政策文件并非其工作和研究的中心节点。一位受访者表示：

> 亚当所有趣的一点是……大多数政策研究是由智库外的学者撰写的，因此事实上是我们委托他们撰写报告，然后再由我们完成编辑和其他事宜。但某种程度上而言，我们也受限于这些外部学者以及他们的工作方式。如果你看过我们自己写的博客……你或许能找到亚当所内部对某一事件的真实想法。（亚当所访谈）

与同时期英国其他最活跃的智库一样，亚当所的博客至少每天更新，是其网站的支柱。博客一般依靠巴特勒、皮里、高级研究员、实习生和研究员的文章，也会重新发表一些亚当所成员发表于其他地方的内容。尽管代表着该智库在学术上的变化，亚当所博客的关注点是由每天的时事所决定的，正如他们发表在媒体上的许多干预文章一样。根据受访者所言，亚当所博客的主题为：

120

> 大部分是伺机而变的，主要依据人们讨论的话题。在某种程度上这有时确实能推动我们的长期目标，但这些博客的主要目标还是对每天发生的事做出回应……博客必须紧跟时事……所以每当皮凯蒂之类的学者出版了《纽约时报》的畅销书，人人都在读的时候，我们也必须聊一聊。（亚当所访谈）

明确了这几点之后，可以说亚当所公共干预的基本方针是所谓的"秩序维护者"（Sapiro 2009）。但这里所说的"秩序"并不一定是简单的现状，而是从一种特殊的英美学术遗产中得来的秩序，根植于个人自由和怀疑国家干预的古典自由主义。这种

"秩序"依据的是一种对事务"真相"的观察，或至少是当事务不受政府干预时的情况，并且在这种"秩序"中监管者经常被拿来与其他权威形象做比较。因此亚当所需要取得一种超越民选政客、官员及其他专家的可信度。

一个相对老派的标志能够帮助亚当所获得这种权威性，典型的便是使用船锚和象征性的支柱这两种形象。一般而言，亚当所的成员（一般就是指皮里和巴特勒二人）尽管看起来更像是较为情绪化的左翼人士，但总是寻求打造一种敏锐、通达事理的形象。作为著名高智商团体门萨俱乐部的前任秘书，皮里曾出版过有关逻辑谬误和辩论方面的著作（Pirie 2007），也曾在视频网站 YouTube 上分享过同一主题的系列视频。着装方面，佩戴领结几乎是其个人标志（Pirie 2012a：53）。

与其他智库一样，亚当所的理念和制度形式逐渐统一。一个例子就是，亚当所长期以来推崇美国，其企业精神也经常推动亚当所与美国机构和个人的合作（Pirie 2012a：4，55）。此外，亚当所最早的倡议之一就是计算并发布每年的"无税日"日期。"无税日"这一天，普通工薪阶层完成了其纳税任务。另一个例子中，尽管亚当所在意识形态上的对手并不认为其仍能代表亚当·斯密的思想（如税收正义网 2010 年就曾提出质疑），但马德森·皮里和其他成员仍是在爱丁堡市中心安放亚当·斯密塑像的最主要的倡议者。

这种形式的公共参与逐渐发展为一种具有辨识度的对抗性风格。在大多数亚当所进行公共干预的领域，这种风格都清晰可辨，如在宏观经济和不健康食品征税等领域（BBC 2013），甚至是在更专业的领域（Worstall 07/2010）。亚当所曾反驳过各种各样的对手，如英国医学会（Hill 02/2012）、坎特伯雷大主教（《每日电讯报》2009b）、素食主义者（《每日电讯报》2009c）以及环保人士（Worstall 2012）。亚当所最活跃的研究员之一蒂姆·沃斯托，曾撰文严词反对一众与左翼和学术界相关的认识，包括税收正义网的理查德·墨菲（Richard Murphy）、专栏作家欧文·琼斯（Owen Jones）、剑桥大学教授劳伦斯·金（Lawrence King）、斯基德尔斯基勋爵（Lord Skidelsky）、亚岱尔·特纳（Adair Turner）及新基会。类似的表现在亚当所的历史上有许多先例。皮里曾在其书中表示：

> 我们是强有力的支持者，言行仿佛真正的信徒，因为我们就是这样……
> 我们希望使大众相信……市场、选择和激励的优越性，以及私有化的优点。
> 这就要求我们采取高调乃至火药味十足的行事风格。（Pirie 2012a：86 -
> 87）

亚当所在对异见学者的驳斥中经常抨击其不理解自由市场及其运作方式。这种修辞的关键经常落在哈耶克宣称的"没有人比市场更加了解经济和社会"上，而市场则是具备本地知识、寻求私利的个人，在价格机制的协调下做出的行为的总合。从这一角度而言，特权主体的量化和宏大项目经常事与愿违。因此，亚当所相信最好是由个体而非官方来做决策，由市场的自然秩序而非国家计划来主导经济。这些观念使得亚当所认为其他个人或智库的观点是错误的，即使是在亚当所缺乏内部专家意见的领域，他们也通过质疑对手的理论根基和有效范围来打击对手（Davies and McGoey 2012；McGoey 2012；Mirowski 2013），这或许预示了此后被称为"后真相政治"的现象。这样，通过抨击政治和学术对手的知识主张，亚当所几乎插手了所有政策领域（Jacques et al. 2008）。2013 年，亚当所与经济所研究员杰米·怀特（Jamie Whyte）出版了《庸医政策》（*Quack Policy*），书中他基于类似的论证方式攻击了循证决策。

这样的争论根植于一种特殊的经济学理念，即力图在合理争论之外诉诸一种学科"内核"。这一内核也反映在亚当·斯密本人的一些著述中，没能注意到这一内核的人有时会被贬为"伪经济学家"（Worstall 09/2012）。对于亚当所这些与奥地利学派关系密切的作者而言，经济学是围绕着交换的本质及由此衍生出的自然秩序建立起来的。因此，亚当所的成员常常对复杂的经济模型和政府的计划能力持怀疑态度，希望收窄而非扩展真正的经济学学科范畴（新基会则希望扩展）（Butler 06/2011）。

　　这种对经济学的理解与特定的公众参与模式紧密相连,亚当所希望这一模式尽量简单易懂(Pirie 2009,2012b)。与其教育宗旨一样,亚当所已经出版了多份有关自由市场权威学者的入门读物,其中大部分由巴特勒撰写(Butler 2007,2010b,2011a,2012a)。皮里也于 2008 年撰写过《自由 101 条》(*Freedom 101*)一书。书中他驳斥了101 条反对市场自由主义的论点。值得注意的是,尽管这些著作力求简明,但其中的思路有时却违反直觉。反复出现的一种说法是,出于好心的行为人经常比那些严格追逐私利者造成更差的社会后果。这一点在他们反驳公平交易(Sidwell 02/2008)、反对缩减避税国(04/2009)、反对公立高等教育(Stanfield 03/2010)中都体现得非常明确。

123　　亚当所著作的另一个典型特征是其反政治倾向(Butler and Teather 04/2009;Pirie 2012a:4)。这种倾向来源于亚当所对专家和政客的怀疑,以及对他们所认为的经济民粹主义的谨慎态度(Butler 05/2012)。在他们的出版物中,隐含着一种对民主政体的挑战,主要基于两种理论:一是认为政客和公务员大多追逐私利(来源于公共选择理论),二是认为个人对宏观经济和公共政策等事务必然是无知的(频繁出现在哈耶克的支持者的论调中)。更有甚者,亚当所的成员曾提到过一种特殊的政治循环理论:向更大规模福利国家的推进经常导致自满造成庇护主义,随之而来的便是发展迟缓。必须大幅削减公共开支,随后经济才能恢复,新的经济循环也得以开启。这种观点甚至体现在了亚当所对 2008 年经济危机的看法中。一位受访者告诉我:

　　　　经济向好时,民众往往产生自满情绪,进而倒向承诺进行更多财富再分配的左翼政党,又由于贫困人口往往占大多数……因此他们在左翼政党中总是能占据多数,给民众一点他们许诺的甜头,把经济越搞越坏。8 年后,重新选举时,他们又如法炮制。在英国,从某种意义上说,保守党是重建经济的一方。随后民众开始自满,给工党投票使其当选。戈登·布朗在其任期内花光了全部的财政积累,造成了巨额的赤字和债务,然后选民又把保守党选进内阁来修复经济。……民主政体就是存在这样一种循环。(亚当所访谈)

面对来势汹汹的凯恩斯主义者：捍卫"自由"

在构思本书的过程中，我预计智库的公共干预可能会受早先工作的影响。简而言之，这种推断意味着金融危机可能会使一家此前大力支持自由市场的政策研究机构退居守势。它们会进行反击，将危机归咎于其他因素，通过严格区分"事件"和"结构"来为市场本身脱罪。类似的辩驳可以在相关的学术论著中找到（Jacobs and Townsley 2011：188‑189；Schmidt and Teatcher 2013）。贝尔特和摩根（Baert and Morgan 2015）创建的知识危机动力学也补充了上述观念。他们提出，在许多学术分歧中，往往双方对事务严重性的认识也存在矛盾，新锐学者往往强调事务的严重性，而知名学者一般低估其严重性。争论有可能是琐碎的，也有可能关乎学科存亡，前者是正常学术运转的一环，后者则牵涉了所谓的"神圣领域"。根据这种解释，2008 年的金融危机在放任自由主义的捍卫者眼中只不过是自由市场的自我纠正机制发挥了作用。2008 年 11 月，巴特勒对《卫报》记者说：

124

> 我们正在经历的危机是由美国的极端公共政策造成的，但它并不一定会经年累月地持续下去。目前当然存在大量对市场不稳定性的担忧，但到 2011 年之前，我们将会回到危机之前的状态。（《卫报》2008a）

但轻视危机的严重性并不是最常见的反应。随着严峻的局势逐渐明朗，已经没有时间坐视不管。此外，亚当所所捍卫的经济秩序事实上只是理论性的，在现实中并不存在，因此政治上首要的是指出经济危机中的实际经济体系。雷曼兄弟破产后的几周中，亚当所的博客非常活跃，认为政府和管理者难辞其咎（Butler 10/2008），尤其是在美国的房地产行业禁止经济歧视（即禁止信贷机构拒绝向低偿还能力者提供贷款）这一方面。亚当所成员认为这一举措扭曲了市场，并放大了风险（Clougherty 09/2008）。

当然，这种论调出现在 2008 年 9 月份之前。2008 年早些时候，汉森（Hansen 02/2008）曾引用乔治梅森大学（该大学主办了由科氏工业集团资助的莫卡特斯中心，还聘任了多位自由市场经济学家）的沃尔特·威廉姆斯（Walter Williams）的观点，警告了政府干预抵押贷款市场的后果。2007 年，在北岩银行挤兑事件爆发后，巴特勒曾谴责政客导致了这场风波（BBC 2007）。考虑到衰退是自由市场本身的规律之一，政府救市或在事实上将银行国有化都将使情况进一步恶化（Butler 09/2008）。对亚当所而言，2008 年的金融危机并不是由人们膨胀的贪欲所导致的，而是由一系列欠妥的刺激和政策引起的（《卫报》2008b）。

在一个急速变化的环境中，亚当所也找到了一种复兴的使命感，即捍卫当时遭到围攻的自由市场理念，进而重新占据主动。国家干预主义者已经兵临城下，且"……在 2009 年，打击凯恩斯主义的复兴或许是自由捍卫者的首要经济任务"（Clougherty 01/2009）。因此，金融危机反而催生了新的力量和威胁，也为自由主义者提供了摇旗呐喊、寻求支持的机会。亚当所 2009 年的年报作为一份面向潜在投资者的材料，提供了一个很好的例子：

> 理念带来后果，即每天各种利益集团都在不断要求政府增加开支、加强管制。我们需要亚当所这样的智库来抵制类似的要求。（ASI 01/2010：1）

从组织架构上而言，到 2008 年底，亚当所正在经历一些重大改革。当时分别任咨询主管和执行主管的蒂姆·埃文斯和汤姆·克劳赫蒂希望亚当所的运转更加专业化。这意味着亚当所需要在巴特勒、皮里等人和基层雇员之间维系一支更大的中层长期雇员队伍，同时使成果多元化。为了实现这些，亚当所寻求维持和扩大其捐助人网络，并提出更加彻底的商业计划。有关亚当所在募资方面所做的努力，一位受访者表示：

我们……大约在 2007 年就有一个非常忠实的捐助人群体，他们可能在很长一段时间内提供着稳定数额的资助……我认为努力与新的捐助者建立联系、搞清楚他们在自由市场主义领域的利益，并在一定程度上根据捐助者和他们的利益确定我们关注的领域……很有好处。但并不是说我们的工作完全是在逐利，事实上正好相反。我们希望在金融问题上做更多贡献……而这一领域也存在许多慷慨的捐助者。我们的预算……在过去几年中翻了一倍，从一个极低的水准攀升到了一个较低的水平……借此我们也得以增加人手……至于亚当所的"核心成员"，大约从 5 人左右……增长到了 9—10 人。（亚当所访谈）

出版物数量或许也是这场革新的指标之一。作为亚当所最高产的成员之一，巴特勒在金融危机之后撰写了大量论述。到本书写作期间，他已经出版了超过 28 部著作，1999—2005 年还曾中断过一段时间。但 2008—2013 年，巴特勒撰写了有关米塞斯（2010b）、弗里德曼（2011a）、斯密（2011b）、哈耶克（2012a）以及公共选择理论（2012b）的多部初级读物，还撰文指出工党应对危机负责（2009a，b），并出版了其他一些倡导自由市场首要性的著作（2008，2010a，2013）。

在亚当所之外，至少在一段时间里，凯恩斯主义曾一度得势（Skousen 02/2009），自由市场的支持者也经常被批评不愿在相反的证据面前改变立场。亚当所则进行了激烈的辩护，试图将罪责从资本主义头上移走，并将危机定性为一场"工党造成"的危机（Butler 03/2009a），呼吁自由派必须"反击"（Butler 03/2009b）。这些论调有时指向首要任务的转变，有时也包含着自我检讨，认为在危机的酝酿阶段存在着疏忽：

金融危机逐渐浮现时，我们确实完全没有考虑那些经济问题。任何人都没有考虑到……老实说，不管是自由市场派还是左派都没有……因此我认为我们稍微疏忽了一些。如果自由市场派人士能多关注一下金融系统……货币政策（以及）当时正在扩大的赤字，我们在应对危机时可能就更有准备……也能更快地做出反应，而不是像现在这样。但我认为人人都有错。（亚当所访谈）

形势也要求亚当所在舆论环境中不断强调其观点，集中大部分精力于金融问题（Pirie 2012a：105）。一位受访者告诉我：

127   2006—2007 年，我在金融经济学方面没有做任何工作……但到了2011—2012 年，我绝大部分精力已经转移到了金融方面，这也是我们绝大多数活动的主题、我们大量出版物的主题，以及我们的捐赠者最感兴趣的领域。（亚当所访谈）

亚当所内部对金融的强调也伴随着外部世界的一场知识运动，尤其是在美国保守思想家中。金融危机的深度得到了重新评定，其原因也追溯到了财政和货币政策的失误中。亚当所成员并不认同金融危机的罪魁祸首是不负责任的银行家，并提出房利美和房地美、公共机构以及央行提供的低利率是经济崩溃背后的主要推手。当然，并非亚当所一家持有这种观点。作为一家如此依赖外部作者的智库，亚当所的论调经常与那些同属自由市场阵营的学者类似。

作为 2010 年大选的准备，亚当所出版了一系列政策报告，其中大多数由研究员撰写。这些报告都试图解释金融灾难的原因，并提出了防止类似危机再次发生的改革举措。在部分报告中，亚当所提议采取审慎的举措，认为危机来源于一系列受限因素：宽松的货币政策、畸形的房地产市场、巴塞尔协议的失败、寡头垄断评级机构、"大而不能倒"的银行面临的恶性刺激等（Ambler 11/2008；Saltiel 03/2009；Boyfield 10/2009）。但其他一些报告则做了更加大胆的论证，质疑了英国货币体系的整体架构（Simpson 06/2009；Redwood 10/2009）。尤其是在施利希特（Schlichter 2011）的《纸

布兰登·布朗（Brendan Brown）[①]、凯文·多德（Kevin Dowd）[②]等，尽管一位受访者承认，"学术上可以算作自由派，且能够撰写我们想要的那类材料的学者，目前太少了"。（亚当所访谈）

在这一阶段，与20世纪80年代相仿，通过劝说政府继续推进财政紧缩计划，亚当所寻求改变"奥弗顿之窗"（Overton window），这体现在其有关"预算愿望清单"（Budget wishlists）的出版物中。亚当所宣称能够实现市场自由化和政府退出某些领域，包括高等教育（Stanfield 03/2010）、BBC（Graham 08/2010）、艺术领域（Rawcliffe 03/2010）、个税（Saltiel and Young 10/2011），以及邮政体系（Hawkins 10/2010），其中许多都来自此前几年中围绕着预算削减、放松监管和付款凭单制度的论著（例如 Senior 11/2002）。

但很难准确评定亚当所的政策影响力。该智库总体上赞成联合政府的公共预算缩减和自由市场改革政策，但有时又批评这些政策的形式和程度过于怯懦。其中一个例子是其要求允许营利企业经营免费学校的游说（Croft 04/2011），这一诉求最终失败。此外，过去十年右翼阵营中出现了一些条件更好的智库。诸如政策交流智库一类的机构与保守党领导层也有着更紧密的联系，也曾一度寻求与顽固的撒切尔主义（见第六章）拉开距离。即便如此，亚当所还是拥有广泛的政策影响力。受访者提到一个例子，即亚当所通过拉弗曲线（即高税率会导致低税收），劝阻了联合政府征收资本收益税的计划（ASI 05/2010）。在这次努力中，他们得到了来自约翰·雷德伍德议员和《每日电讯报》的支持。总的来说，亚当所在政治上仍很活跃。它为政府福利改革提供了部分咨询服务（DWP 2010），举办了多次商业午餐会，并组织了保守党大会等活动，约翰·赫顿（John Hutton）、道格拉斯·卡斯维尔（Douglas Carswell）和约翰·雷德伍德（John Redwood）等议员在会上做了演讲。然而，一位受访者也认为亚

131

---

① 布兰登·布朗是米塞斯研究所的相关学者。

② 凯文·多德是货币政策咨询机构柯布登公司的合伙人、杜伦大学金融与经济学教授。

当所与保守党前排议员"关系确实很好，但却不够近"。

在体制变革方面，作为克劳赫蒂和埃文斯重构计划的一部分，亚当所签约了一批年轻的长期雇员，他们也带来了一套新的首要任务和技能，并显著扩大了亚当所研究成果的广度。这些年轻人包括夏洛特·鲍耶（Charlotte Bowyer）[1]、本·索斯伍德（Ben Southwood）[2]、菲利普·萨尔特（Phillip Salter）[3]、凯特·安德鲁斯（Kate Andrews）[4]以及山姆·鲍曼（Sam Bowman）。下面主要介绍鲍曼。

鲍曼是亚当所的前任副主任，或许也是皮里和巴特勒理所当然的继承人。他属于亚当所迄今为止没有包含在内的一个特殊自由主义派别——"软心肠自由主义"（Bleeding-heart Libertarianism）。这一理论派别根植于美国学者杰弗里·弗里德曼等人的著作。弗里德曼认为，倡导自由市场最有力的论据，就是自由市场带来的实际利益。也就是说，维护和扩展市场的原因在于其能够为所有人，尤其是穷人提供更好的福利，而不单单是任何理论上的原因。这种功利主义的论证模式使自由主义者赢得了更多的盟友，因为部分民众已经厌倦了自由派对贫困和社会公平问题的迟钝（鲍曼，发表于 2013 年苏格兰自由论坛）。这些观念与部分"基于权利"的古典自由主义者的主张相悖，例如罗伯特·诺奇克（Robert Nozick）和艾恩·兰德（Ayn Rand）。自从自由主义圈子的内部危机以来，后者的观点逐渐受到欢迎。

另一方面，尽管亚当所一贯倡导扩展公民自由，但这方面的论述日益在其成果中占据了中心地位。最典型的例子莫过于移民问题（Bowman 04/2011）。作为自由派智库，亚当所支持宽松的外来移民政策，但这有时导致它与部分更加严苛的保守派之间产生了对立。这种对立有时还延伸到了对福利受领人和失业者的看法上。2013年，鲍曼曾写道：

132

---

① 夏洛特·鲍耶是亚当所数字政策研究方面的前负责人，主要研究公民自由、版权和网络。

② 本·索斯伍德是亚当所政策研究方面的前负责人，兴趣主要是货币体制和体育经济。

③ 菲利普·萨尔特是亚当所的前项目主管，此后成为《伦敦金融城早报》商业特刊编辑、"企业家网络"主任。

④ 凯特·安德鲁斯是亚当所的前传播经理，目前任经济所的副主任。

如果认为失业主要是由政府对经济的管理不当所造成的，那就没有道理因为失业而羞辱失业者。如果认为是政府福利挤压了私人慈善救济，那就不应该责怪那些被迫依赖政府的残障福利的群体。（Bowman 06/2013）

与其意识形态的对手相比，鲍曼的这种结果论方法也带来了一种更灵活的立场。鲍曼将康弗斯（Converse 2006）有关政治信任体系的著作视为其灵感来源，后者认为，政治家越活跃、消息越灵通，就越不可能在面临相反证据时修正其观点。简而言之，"软心肠自由主义"就是为了避免自由主义者陷入同样的怪圈。相应地，鲍曼也曾与保守派智库"亮蓝"（Bright Blue）合作（Brenton et al. 2014）。这一智库致力于构建更有活力、更自由、更现代化、更能吸引年轻人的政治权利体系。

2013 年后，令人好奇的是亚当所开始从事社会学研究，关注多样性和社会凝聚力之间的相互作用（Dobson 04/2015）。这与该智库一直以来对社会学的轻视（Worstall 05/2012）形成了有趣的对比。亚当所也在其社交媒体上越来越熟练地使用和创作网络表情包，努力使亚当·斯密和亲资本主义的理念更加贴近新一代年轻人。诸如此类的公共干预也是为了吸引那些并不一定自认为是自由市场主义者的人群，秉持的理念类似于"如果人们在内心深处认为（自由主义者）基本上就是萨拉·佩林或格伦·贝克之类的人物，那么我们的麻烦就大了"（Bowman《国际财经时报》2014）

这段时间应该强调的是亚当所部分机构中的思维转变，它们与更广阔的自由市场思潮并不完全一致。其中一个例子与为了增加市场流动性的量化宽松政策有关。当时英美两国都采用这一货币政策，很久之后欧洲中央银行也跟上了步伐。尽管早先基于这一政策相关的通胀风险，亚当所的公共干预批评量化宽松为"印钱"（Bowman 03/2009），但此后亚当所的其他成员谨慎地支持这一政策（Southwood 02/2013）。一位受访者也确实认为观念的转变是由于实证原因："实行了量化宽松政策的经济体如今状况都要好一些。"（亚当所访谈）然而，这也在亚当所内部造成了分歧，因为"部分成员是'纯奥地利学派'，这意味着他们听从……路德维希·冯·米塞斯（Ludwig Von Mises）的金口玉言。其他一些……则是'实证奥地利学派'，追随弗雷德里希·哈耶克"（亚当所访谈）。前者出于理论原因并不那么支持量化宽松，但后者则更愿意承认理论与实际的偏差。两者之间的观念之差也反映了结果论者和基于权利的自由主义者之间的分歧。这种分歧体现在自由主义网站（LibertarianHome 2014）上，甚至也出现在了亚当所博客的评论区。

但是，尽管亚当所的许多著述中已经体现出了"软心肠自由主义"，改变却不是全盘的，性质也各不相同。2012 年，亚当所举办了首届艾恩·兰德年度讲座（Ayn Rand Annual Lecture）。通过这一讲座，亚当所希望加强其与商界和银行业的联系。受邀的第一位发言人是时任卡托研究所主席的约翰·艾里逊（John Allison），第二位是亚当所研究员兼盛宝银行首席执行官拉尔斯 · 塞尔 · 克里斯滕森（Lars Seier Christensen）。选择这两位发言人存在争议，但也标志着亚当所希望自由市场理念"不光被理解为一种经济理论，更是一种有原则的理论"（亚当所访谈）。

总而言之，亚当所内部的思维转变尽管存在，但很难划分阶段或确定下来，且只能在其公共干预中找到踪迹。2014 年，皮里在布拉格的欧洲自由学生组织大会上提出，2008 年金融危机从根本上而言对资本主义是有利的，因为它提醒我们发展和创新的必要性，也凸显了保持公共债务规模可控的紧迫性。皮里的这些观点根植于一种特殊的社会变化理论。这种理论基于达尔文及其进化论，而不是基于黑格尔和辩证矛盾（Pirie 04/2013）。危机最终成了又一次试错（Butler 09/2008），一定程度上证实了乐观主义，因为市场的自我调节机制总是能产生好结果。对那些资本主义的批评者，皮里和亚当所回应道，尽管欧洲和美国属于蒙混过关，但其他经济体仍处于发展繁荣中，尤其是发展中国家（Lundberg 02/2012）。危机甚至对亚当所本身都是有利的，"因为它激励了我们的政策研究，也带来了新的捐赠者"（亚当所访谈）。

混乱、分层的思维转变过程

我于 2014 年参加了一次"下一代"俱乐部的集会，以下是根据现场记录所得出的一些思考。类似的聚会每月举办一次，参与者是 30 岁以下的自由主义者，主要内容包括酒会和一位知名嘉宾的简短演讲，地点位于亚当所总部的阁楼。会场总是人满为患，听众大多非常年轻、衣着光鲜、以男性为主，演讲本身敏锐而愉快，内容一般限于赞颂自由贸易的益处，且或多或少处于跨大西洋贸易与投资伙伴协定（TTIP）谈判的框架下。

亚当所组织了许多类似的讲座和社交聚会。受访者指出，举办活动是一种聚拢各行业人才的有效方式（尤其是自由市场学者、年轻人、政客和记者），有助于将他们的力量协调起来，以加强对决策和公众辩论的影响力。也就是说，"下一代"俱乐部旨在成为亚当所的一个节点，并推广自由主义理念。

但对于亚当所这样一个需要精简预算，且"投资收益"既不稳定也难以衡量的智库而言，为什么要在"下一代"俱乐部等活动上长期投入资金呢？至少存在三个原因：一是亚当所获得的部分收入只能被用于青年活动；二是"下一代"俱乐部使其能够瞄准学生和青年职员，从而培育一个中长期的合作网络；三是类似的活动以及亚当所成员队伍的年轻化都能帮助其树立一个更加年轻的公众形象，这有助于重塑亚当所的品牌，并吸引更多资助。

此外还存在一些更深层次的原因。梅德韦茨（Medvetz 2006：343）在评价华盛顿的保守党周三聚会时曾指出，类似的活动充当着"物质权力的工具"和"象征性维护的仪式"，通过"力量关系"和"意义关系"聚拢保守党支持者。也就是说，周三聚会通过推动团队协作的方式阐明了美国保守党阵营的理念：向有需要的时段、地点和政策领域投放物质和学术资源，同时也完成了人群划分的工作，将支持者与非支持者区别开来。类似地，尽管相较于梅德韦茨的案例研究，"下一代"俱乐部的聚会形式对战略协

135

调的帮助较小，但仍为青年支持者提供了一个合适的环境，其目的也是相似的：帮助年轻人会面、社交，并帮助其认清所在群体的特性。年轻人和资深人士之间的社交也帮助前者更好地理解了成为自由市场"自由主义者"的含义，并在整个阵营内部产生了活力和凝聚力。

　　参加这类活动的经历使我想到了本书背后的一些根本问题：在极具象征意义且引发重大利益得失的大事件发生后，智库内部是否以及如何发生了思维转变？在我的许多同事看来，我们似乎不可能看到许多智库公开改变自身的观点。这一点在意料之中。在某种意义上，智库是一个集意识形态立场、人际关系网络和机构安排于一身的综合体。这种综合体聚拢了一大批角色——各个年龄段的赞助人、专家、政客、记者，它使社会关系与一种共享的观点紧密联结。如果对政治和经济的看法不存在最低程度的共识，这样的关系网络就不可能存在。共识来自观点的历史，并得到了一些经典著作的强化，包括弗里德曼、哈耶克、布坎南和斯密等。在智库这一综合体内部，很难区分物质和意识形态投资。即使在"下一代"俱乐部集会这样的活动中，人脉、观点和资源都是"实际""灵敏"的，因而也是可再生的。智库举办的活动强化了所谓的"思想共同体"（Mirowski 2013）。

　　但这并不意味着关系网中的成员没有改变观念的能力。这些反应灵敏、高学历的智库成员，不管派系多么分明，都有验证其观点的意愿，尤其是在金融危机这样重大的事件发生之后。但不管这些观点准确与否，随着时间的推移，它们都建构起了社会关系网。此外，正如受访者所强调的，亚当所名下相对较少出现程序控制。或许亚当所的底线是：在其他条件不变的情况下，必须偏向自由市场和个人选择，而非政府行为。

　　的确，亚当所内部的观念在变，一个典型的例子就是其对量化宽松政策立场的转变。这些例子也标志着能够分化成员意见的分歧。分歧最终发展为内部的对立，但在公众辩论的观点中又往往被人忽视。这些分歧包括结果论与坚守原则的资本主义观点之间的分歧①、"主流"和"激进"货币政策之间的分歧、轻视经济危机的做法和正面面对危机之间的分歧、"纯粹的"和"实证的"奥地利学派之间的分歧。尽管这些分歧可以在一段时间内缓和或扩大，但只要亚当所没有频繁转变立场——其他自由派已经开始从这方面批评亚当所（LibertarianHome 26/11/2014），一定程度的可变性有利于亚当所的声望。可以说，在自由市场"思想共同体"或任何其他共同体中，都存在"神圣"和"世俗"问题。在解决政策的世俗方面，或寻求影响更多民众时，最好显得务实一些，做一个投机的"修补匠"，而不是一个"模范"（Carsensten 2011）。这些在亚当所公共干预的形式和内容中都清晰可见：在涉及量化宽松等非核心议题时，提供许多不同的阐述；在涉及贫困和福利等问题时采取一种更加温和的方式等。

据我所知，金融危机后大多数有关新自由主义思想的学术性论述都因作者的顽固而受到指责，很少承认自由主义内部存在的分歧。一些人不无道理地指出，新自由主义思想之所以百折不挠，部分是由于其借助的修辞手法使其理论与实际运用保持着距离（Schmidt and Thatcher 2013）。通过批评"裙带资本主义"而非资本主义本身、批评央行而非银行家、批评过分热心的监管机构而非不负社会责任的私人等方法，新自由主义思想实现了这种理论与实际的分离。新自由主义的批评者，包括本人在内，经常把这类论述归为确认偏差的一例。许多新自由主义思想家在2008年之后并没有修正他们的观点，反而变得更加坚定，菲利普·米洛斯基（2013：120）曾在《当预言失败》（*When Prophecy Fails*）（Festinger et al. 2008）一书中说明这一点②。一个共同体几乎可以提出无穷多的辅助假说，用以反驳那些质疑其主流自我定义的论述。如果这类思想共同体希望维系自身的存在，尤其是当它们拥有重要的外部支持时，它们就会以新的决心进行反制。

137

---

　　① 皮里的论述中充斥着自由市场的理论支撑，它们可能会与亚当所的一些结果论观点并行不悖。例如，"私有化并非是一系列政策，而是一个适应一种理论方法的体系"（Pirie 2012a：79）。

　　② 在这部社会心理学经典中，费斯汀格探究了一个教派在聚众等待天启降临失败后的应对策略。费斯汀格发现，当一个群体面对能够破坏其核心信念的证据时，群体成员往往会设计出更加精妙的方式来解释这些反面证据。

这类观点很难被反驳，这也是它们经常遭到批评的原因。我们应该明白，只有当这类观点出自非自由市场派时，它们才有价值。此外，"神圣"理论的部分定义来自其模糊性和延展性①。这个世界上从来没有实现过完全意义上的自由市场，因此其原则可以随着情况的变化而变化。更通俗地说，一个共同体的边界总是需要协调和适应，这也是部分亚当所成员质疑基于权利的自由主义信条的原因，尤其是当这些信条不利于智库从大众中获取名誉和权威时。

此外，2008 年金融危机极具争议性与高度技术性的信息特征也导致想要说服那些已经有着明确意识形态站位的人非常困难，更有甚者，当时还广泛存在着一种对经济学家的不信任。对一个曾在政策辩论中秉持相反原则的智库而言，猝然改变立场极有可能是毁灭性的，将会使其与外界的学术和体制联系恶化②。但亚当所也不可能完全任由"滞后"现象摆布。下一步，当新一代较少受冷战影响的自由主义者试图向他人推销自由市场理念，或当新一代主流自由主义与倒向艾恩·兰德且与经济达尔文主义紧密相关的自由主义子派系发生冲突时，这种紧张局面将会变得显而易见。

上文所述的内部分歧也提出了思维转变发生的层面问题。在有关量化宽松和通胀关联的公共干预中，可以发现亚当所做出了改变，但在私有财产神圣不可侵犯这一方面则没有任何改变。改变立场是灵活性的体现，但只有在部分问题上才能使用这种灵活性，且这样的做法也只能打动一部分民众，特别是那些还未进入"思想共同体"但可以在某些问题上争取其支持的民众。与此同时，在传统支持者中，也一直酝酿着分歧和对立。因此，在尝试阐述亚当所在危机后的活动时，如果仅仅是将一种"政策范式"与另一种进行对比，宣称两者一对一错，那么这样的研究注定意义寥寥。与此相反，本书的目的是对比智库的不同思考方式，并观察其转变的方式。在亚当所的例

---

① 涂尔干早就认识到了"神圣"理论的模糊性，"尽管基本过程总是一致的，但不同的情况会造成不同的后果"。（Durkheim 1995[1912]：417）

② 一个例子是，新自由主义智库网络"斯德哥尔摩网络"曾要求政府支持制药工业，这促使许多智库脱离了该网络。（《每日电讯报》2009a）

子里，这意味着避免像许多研究者那样草率地将智库成员视为理论家，而是给出思想更新的观察空间。正如新基会和亚当所的例子所体现的那样，在这一点上我假定改变立场在公共干预模式中尤其明显（特别是涉及智库的自我表达时），因为公共干预与扩展智库吸引力的努力密切相关。一位受访者表示，某种程度上来说，很少有人会把亚当所与以下做法联系起来：

> 我们尽力避免将我们的观点表述为单一、连贯的整体，那样的话人们只能选择同意或不同意。（我们尽力）使我们的论述基于事实证据，这样即使非自由市场派也会认识到他们的用处，且有可能……受此影响转变为自由市场支持者。这样做的原因在于，我认为英国政治很大一部分就如同一个回音室，智库的特权就在于我们是全国唯一一批能够真实地表达所思所想的人。（亚当所访谈）

参考文献

[1] Baert, P., & Morgan, M. (2015). *Conflict in the academy: A study in the sociology of intellectuals*. London: Palgrave Pivot.

[2] BBC. (2007). *Northern Rock: Expert views*. Accessed 20 March 2015. http://news.bbc.co.uk/1/hi/business/6999246.stm.

[3] BBC. (2013). *Eamonn on BBC Breakfast TV on fizzy drinks tax*. Accessed 21 March 2015. https://www.youtube.com/watch?v=YWIyjUNlZ08.

[4] Brenton, M., Maltby, K., & Shorthouse, R. (Eds.). (2014). *The moderniser's manifesto*. London: Bright Blue.

[5] Butler, E. (2007). *Adam Smith: A primer*. London: IEA.

[6] Butler, E. (2008). *The best book on the market: How to stop worrying and love the*

free economy. Oxford: Capstone.

140　　[7] Butler, E. (2009a). *The rotten state of Britain: Who is causing the crisis and how to solve it*. London: Gibson Square.

[8] Butler, E. (2009b). The financial crisis: Blame governments, not bankers. In P. Booth (Ed.), *Verdict on the crash: Causes and policy implications* (pp. 51 – 58). London: IEA.

[9] Butler, E. (2010a). *The alternative manifesto: A 12-step programme to remake Britain*. London: Gibson Square.

[10] Butler, E. (2010b). *Ludwig Von Mises: A primer*. London: IEA.

[11] Butler, E. (2010c). *Austrian economics: A primer*. London: IEA.

[12] Butler, E. (2011a). *Milton Friedman: A concise guide to the ideas and influence of the free-market economist*. Petersfield: Harriman House.

[13] Butler, E. (2011b). *The condensed wealth of nations*. London: Adam Smith Institute.

[14] Butler, E. (2012a). *Friedrich Hayek: The ideas and influence of the libertarian economist*. Petersfield: Harriman House.

[15] Butler, E. (2012b). *Public choice: A primer*. London: IEA.

[16] Butler, E. (2013). *Foundations of a free society*. London: IEA.

[17] Carstensen, M. (2011). Paradigm man vs. the bricoleur: Bricolage as an alternative vision of agency in ideational change. *European Political Science Review*, 3(1), 147 – 167.

[18] Clark, S. (2012). *They can't help themselves: Anyone who contradicts the tobacco control industry must be a stooge of Big Tobacco*. London: Forest. Accessed 15 March 2015. http://taking-liberties. squarespace. com/blog/2012/2/20/asiacting-as-mouthpiece-for-the-tobacco-industry-says-ash. html.

[19] Cockett, R. (1995). *Thinking the unthinkable*. London: HarperCollins.

[20] Converse, P. (2006 [1964]). The nature of belief systems in mass publics. *Critical Review: A Journal of Politics and Society*, *18*(1), 1 - 74.

[21] *Daily Telegraph*. (2009a). Free-market network demands bail-out for pharmaceutical industry. Accessed 20 February 2015. http://blogs. telegraph. co. uk/news/alexsingleton/8145947/freemarket_network_demands_bailout_for_pharmaceutical_industry/.

[22] *Daily Telegraph*. (2009b). Madsen Pirie: The Archbishop of Canterbury caricatures consumers and fires at token targets. Accessed 18 February 2015. http://www. telegraph. co. uk/comment/personal-view/6315892/The-Archbishop-of-Canterbury-caricatures-consumers-and-fires-at-tokentargets. html.

[23] *Daily Telegraph*. (2009c). Madsen Pirie: Lord Stern is wrong—Giving up meat is no way to save the planet. Accessed 20 February 2015. http://www. telegraph. co. uk/news/earth/environment/climatechange/6445930/Lord-Stern-is-wrong-giving-up-meat-is-no-way-to-save-the-planet. html.

[24] *Daily Telegraph*. (2012). It doesn't matter who funds think tanks, but if it did, Left-wing ones would do particularly badly. Accessed 20 February 2015. http://blogs. telegraph. co. uk/finance/timworstall/100018107/it-doesnt-matter-who-funds-think-tanks-but-if-it-did-left-wing-ones-would-do-particularly-badly/.

[25] Dean, M. (2012). Rethinking neoliberalism. *Journal of Sociology*, *50*(2), 150 - 163.

[26] Denham, A. , & Garnett, M. (1998). *British think tanks and the climate of opinion*. London: UCL Press.

[27] Desai, R. (1994). Second hand dealers in ideas: Think tanks and Thatcherite hegemony. *New Left Review*, *203*(1), 27 - 64.

[28] Djelic, M. L. (2014). *Spreading ideas to change the world: Inventing and institutionalizing the neoliberal think tank*. Social Science Research Network. Accessed 22 February 2015. http://papers. ssrn. com/sol3/papers. cfm?abstract_id=

141

2492010.

[29] Durkheim, E. (1995 [1912]). *The elementary forms of religious life*. New York: The Free Press.

[30] DWP. (2010). *Consultation responses to 21st century welfare*. Accessed 25 March 2015. https://www. gov. uk/government/uploads/system/uploads/attachment_data/file/181144/21st-century-welfare-response. pdf.

[31] European Students for Liberty. (2014). *Madsen Pirie: Prospects for liberty*. Accessed 25 March 2015. https://www. youtube. com/watch?v=BHP0GrBhuNs.

[32] Festinger, L., Riecken, H., & Schachter, S. (2008 [1956]). *When prophecy fails*. London: Pinter & Martin.

[33] Friedman, J. (1997). What's wrong with libertarianism. *Critical Review*, *11*(3), 403 – 467.

[34] *Guardian*. (2008a). *Will the market bounce back soon*? Accessed 16 February 2015. http://www. theguardian. com/money/2008/nov/01/moneyinvestments-investmentfunds? INTCMP=SRCH.

[35] *Guardian*. (2008b). 167 *Eamonn Butler: Sentamu and the city*. Accessed 18 February 2015.

[36] *Guardian*. (2012). *James Meadway: Development's fat cats have been gorging on private sector values*. Accessed 20 March 2015. http://www. theguardian. com/commentisfree/2012/sep/19/development-fat-cats-privatesector-values.

[37] Heffernan, R. (1996). Blueprint for a revolution? The politics of the Adam Smith Institute. *Contemporary British History*, *10*(1), 73 – 87.

[38] *International Business Times*. (2014). Rise of the new libertarians: Meet Britain's next political generation. Accessed 18 February 2015. http://www. ibtimes. co. uk/rise-new-libertarians-meet-britains-next-political-generation-1469233.

[39] Jackson, B. (2012). The think tank archipelago: Thatcherism and neoliberalism. In

142

B. Jackson &. R. Saunders（Eds.），*Making Thatcher's Britain*（pp. 43－61）. Cambridge: Cambridge University Press.

[40] Jacobs, R., &. Townsley, E. (2011). *The space of opinion: Media intellectuals and the public sphere*. Oxford: Oxford University Press.

[41] Jacques, P., Dunlap, R., &. Freeman, M. (2008). The organisation of denial: Conservative think tanks and environmental scepticism. *Environmental Politics*, *17* (3), 349－385.

[42] James, S. (1993). The idea brokers: The impact of think tanks on British government. *Public Administration*, *71*, 491－506.

[43] Kay, L., Smith, K., &. Torres, J. (2013). Think tanks as research mediators? Case studies from public health. *Evidence and Policy*, *59*(3), 371－390.

[44] LibertarianHome. (2014). *Sam Bowman promoted to deputy director of the Adam Smith Institute*. Accessed 27 March 2015. http://libertarianhome. co. uk/2014/11/ sam-bowman-promoted-to-deputy-director-of-the-adamsmith-institute/.

[45] LSE. (2011). *Keynes v Hayek*. Accessed 20 March 2015. http://www. lse. ac. uk/ newsAndMedia/videoAndAudio/channels/publicLecturesAndEvents/player. aspx? id＝ 1107.

[46] McGoey, L. (2012). Strategic unknowns: Towards a sociology of ignorance. *Economy* &. *Society*, *41*(1), 1－16.

[48] Medvetz, T. (2006). The strength of weekly ties: Relations of material and symbolic exchange in the conservative movement. *Politics* &. *Society*, *34*(3), 343－368.

[49] Medvetz, T. (2012). *Think tanks in America*. Chicago: University of Chicago Press.

[50] Mirowski, P. (2013). *Never let a serious crisis go to waste*. London: Verso.

[51] Pautz, H. (2012). The think tanks behind 'cameronism'. *British Journal of Politics and International Relations*, *15*(3), 362－377.

[52] Pirie, M. (1988). *Micropolitics: The creation of successful policy*. Aldershot:

Wildwood house.

[53] Pirie, M. (2007). *How to win every argument: The use and abuse of logic*. London:
Continuum.

[54] Pirie, M. (2008). *Freedom* 101. London: Adam Smith Institute.

[55] Pirie, M. (2009). *Zero base policy*. London: Adam Smith Institute.

[56] Pirie, M. (2012a). *Think tank*. London: Biteback.

[57] Pirie, M. (2012b). *Economics made simple: How money, trade and markets really
work*. Petersfield: Harriman House.

[58] Pirie, I. (2012c). Representations of economic crisis in contemporary Britain. *British
Politics*, 7(4), 341 – 364.

[59] Sapiro, G. (2009). Modèles d'intervention politique des intellectuels: *Le cas
français. Actes de la recherche en sciences sociales*, 176 – 177(1 – 2), 8 – 31.

[60] Schlichter, D. (2011). *Paper money collapse*. London: Wiley.

[61] Schmidt, V., & Thatcher, M. (2013). *Resilient liberalism in Europe's political
economy*. Cambridge: Cambridge University Press.

[62] Scottish Liberty Forum. (2013). *Sam Bowman: The free market road to social
justice*. Accessed 30 March 2016. https://www.youtube.com/watch? v =
Rptm0yyvPik.

[63] Seiler, C., & Wohlrabe, K. (2010). A critique of the 2009 global "go-to think tank"
ranking. *CESifo DICE Report*, 8(2), 60 – 63.

[64] Selgin, G. (1994). Are banking crises free-market phenomena? *Critical Review: A
Journal of Politics and Society*, 8(4), 591 – 608.

[65] Stone, D. (2007). Recycling bins, garbage cans or think tanks? *Public Administration*,
85(2), 259 – 278.

[66] Tax Justice Network. (2010). *Adam Smith, the Adam Smith Institute, and flat
taxes*. Accessed 16 February 2015. http://taxjustice.blogspot.co.uk/2010/01/adam-

smith-adam-smith-institute-and. html.

[67] Trevisan, J. （2012）. Global go-to 2011 think tank ranking: An analysis. *International Center for Climate Governance*. Accessed 25 February 2015. http://www. iccgov. org/FilePagineStatiche/Files/Publications/Reflections/03 _ reflection _ february_2012. pdf.

[68] Whyte, J. (2013). *Quack policy*. London: IEA.

[69] Worstall, T. (2010). *Chasing rainbows: How the green agenda defeats its aims*. London: Stacey International.

Think Tank Reports and Blog Posts
（ASI，available at adamsmith. org）

[1] Ambler, T. (11/2008). *The financial crisis: Is regulation cure or cause?*

[2] Ambler, T. , & Boyfield, K. （11/2007）. *Stemming the growth of UK regulatory agencies.*

[3] Ambler, T. , & Saltiel, M. （09/2011）. *Bank regulation: Can we trust the Vickers report?*　　144

[4] ASI. （01/2010）. *2009 annual review.*

[5] ASI. （05/2010）. *The effect of capital gains tax rises on revenues.*

[6] ASI. （01/2011）. *2010/2011 annual review.*

[7] ASI. （01/2012）. *2011 annual review.*

[8] Bowman, S. （04/2011）. *Immigration restrictions make us poorer.*

[9] Bowman, S. （06/2013）. *Don't hate the players, hate the game.*

[10] Bowman, T. （03/2009）. *On quantitative easing.*

[11] Boyfield, K. （03/2009）. *The Turner review: A case of poacher turned gamekeeper?*

[12] Boyfield, K. （10/2009）. *Cure or disease? The unintended consequences of regulation.*

[13] Butler, E. （09/2008）. *A circle in a spiral.*

[14] Butler, E. (10/2008). *Don't knock the system: Politics caused this crisis of capitalism.*

[15] Butler, E. (03/2009a). *A Labour-made crisis.*

[16] Butler, E. (03/2009b). *Believers in free-market are fighting back.*

[17] Butler, E. (04/2009). *Save the tax havens—We need them.*

[18] Butler, E. (06/2009). *Government debt: That'll be £2.2 trillion, please.*

[19] Butler, E. (06/2010). *Reboting government.*

[20] Butler, E. (06/2011). *Economists? What economists?*

[21] Butler, E. (05/2012). *The rotten state of our democracy.*

[22] Butler, E., & Teather, R. (04/2009). *Parliamentary fatcats.*

[23] Clougherty, T. (09/2008). *The financial crisis in bullet-points.*

[24] Clougherty, T. (01/2009). *How to promote the free market in 2009.*

[25] Croft, J. (04/2011). *Profit-making free schools: Unlocking the potential of England's proprietorial schools sector.*

[26] Dobson, J. (04/2015). *The ties that bind: Analysing the relationship between social cohesion, diversity, and immigration.*

[27] Graham, D. (08/2010). *Global player or subsidy junky? Decision time for the BBC.*

[28] Hansen, F. (02/2008). *It's government intervention, stupid!*

[29] Hawkins, N. (06/2010). *The party is over.*

[30] Hawkins, N. (10/2010). *Privatization revisited.*

[31] Hill, H. (02/2012). *What turns doctors into tyrants?*

[32] Lal, D. (07/2009). *The great crash of 2008: Are governments or markets to blame?*

[33] Lundberg, J. (02/2012). *The triumph of global capitalism.*

[34] Mchangama, J. (06/2009). *The war on capitalism.*

145   [35] Oliver, H. (01/2012). *Why Migration Watch is wrong about immigration and unemployment.*

[36] Patterson, R. (03/2009). *A brief history of the social rights myth.*

[37] Pirie, M. (08/2009). *It is no time for Westminster to be squeamish over spendingcuts.*

[38] Pirie, M. (10/2009). *How David Cameron can reverse Labour's unjustified attacks on civil liberties.*

[39] Rawcliffe, D. (03/2010). *Arts funding: A new approach.*

[40] Redwood, J. (10/2009). *Credit crunch: The anatomy of a crisis.*

[41] Saltiel, M. (03/2009). *What went wrong? An agenda for the G20.*

[42] Saltiel, M. (12/2010). *On borrowed time.*

[43] Saltiel, M. (09/2011). *A botched opportunity: Why the Vickers report won't fix the financial sector.*

[44] Saltiel, M., & Young, P. (10/2011). *The revenue and growth effects of Britain's high personal taxes.*

[45] Senior, I. (11/2002). *Consigned to oblivion.*

[46] Sidwell, M. (02/2008). *Unfair trade.*

[47] Simpson, D. (06/2009). *The recession: Causes and cures.*

[48] Skousen, M. (02/2009). *Has Keynes trumped Adam Smith?*

[49] Southwood, B. (07/2013). *Despite its problems, QE might be right.*

[50] Stanfield, J. (03/2010). *The broken university.*

[51] Wellings, R. (Ed.). (12/2009). *Beginner's guide to liberty.* London: ASI.

[52] Whig. (11/2011). *Do we have a capitalist economy?*

[53] Worstall, T. (07/2010). *Is it because they iz doctors?*

[54] Worstall, T. (05/2012). *Sociologists doing economics.*

[55] Worstall, T. (09/2012). *Can we please kill the idea that Adair Turner or Robert Skidelsky are economists?*

第五章　国家经济社会研究所：专家仲裁者的命运变迁

国经所创建于 1938 年，是英国历史最悠久的政策研究机构之一。该智库在时任英格兰银行(BoE)行长的约西亚·斯坦普男爵(Baron Josiah Stamp)的提议下创立，由洛克菲勒基金会(Rockefeller Foundation)、利华休姆信托(Leverhulme Trust)、哈里·斯图尔特信托(Halley Stewart Trust)及皮尔格林信托(Pilgrim Trust)共同资助(Denham and Garnett 1998：57 - 59)。国经所的使命是提供严谨独立的分析，以平衡财政部对发布英国经济数据的垄断(Jones 05/1988，04/1998)。

自创建以来，国经所从与学术界和公务员体系的紧密关系中受益匪浅，其第一代领导团体也来自这两个领域，包括伦敦政经学院的威廉·贝弗里奇(William Beveridge，国经所首任主席)、英格兰银行的亨利·克雷(Henry Clay，国经所首任副主席)、牛津大学的诺埃尔·霍尔(Noel Hall，国经所首任主任)。这些经济学家大多

都曾参加早先由拉姆塞·麦克唐纳德(Ramsay MacDonald)内阁所组织的经济咨询委员会。该组织的组建是为了向政府提供专家意见，以制定应对大萧条的政策。经济咨询委员会内部出现的"凯恩斯派"和"自由贸易派"之间的争论，也代表了当时以及此后的经济论争。因此，许多国经所的高级成员从那时起便与同时期英国最著名的经济学家过从甚密(或本身就是)，尤其是那些为英格兰银行、财政部、内阁办公室和政府部门等公共机构工作的经济学家①。

国经所的建立也恰逢量化工具和经济学模型的重要性自 20 世纪 30 年代以来不

---

① 尽管在二战期间，国经所曾由于经济学家聚焦于战争而停办过一段时间，但战后它再次发展壮大(Jones 05/1988，04/1998；Robinson 05/1988)。

断上升的时期。当时，这些方法协助解决了 1929 年的危机以及二战后政府对经济和人口信息的需求，也提供了维护政府决策的社会科学证据（Mirowski 2002）。在国经所创立的前几年中，经济学家越来越多地寻求为决策者可资借鉴的权威知识，力求在大的实证主义框架下阐明科学可靠的政策方案。更准确地说，考虑到国经所与英国经济学界的渊源，其创立与战后处于统治地位的技术治国、极度关注增长和充分就业的风气紧密相关，这也使得国经所一贯强调 GDP、生产率、劳动力和工业。但是，尽管国经所一直努力维护自身中立的意识形态形象，在经历了 20 世纪 70 年代货币学派的顶峰（以及政治上对凯恩斯主义的重构）之后，国经所经常被那些研究其主张的人称为"凯恩斯派"（例如 ConservativeHome 2013）。

在国际上，国经所与美国国家经济研究局（NBER）和北欧的一些经济研究所①类似。与国经所一样，它们也为政府提供独立的预报和指标等政策相关的计量经济学知识，强调政治中立性与坚实的学术资历，且一直强调"它们所做工作的科学性"（Reichman 2011：567）。20 世纪下半叶，经济学家们立志将经济学打造为一种管理科学，决策者们也希望建立一门这样的学科。国经所是这股风潮的弄潮儿之一。

149

但是，其他同类组织或是依赖大型慈善组织的捐助（如美国国家经济研究局），或是直接受政府资助（如北欧的一众经济研究机构）。而国经所由于缺少这类资助，也为了弥补核心资助的不足，在进行宏观经济研究的同时也与政府部门和其他机构签订一些短期的研究合同，内容涵盖广阔的经济和社会问题。20 世纪 60 年代，国经所与财政部达成共识，认为不应接受政府的直接资助，因为这"会对其独立性造成疑问"（Jones 05/1988：44）。此外，国经所也是本书四个案例中唯一一个接受学术研究委员会资助的智库（Jones 05/1988）。至于其研究范围，在与政策相关的领域中，国经所更青睐应用经济学研究，因为这一领域还未引起各大学经济学院系的广泛关注。自 1965 年起，国经所的很大部分学术资助来自社会科学研究委员会（SSRC），以及此

———————

① 其中包括德国的德国经济研究所和瑞典的国家经济研究所，分别建立于 1925 年和 1937 年。

后的经济与社会研究委员会。

　　由于国经所处于学术界和政府之间的交叉地带，其前任主任和主席名单中包含了许多来自这两个领域的杰出人物。国经所的第一代领导团体由此后的英格兰银行执行理事克里斯托弗·道（Christopher Dow，此前任国经所的首任副主任）①继承，此后的历任主任分别是布莱恩·霍普金（Bryan Hopkin，1952—1957 年在任）②、克里斯托弗·桑德斯（Christopher Saunders，1957—1965 年在任）③、大卫·沃斯维克（David Worswick，1965—1982 年在任）④、安德鲁·布里顿（Andrew Britton，1982—1995 年在任）以及与我们同时代的马丁·威尔（Martin Weale，1995—2010 年在任）。2010 年威尔离开国经所加入英格兰银行宏观经济政策委员会（MPC，负责决定英国基准利率）后，主任由乔纳森·波特斯（Jonathan Portes，2011—2015 年在任）担任。在此之前，波特斯是一位高级公务员，曾在保守党和工党政府中工作。

　　另一个例子也展现了国经所在专家治国网络中的中心地位：1992 年英国退出欧洲汇率机制后，两位国经所的前任主任（安德鲁·布里顿和马丁·威尔）都曾是新成立的财政部独立预测员小组的成员（Budd 1999）。这一小组解散后被英格兰银行的宏观经济政策委员会所代替，国经所的成员也继续与其保持着良好的联系（Evans 1999：10）。此外，宏观经济政策委员会的在任和前任成员也都是国经所或其管理委员会的成员，例如查尔斯·古德哈特（Charles Goodhart）、凯特·巴克（Kate Barker）、查尔斯·比恩（Charles Bean）、艾伦·巴德（Alan Budd）、蒂姆·贝斯利（Tim Besly）和威尔（Weale）本人。因此，不可能将国经所的历史与英国经济决策或政策导向型

---

　　①　克里斯托弗·道也是经济合作与发展组织的前任助理副秘书长、英国皇家学会会员（《独立报》1998）。

　　②　布莱恩·霍普金曾任卡迪夫大学校长，在其担任的许多其他公职中，还包括政府经济服务负责人、丹尼斯·希利首相任职期间的财政部首席经济顾问等。（《每日电讯报》2009）

　　③　在加入国经所前，克里斯托弗·桑德斯是中央统计办公室的副主任，此后成了联合国欧洲经济委员会的研究主管。

　　④　大卫·沃斯维克可能是国经所的首位主要以学术身份出任的主任，其办公场所主要在牛津大学统计研究所。

经济学的历史分割开来(Coats 2000：32)。作为特殊历史背景下学术界和政府之间享有特权的"沟通渠道"，我们在考察国经所对严谨性和无党派性的追求时，应考虑到这一背景。

但是，由于战后共识的结束，德纳姆和加内特(Denham and Garnett 1988)认为国经所的黄金年代早已过去，尤其是在他们与撒切尔政府公开不和之后，更多媒体导向型的政策倡导智库纷纷崛起，公众对经济学的不信任也不断增加。但国经所仍保持着作为专家仲裁者的中心地位：它的研究合同继续备受青睐，它的肯定能得到各方的重视，它的预测也为评估经济表现提供了一个享有特权的有利位置。宾夕法尼亚大学的全球最可信赖智库排名在 2012 年将国经所排在最佳国内经济政策智库第 60 名，此后三年则一直排在第 62 名(McGann 2013—2016)①。

组织和资金结构

从 1942 年起，国经所的总部坐落于迪恩特伦奇街(Dean Trench Street)2 号的一座乔治时代的建筑内，地处威斯敏斯特的一片宁静区域，位居议会大厦以南几个街区，毗邻各政府部门、国际组织和其他智库。总部包含一个内部图书馆，经常用以举办新闻发布会、课程培训、研讨会和访谈等小型活动。国经所有 40 名左右的雇员：一个小规模的管理和传媒机构、20—30 名常驻研究人员，以及访问研究员(主要是来自英国和海外的资深学者)。

一般而言，国经所的研究分为三个领域：宏观经济建模和预测，教育、培训和就业，国际经济。在这些类别中，国经所主要从事几个主题的定量研究(但也有定性研究)。这些主题包括老龄化、移民、生产率、养老金、福利、健康、福祉、就业政策和创新等，对不同主题的关注随着政策环境和争论而变化。用他们的话说，"(国经所)的研

---

①　作为对比，亚当所在同一类别中排名前十。(见第四章)

究兴趣一直随着新需求的变化而变化，但始终围绕着大多数决定经济表现的议题"。就形式而言，国经所的公共干预以工作报告、经济指标、新闻发布会、委托研究合同报告和同行评议为主要形式。

国经所的大部分工作都可以被定性为应用经济学研究，尽管他们也聘用了其他社会科学研究者，例如人口学家、具有很强量化背景的社会学家，以及其他广义上与就业、生产率和经济增长相关的专家（例如劳动、移民、技术、创新、工业关系和教育的专家等）。通过共享人员和研究项目，国经所与许多大学院系结成了松散的联系，包括伦敦政经学院、布鲁内尔大学、伦敦大学学院、伦敦大学玛丽皇后学院、墨尔本大学等。尽管与这些大学的关系并非是永久性的①，但这些也经常包含具体的合作研究计划。其中值得一提的是由经济与社会研究委员会资助的经济表现中心（CEP）、知识经济和社会学习与生活机遇中心（LLAKES）、宏观经济中心（CFM）。此外，许多国经所的职员都隶属于类似的海外智库和学术机构，例如，德国劳动研究所（IZA）和慕尼黑经济研究中心（CESifo）、奥地利维也纳国际经济研究所（WIIW）、爱尔兰经济社会研究所（ESRI）等，此外还包括最重要的国际货币基金组织和经济合作与发展组织。国经所也是独立经济研究所网络——"欧洲宏观经济预测研究协会"（EUROFRAME）的一部分，这一网络覆盖全欧洲，提供对欧洲经济的分析和预测。

作为慈善性团体，国经所长期雇员的工作受到董事会的监管，也就是其管理委员会。委员会主要由一批著名的经济学者组成，也包含各行各业的商人和政客。2007—2013 年，委员会成员包括伯恩斯勋爵（Lord Burns）②、蒂姆·贝斯利（Tim

---

　　① 作为对比，政策研究所（前身为政治和经济计划所）作为一个曾经可以与国经所类比的智库，也一度有着很强的学术姿态，但如今却依托于威斯敏斯特大学。

　　② 伯恩斯勋爵是一名终身贵族，财政部前任首席经济顾问、艾比国民银行前任主席（桑坦德银行的子公司）。

Besley)①、黛安·科伊尔（Diane Coyle）②、希瑟·乔西（Heather Joshi）③、约翰·希尔斯（John Hills）④、布朗温·柯蒂斯（Brownyn Curtis）⑤、彼得·凯尔纳（Peter Kellner）⑥、约翰·卢埃林（John Llewelyn）⑦，以及前任工党财务大臣阿拉斯泰尔·达林（Alastair Darling）、工党议员弗兰克·菲尔德（Frank Field）和保守党议员杰西·诺曼（Jesse Norman）等。此外，国经所还与超过 170 名政府官员存在关联，以"扩展（国经所的）外部联系和影响"。

有鉴于此，相较于其他倡导性智库和类似的海外智库、学术机构、英格兰银行的专家、财政部和其他政府部门，国经所的受众和人际网络更加专门化，即经济决策的知识精英群体。因此，尽管媒体经常报道其成果，尤其是它的经济预测以及作为政策仲裁者的公共干预，但国经所在传统上一直与非专业的政治论争保持着一定的距离，特别是在涉及规范性判断时。但国经所在仔细论证经济证据是否支持政策议程，以及经济增长和生产率是否优先于其他经济因素（例如短期赤字等）或政治考量（例如反移民情绪）时，也有一些例外。

或许是由于其受众以专业人士为主，过去国经所的传媒团队规模一直很小。2012 年 1 月，国经所才开通了博客，对社交媒体的使用也明显少于其他倡导性机构，其官方 Twitter 账号直到 2012 年才开通。但是，国经所的预测一直受到媒体的广泛关注，特别是当经济走势不明朗时。在 20 世纪 60 年代，当它还是英国为数不多的独

153

---

① 蒂姆·贝斯利是伦敦政经学院的经济学教授、英格兰银行管理委员会前任成员、国际经济学会前任主席。

② 黛安·科伊尔是曼彻斯特大学教授、财政部前任顾问、BBC 前任副主席、国经所委员会现任主席。

③ 希瑟·乔西是伦敦大学经济和发展人口学名誉教授。她也是纵向研究中心和英国千禧世代研究前主任。

④ 约翰·希尔斯是伦敦政经学院社会排斥分析中心（CASE）负责人。

⑤ 布朗温·柯蒂斯是汇丰银行全球研究前任负责人、摩根大通公司亚洲投资信托现任非执行董事。

⑥ 彼得·凯尔纳是一名政治评论家，也是民意调查公司"舆观调查网"（YouGov）的负责人。

⑦ 约翰·卢埃林是卢埃林咨询公司的创始成员、雷曼兄弟的前任董事总经理、英国财政部前任顾问。

立经济预测机构之一时，国经所甚至必须防止其数据泄露，以免对股票市场造成影响（Jones 05/1988，04/1998）。

　　资金方面，国经所的财政非常透明：其收入来源在公开的慈善委员会相关文件中都能找到，这一点也经常在它的报告中被提及。国经所的资助者种类众多，包括公共资金、私人捐赠者和慈善性团体。过去，它的大部分资金来源于研究合同，这些研究合同被分配到指定的小组，经费经常划拨给常驻或访问研究员，与"大学院系"接受的研究项目非常相似（国经所访谈）。因此，除了它的月度 GDP 预测、出版物以及团体会员计划订阅收入以外，国经所收到的核心捐助很少。在学术姿态和政策仲裁公共形象上与国经所最接近的英国智库是财政研究所（IFS），但后者的财政结构与其不同。财政研究所的相当一部分研究人员是在读博士或其他大学雇员（国经所访谈）。

154　　国经所也曾一度依赖公共资金，如政府部门拨款（财政部，劳动与养老金部，商业、创新与技能部，国际发展部）、公共机构拨款（国家统计局、英格兰银行、国家审计署），以及学术拨款委员会（经济与社会研究委员会）等。国经所也受到来自地方政府和欧盟机构的资助，包括苏格兰政府、威尔士发展署、欧盟统计局以及欧盟委员会等。此外至少还有其他四类资金来源：慈善基金会和捐助团体（例如英国国家科技艺术基金会、利华休姆信托、纳菲尔德信托、约瑟夫·朗特利基金会等）；其他智库、慈善团体和行业组织（例如高等教育职业服务组、海外发展研究所、英国工会联盟等）；私人机构资金（例如艾比国民银行、巴克莱银行、安永、国家电网、玛莎百货、联合利华、力拓集团等）；来自类似海外机构的收入（例如挪威研究委员会、野村综合研究所、瑞典中央银行、德国劳动研究所等）。

　　产品订阅是国经所的另一项收入来源，其中最重要的是"国家经济研究所全球计量经济模型"（NiGEM）。创立于 1969 年的 NiGEM 是一个基于需求侧的电脑模型，用于预测经济表现，调查变幻的经济因素对经济表现的影响（Jones 04/1998；Evans 1999：19-20）。一代又一代学者不断修正这一模型，使其更加精确而灵敏，并能够运行特定的假设条件，例如石油价格不稳定、主权债务危机、持续失业等，并给出全球经济可能的发展趋势。NiGEM 模型最大的优势之一在于，它的预测承认了"人们的预期是前瞻性的，是基于（他们）对未来的预测，而不是基于过去经验的平均值得出的"（NIESR 08/ 2007：2）。这一模型巩固了国经所的预测，并使其享有大量外部订阅（包括英国财政部、英格兰银行、欧洲中央银行、国际货币基金组织和经济合作与发展组织等）。因此，NiGEM 是国经所最重要的资源之一，为其提供了名誉、收入，以及不断干预政策辩论的工具。但是，2008 年之后，由于紧缩的预算，许多客户取消了对这一模型的订阅（NIESR 08/2009）。

　　此外，自 1959 年以来，国经所持续出版《国家研究所经济评论》，按一位受访者的话来说，这份学术期刊"（努力）寻求政策相关性，且由于其周转时间较短，能够追踪现实世界中正在发生的议题"（国经所访谈）。《国家研究所经济评论》定位于学术性刊物和政策导向性季刊之间，经常刊登由 NiGEM 模型导出的经济预测以及对英国和全球经济预期的评估。期刊刊登国经所内部成员和外部学者的研究，文章通过公开投稿、直接约稿或征稿的形式征集，作者经常是通过上述机构与国经所有松散联系的学者，例如经济表现中心的学者（Bagaria et al. 2012）、国际货币基金组织成员（Babecký 2008），以及一些学术委员会成员（Budd 04/2010）等。《国家研究所经济评论》每一期通常有统一的主题，涵盖对政策辩论各个主题领域的研究（例如赤字、银行监管、移民、欧元区危机等）。

155

　　根据慈善委员会公布的数据，国经所的资金规模见表 5.1，其中很大一笔仍在增长的收入来自定期研究项目，而 NiGEM 和其他出版物也带来了一定的收入，当然也存在运营成本。最后，国经所面临着与金融危机相关的巨大风险：公共资金方面的收入由于紧缩政策而减少，产品订阅也由于缩减开支而减少。由此，国经所年度结余非常少，甚至下降到了负数，而"政府合同并不能覆盖研究成本"则加剧了它的财政窘境（国经所访谈）。

156

表 5.1　国经所财务状况概览

国经所预算（单位：英镑）	年份					
	2007—2008	2008—2009	2009—2010	2010—2011	2011—2012	2012—2013
研究收入	1 505 854	1 792 584	190 606	2 180 779	2 205 987	2 114 723
出版物	244 766	195 846	203 093	152 116	160 624	147 769
NiGEM模型	376 630	422 451	418 538	348 240	411 550	405 733
捐赠及其他收入	67 702	100 408	96 128	78 875	63 424	99 772
投资	169 884	145 275	116 902	128 271	111 589	116 729
总收入	2 364 836	2 656 564	2 825 267	2 888 282	2 953 174	2 884 726
研究收入百分比	64.2	67.4	70.4	75.5	74.6	73.3
总支出	2 342 770	2 627 734	2 812 716	2 890 316	3 039 916	3 260 213
结余	22 066	28 830	12 551	—2 304	—86 742	—375 487

注：数据来自国经所向英国政府慈善委员会提供的财政报表（2008—2013 年，序列号：306083），见 http://apps. charitycommission. gov. uk/Showcharity/RegisterOfChari ties/ DocumentList. aspx？ RegisteredCharityNumber＝306083&SubsidiaryNumber＝0&DocType＝ AccountList，访问于 2016 年 3 月 20 日。

155

　　尽管缩减开支帮助国经所获得了一定的承受资金短缺的空间，但由于财政等压力，曾经的资助来源多元化这一优势已经发生了很大变化。国经所的账目也提供了其研究经费收入的信息（见图 5.1），数据表明，2007—2013 年，来自慈善和"其他"（主要是私人捐助）类的收入占比显著上升，从微不足道的水平陡增到了半数左右，而公共捐助者（例如经济与社会研究委员会以及政府部门等）的资金贡献度和重要性则相对有所下降。

　　除了财政环境的变化之外，由于留住研究人员难度大，培训内部专家所需时间太长，而拥有必要技能的外部候选者又太少，国经所还面临着雇员问题（NIESR 03/ 2012：2）。部分是由于国经所与其他学术机构的竞争关系，部分也与经济与社会研究委员会的协议要求优先雇佣短期初级研究员（而非长期或资深研究员）有关。因此，

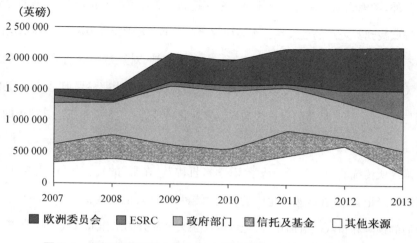

157

图 5.1　国经所研究资金收入的来源及数额（数据来源见表 5.1）

由于宏观经济学的专业知识已经在公众辩论中处于中心位置，可以说国经所在 2008 年之后面临着重大的体制威胁和机遇。它的总体财政并不稳定，但依靠在宏观经济学，以及此后的金融、移民和福利等研究上严谨而公正的名誉，如果进行公开竞争，他们的工作将更具影响力。

风格与修辞

国经所的公共干预自然有其常用的风格和观点，但考虑到其专业化的特征，以及《国家研究所经济评论》作者的来源，这些风格很难被察觉，尤其是与前几章中涉及的派系更加明确的智库进行比较时。但作为一个有趣的案例研究对象，由于国经所需要维持一种科学严谨的声誉，因此它必须在影响力和技术治国所需要的距离感之间保持一种平衡。如下文所示，当面临一种模糊但普遍存在的对专家的信任危机时（这种信任危机部分是源于主流经济学在预测金融危机时的明显失误），国经所常用的修辞和观点就会变得清晰起来，特别是涉及经济证据的首要性时。

158

此外，考虑到国经所对于个体研究者兴趣和专业知识的仰赖，有时比较难在各个政策领域找到其观点的延续性。个体研究者经常像"大学院系"中的学者那样工作，各有不同的研究任务。延续性当然存在，在科学精神、对规范中立的追求、对量化证据的关注，以及优先处理特定政策领域和问题的做法中尤为明显。但是，考虑到国经所参与的话题广度、极高的雇员流动率及专业化的姿态，下文只能概述其惯用的风格与修辞。

国经所传统的受众包括经济学家（学术机构及"在野"的）、公务员、政客、城市专家以及财经记者，其在政策辩论中的影响力经常通过其他一些精英阶级来传达。尽管他们的预测和指数覆盖面很广，但国经所很大一部分的工作成果或是收费，或是使用一种难以吸引普罗大众的语言。直到 2011 年，国经所在社交媒体中的存在感还非常低，其传媒团队规模也很小，其公共活动尽管也是政策导向型的，但总是带有一种学术倾向。但是，即使在波特斯担任主任期间，国经所与其他倡导性智库仍有明显的差异，尽管它与非专业人士有了更活跃的互动，并在一定程度上拉近了与普通受众的距离。国经所的公共干预类似于那些提供宏观经济数据和研究的独立公共或半公共组织，但这些组织一般有着更多资金。进行类似工作的组织包括国际货币基金组织和经济合作与发展组织，它们提供的指标和方法不仅可以作为国经所数据的基准，也指导着其他专业智库和研究所（如财政研究所、政策研究所）、大学院系、研究中心（如宏观经济中心、经济表现中心），甚至政府机构（如国家统计局、预算责任办公室）。

有鉴于此，值得对国经所在何种意义上与本书的其他研究案例形成对比进行考察。德纳姆和加内特（Denham and Garnet 1998，2004）认为，国经所是 20 世纪早期先于"智库"一词本身出现的智库之一，这些智库力求依靠政治中立性和社会科学严谨性①。

①　在同时期的美国也存在这类组织，他们对实证主义社会科学怀有信心，而在 20 世纪更早期的机构，如外交关系委员会（CFR）和前面提到的国家经济研究局中，对这种社会科学的信念还并不明显（Medvetz 2012a）。

但刺猬多过狐狸①,将国经所与 20 世纪 70 年代那些激进的新浪潮智库归为一列非常勉强,更遑论那些尽管派系明确,却仍努力做出一种唯证据论的姿态,希望在与对手的竞争中赢得体面的智库,例如公共政策研究所、政策交流智库。主要的原因在于,国经所并不提供明确的政策建议,而只是通过提供与政策相关的研究来影响公众辩论。当国经所的公共干预体现出特定的政策倾向时,往往也只是在结论中进行简短的概述,且推导自严密的数据分析。国经所的政策建议通常以一种隐晦的推论形式给出,与亚当所等"政策工程师"清晰的政策蓝图形成鲜明对比。一个例子是,在 2012 年的《国家研究所经济评论》刊登的一篇文章建议通过以下手段提供更有力的财政刺激:

可以说,选择财政政策时必须考虑到货币政策的反应函数。当货币政策被零利率下限所限制时,相较于正常时期,财政政策的影响力(财政乘数)也将被放大。(Bagaria et al. 07/2012: f 51)

不管在他们的标准看来,政策是否健全、有效,除了强调目标与方法之间的说服力,以及含蓄地支持促进增长、就业和生产率等目标,而非维护"自由市场"等抽象原则之外,很难在国经所的公共干预中找到有关政府目标的规范性论证。或许这也解释了一位访谈者的思考:"我们总是将自己视为研究所而非智库……我们只是恰好被称为智库……但我不清楚这个称谓是否合适。"(国经所访谈)

对本书而言,国经所与那些派系明确的智库形成了有趣的对比。此外,考虑到经济指标的效果和导致的认知选择,经济指标本身也可以被视为公共干预的一种

160

---

① 这一说法源自英国思想家以赛亚·伯林的一篇散文《刺猬和狐狸》,文中将人类思想家分为两类,其中刺猬指代拥有一套完整思想体系和理论框架的思想家,而狐狸则代表那些更加灵活多变,承认多元化思想的学者。此处作者意在指出,带有鲜明党派和理论立场的智库多于那些不带有明确党派和理论立场的智库。

（Alonso and Starr 1987；Porter 1995；Eyal and Levy 2013）。尽管带有明确意识形态立场的智库也提供经济指标，但它们的经济指标很少像国经所的那样基于学术性经济学，这就增强了国经所的经济指标在受众中的知识权威性。例如，新基会发布的"快乐星球指数"就不太可能被亚当所作为证据所引用，而亚当所的"无税日"也不可能被新基会所引用，但这两家智库都会引用国经所的数据来支撑它们的主张①。

基于这种优势，以及国经所对自身公正客观性的维护，可以说与财政研究所类似，国经所承担起了一种政策"裁判"的角色，用福柯（Focault 1980）的话来说，一种由于其专业知识而公开进行干预的"特殊知识分子"。在这方面，国经所的成员可以与皮尔科（Pielke 2007）的"科学仲裁者"相提并论，它们寻求从一个非规范性的立场，通过其他各方所不具备的专业知识来影响政策②。但下面我们将看到，国经所也面临着向一个更典型的且形象和观点更加统一的智库转变的压力。这一压力的来源之一就是资金问题。

为了维护其认知自主的声誉，国经所需要被视为与资助者保持一定的距离，其中许多都是公共机构。这也是过去其管理层摒弃大部分核心资助的原因，受访者认为这会损害国经所作为独立评论机构的名誉③。国经所的创立者本身也非常重视机构的自主性。创立之初，他们希望满足的是"能够挑战财政部分析的政府外人士"的需要（Denham and Garnett 1998：65）。为了保持独立性，即使会对其自身产生不利影响，国经所仍在许多公共干预中批评过官方政策。例如，20 世纪 80 年代，国经所坚

161

---

① 分别见前文中有关新基会（Reid 04/2013）和亚当所（Oliver 01/2012）的章节（第三章和第四章）。

② "科学仲裁者寻求远离明确的政策和政治考量……但也认识到决策者会面临需要专家判断的专业问题，因此与纯粹的科学家不同，科学仲裁者与决策者之间存在直接的交流……科学仲裁者的一个关键特征在于，他们关注在原则上能够通过科学探索解决的实际问题。一般而言，科学仲裁者避免规范问题，不希望涉足政治角逐。"（Pielke 2007：16）

③ "我们的独立性和独立的声誉高过一切。因此这也是困扰我们的事情之一……我们刻意不与任何政党结盟，也不表露任何政治立场。我们珍视……我们思想中的独立性……如果接受核心资助，那么想要保持独立性就会变得更加困难，但如果有一个长期收入来源……募资就会容易一些。"（国经所访谈）

定地反对杰弗里·豪（Geoffrey Howe）和奈杰尔·罗森（Nigel Lawson）的财政预算。而当时，撒切尔政府正威胁削减社会科学研究委员会的预算，后者如同今天的经济与社会研究委员会一样，是国经所的主要资金来源（Denham and Garnett 1998：72）。几年后，国经所的主任马丁·威尔在《泰晤士报》上猛烈抨击了工党政府财政部篡改其自身的财政规定的行为（Martin Weale 2004）。2008 年金融危机后也不例外，在本研究关注的 7 年时间里，国经所曾反对工党和保守党政府的开支计划，也曾批评欧盟委员会的政策（Portes 04/2012），但这段时间，国经所一直从政府和欧盟委员会获取资助。

　　如果没有强大的专业知识，这样的立场势必难以长久。在专业知识的支撑下，国经所的利益完全来自对证据的严密追求。国经所深深植根于学术性经济学，且能够代表主流经济学家认知共同体发声，这一点并非偶然。为了维持这一地位，它的判断必须广为人所尊重，这仰赖于国经所的认知自主性，按梅德韦茨的话说，就是依赖学术资本，这就迫使国经所必须与直接来自政府的压力保持距离。因此，与前文中的新基会和亚当所一样，国经所也必须为"严肃经济学"设定边界。从他们的角度而言，这意味着更多地根植于学术界，并为"经济学是什么"设下边界：维护学术专家的"智识至上性"、决定被忽略的经济学理论的种类。许多国经所的公共干预也确实明确地描绘了经济学界的共识是什么、存在于何处，以及能获取到的最优证据所支持的结论（例如 Portes 03/2013）。

　　对社会科学合理性的追求进一步体现在，鉴于提供可靠的宏观经济学研究对国经所的重要性，这一智库的大部分出版物公开了其经济学模型中的潜在假设。由此，国经所通过公布以往的预测失误的方式展示了其学术透明度，同时也努力寻求提升其预测能力。为实现这一目标，国经所曾出版过评估其自身预测表现的研究成果（Kirby et al. 05/2014）。但这样的开放性也带来了一种相反的风险：由于本身的特质，预测会因为以往的偏差而受到批评。由于这一潜在问题，国经所思维转变的形式在部分程度上与其他许多倡导性智库不同，其更注重经济学的技术层面。

162

此外，用梅德韦茨的术语来说，由于国经所处于学术界和政府之间的交叉地带，其雇员之间在一些政策上的取向分歧有时比较明显，包括更大的公开性与学术封闭性之间的分歧、远离还是参与政策讨论的分歧等。一位受访者表示：

> （有些人）可以说非常学术，并希望做出学术成果。但主任本人……大部分资深成员，以及许多初级雇员……自然都希望能对政策产生影响。国经所的研究不应该是供学者阅读的，应该是供决策者阅读和思考的。（国经所访谈）

并且，在 2008 年之后，由于大众对经济学专家的不信任，以"象牙塔"学者的身份进行公共干预的方式越来越成问题。在这样一个节点上，国经所继续寻求中立，尽管越来越多的人开始因为传言中的党派性而批评国经所。这些传言大多与国经所头上模糊但广为流传的标签有关，特别是在中间偏右的圈子中，往往将国经所归为"凯恩斯派"。由于其定位于政府建议者和仲裁者之间的危险位置，国经所经历了一场经济学、政治学和专家治国的危机。

"数据说话"：认知自主权的政治

前文中，在论述"滞后"假说时，我曾不无风险地指出，对于一个追求非党派性和严谨性声誉的智库而言，危机的征兆初步显现后，除了给出冷静的警告之外，下一步需要评估可能造成的经济后果。接下来，则是提供建议，评判主要政策议程，不断寻求外界考虑其数据和建议。这一节将审视国经所 2007—2013 年的公共干预，以评价它在多大程度上偏离了这一预期。

除了上述环节之外，国经所对 GDP 的估算和预测也应该被视为一类独立的公共干预，这是基于伊亚尔和利维（Eyal and Levy 2013）的观点。两人认为，考察专家在公众辩论领域的影响力时，只考虑其提供的"观点"存在局限性，因为这样就把专家的其他技术手段（包括数据、指标和排名等）排除在了考察范畴之外，而这些手段往往比社论和博客更具影响力①。此外，国经所在进行公共干预时对量化数据的依赖也导致自身和他人在对其工作进行解读时，存在一定的差异。由于经济指标经常被认为能"自己说话"，因此相较于"文字性"的政策报告，很难完全控制指标的筹备和发布后产生的效果。经济指标还经常被再分析、断章取义和质疑，它们的含义也经常被重新解读②。外界也可以认为数据和指标是"表现性的"，在它们所描述的在现实中占据着一部分（Callon 2007）。此外，由于经济预测的本质，数据会揭示以往的错误，从而损害预测机构在评论者眼中的地位。下文将提到几个国经所内部对数据和预测表现的反思案例，当然对这些数据各种各样的应用和重新调用本身已经足以撑起一项研究了。

164

危机爆发前，国经所总体上支持工党政府的经济政策，但对低预算削减和低生产增长率持批评意见（Barrell et al. 04/2005）。国经所并没有直接预测到英国将会爆发一场金融或财政危机，尽管它曾在《国家研究所经济评论》上警告了通胀压力增大的风险，并指出财政紧缩和开支削减存在的空间（Kirby and Riley 01/2007；Barrell and Kirby 04/2007）。就全球经济而言，国经所预计普遍增长将继续，但美国的增长可能由于其房地产市场问题而放缓。2007 年 4 月，国经所宣布："存在对美国的房地产投资衰退可能蔓延到其他经济体的担忧。"（国经所 04/2007：7）

2007 年 9 月北岩银行事件后，这种程度的预警发生了变化，国经所的政策关注点也出现了变化。作为 1866 年以来英国的第一次银行挤兑，这次事件揭露了金融业

①　"如果缺乏强大的专业知识，那么公共干预就不可能有效，而观点本身缺乏各种技术、工具、推算、图形、表格和数据。"（Eyal and Levy 2013：228）

②　"一旦（我们的数据）进入了公共领域，就很难再控制观点的发展。所以经常出现的情况是，我们公布了一些零散数据之后，基于这些数据，公众得出的并非极端，而是完全相反的观点。这样的情况也在统计资料上发生。同样是国家统计局发布的统计数据，最后就会衍生出各种完全不同的观点。我们尽力使我们的研究成果和解读方式保持简明易懂，但……他人也可以按其意愿使用这些数据。可以从已经公开出版的数据中截取一段并进行澄清或纠正，但数据一经发布，就永远脱离了完全的掌控。"（国经所访谈）

的脆弱性。作为回应，国经所在 2007 年下半年的研究议题中涵盖了英国银行业的三方共管特征——当时对银行的监管依靠英格兰银行、财政部和金融服务监管局（FSA）——美国经济放缓，以及全球经济中不断扩大的债务失衡等（Weale 10/2007）。国经所在评论北岩银行事件时对 BBC（2007）表示，"目前存在金融服务快速收缩的风险，接下来几年很可能有事发生"。

　　2008 年上半年，国经所的大部分公共干预认为，尽管英国将受到更加混乱的金融环境的不利影响，但并不可能陷入衰退。但现在看来，这当然已经成了可能。当时依托 NiGEM 模型的研究者尤其活跃，他们聚焦于可能恶化的经济条件，以及混乱的信贷市场和油价上涨的恶果。针对衰退的可能性，研究者们给出了不同的计量经济学推论，如今来看，这些推论大多过于乐观。2008 年 1 月刊的《国家研究所经济评论》指出：

165　　　　　　　一场严重的美国银行业危机将会导致许多动荡。在上一份评论中……
　　　　我们考察了一种有关银行业危机的设想：如果全球投资风险溢价上涨 4％，
　　　　消费者借贷利息差上涨 2％，股权风险溢价也会上升，美国房产价格会下降
　　　　6％，而欧洲房产价格则会下降 3％。如此规模的动荡将导致美国经济深陷
　　　　衰退，且相较于 2007 年，美国的产出水平也将陷入停滞，而增长要等到
　　　　2010 年才能恢复到基线。欧元区的增长将会跌至 1％以下，而英国经济的
　　　　增长将低于 0.5％。尽管我们并不认为如此规模的银行业危机将会发生，
　　　　但如果认为风险上升的观点继续增加并持续下去，就将导致全球经济进入
　　　　深度衰退。（NIESR 01/2008：14）

　　2008 年 4 月，巴雷尔和赫斯特（Barrell and Hurst 04/2008）再次估算了美国银行体系危机可能对世界经济造成的影响，并暗示对全球金融业状况的担忧正在增加。但是，对于危机是否必将到来并不存在共识。威尔宣称："经济前景出奇的好，这也说明银行业并不是经济的全部"。（Weale 04/2008：8）尽管在 7 月份，国经所对 2008 年英

国经济增长的预期下调到了 1.5%（NIESR 07/2008），而 2007 年这一数字还高达 4%，但由于"不会出现另一个北岩银行"，国经所仍然认为衰退不可能出现（《卫报》2008）。

当然，"另一个北岩银行"出现了。在美国的政府决策者拒绝救助雷曼兄弟之后，2008 年第四季度见证了全球和英国经济的急剧萎缩。许多人都注意到，这一决策以及随之而来的衰退沉重打击了宏观经济学家和预测机构的声誉（包括国经所在内），即使精准预测经济危机的爆发几乎不可能。用他们的话说：

> 过去一年中经济非常困难，而国经所等经济预测机构的声誉也因未能预测到经济衰退的发生而备受打击。（NIESR 08/2009：2）

在承认以往失误的同时，国经所的成员也在反思他们原本是否可以做得更好："抱怨经济预测'出错'当然不是重点，更关键的是能否利用与以往不同的方法做出更准确的预测。"（NIESR 08/2009：3）用更专业的话说，国经所的研究者认为，绝大多数专家之所以未能预见到危机，部分是由于大多数经济模型依赖于"风险价值"的历史数据，但这些模型对正在发生的事件并没有指导意义（NIESR 08/2008：2）。他们还很快指出，如果不断然做出政策回应，情况将会更加糟糕：

166

> 我们认为……即使到 2008 年 9 月份，这场危机本身也是可以避免的，且……对即将破产的金融机构进行的迅速的资产重组甚至国有化本应提前几周就开始进行。（Barrell 10/2008）

时任国经所资深研究员的雷·巴雷尔将危机的根源归结为监管失效："主要问题不在于财政设计或货币结构，而在于审慎的宏观监管的失位。"（Barrell 10/2008：2）必须修订经济预测和 GDP 数据。2009 年 1 月，国经所预计英国经济在 2008 年 9—12 月缩水 1.5%。2009 年 4 月，国经所宣布 2009 年的经济增长预期为 −4.3%，而

2010 年则是 0.9％。相应的税收缩减会导致英国财政状况紧张，而欧元区和美国的类似情况也会加重英国的问题，导致流动性和需求的全面下降。

在这样的背景下，作为英国最老牌的宏观经济研究中心，国经所自然而然地站到了公共舆论的风口浪尖。即使全社会对经济学专业知识的不信任不断增长，国经所仲裁和预测机构的身份仍决定了其研究将与金融危机紧密相关。这类预测机构在面对批评最多时，恰恰也是其公众形象上升、影响力扩大的节点。国经所的年报中（见表 5.2）也体现出了这种悖论：在广播媒体中的出现频率在危机发生后显著增加。而2010 年之后，尽管其学术性成果继续增加，但在广播媒体中的出现却减少了。

167

表 5.2　国经所的公开成果

成果类型	年份					
	2007—2008	2008—2009	2009—2010	2010—2011	2011—2012	2012—2013
研究报告、文章及书籍章节	112	163	179	119	95	76
会议及研讨会发言	41	27	94	69	56	53
广播媒体出场	32	66	124	279	238	237

注：数据来源见表 5.1

168

相应地，2008 年金融危机也使国经所的政策关注点产生了变化。部分原因在于，危机前推动一些研究项目的经费来源面临着缩减。有时经费缩减幅度巨大，以至于整个研究项目被迫中止[①]。同时，对 NiGEM 模型的需求也开始上升，以监控在脆弱复苏中的经济。金融监管机构也需要这一模型来衡量金融体系中监管变革的潜在

---

① "从那些从事宏观经济学研究的成员的角度来看……尤其是那些围绕 NiGEM 的研究人员……这场危机确实改变了我们的工作内容……危机到来前，我们即将接手的很大一部分工作是考察宏观层面的欧洲消费函数。我们已经完成了数据工作……只需要把这些数据放到我们计划的场景中去。但这个项目最后完全报废了，因为没有办法获取……相应的资金……因此所有数据工作的开支都白费了。我们之后再也没有重拾这项研究。"（国经所访谈）

影响①。当时的金融服务监管局（于 2013 年解散）就订购了这一模型（NIESR 08/2009：4）。国经所 2008 年的年报对这些趋势做了总结：

> 直接影响……是外界对我们的宏观经济研究工作的兴趣上升了。媒体活动也不断增加，外界要求我们开展几个月前还无人问津的研究。（NIESR 08/2008：1）

随着宏观经济学重要性的增加，也为了满足公众对相关问题的关注，国经所需要更多地维护其以往的工作以及学术经济学的声誉。它在英国经济何时能够恢复增长这一问题上成了重要的裁判。在这方面，国经所的预测经常补充或与国际货币基金组织的预测形成对比（BBC 2009a）。国经所的新闻报道关注度也相当高，2009 年 10 月，国经所预计英国经济将在 2009 年下跌 4.4%（Barrell et al. 10/2009）。尽管 2010 年 1 月国经所向《金融时报》表示，英国经济已经脱离衰退，2009 年第四季度已经出现了 0.3% 的增长，但真正的复苏要到 2014 年才开始（例如人均 GDP 恢复到危机前的水平）（BBC 2009a）。因此，仍需要推行远期政策以刺激增长，对抗虚弱的财政状况。

整个 2009 年，国经所研究了抵消银行资产重组和税收下滑带来的财政失衡的不同方式，这方面的成果集中于三个方面。一是部分由于人口结构的变化趋势，国经所研究人员建议考虑以推后养老金发放年龄的方式来延长工作期限（Barrell et al.，2009）。二是国经所研究了以增税应对公共赤字猛增的可能性，批评了戈登·布朗时期的临时增值税削减政策（Barrell and Weale 03/2009）。三是国经所考察了不同种

169

---

① "（危机发生后）我们完全改变了关注点，开始接到不同机构打来的电话……当时还存在的金融服务管理局……找到我们，并提出'我们提供经费，你们能否在我们使用的 NiGEM 模型中增加一个英国银行业模型？'……他们想要……衡量对银行业的监管变革将对实体经济造成什么样的影响。"（国经所访谈）

类的开支削减，及其对需求产生的影响（Barrell 10/2009a）。但是，任何单独实施的措施都不足以发挥作用。2009 年年中，研究员西蒙·柯比将此事公布在了媒体上：

> 我们的国家面临一项决策……必须同时削减开支、增税并延长工作年限，因为单独实施任一选项，都会过于极端。（《金融时报》Kirby 2009）

2010 年保守党执政并开始紧缩政策后，开支削减计划在政治上占据了更加中心的地位。国经所指出，在危机前存在巩固财政政策并增加削减规模的空间（Weale 10/2008，2010），尤其是考虑到代际平衡（Barrell and Weale 09/2009）。但在 2009 年 10 月，国经所批评了当时的影子内阁财政大臣乔治·奥斯本，指出了他在预算削减以及使用国经所数据中的错误（《卫报》2009）。宽泛地说，尽管国经所研究者同意解决赤字，但他们认为调整的步伐将引起严重的矛盾。

同时，考虑到导致危机的监管失灵，国经所对巩固受损金融体系的政策进行了研究。这项工作甚至更加重要，因为风险溢价的上涨[1]可能破坏增长预期（Barrell 10/ 2009b）。在其出版物中，国经所要求提升对银行的资本要求（Barrell et al. 2010）。尽管这一措施可能对增长产生一定的损害，但能够极大降低再次爆发危机的可能性（Barrell and Davis 04/2011）。这项研究成了巴塞尔国际清算银行、金融服务监管局和英国银行独立委员会给出建议的理论支撑（NIESR 03/2011）。

2010 年 4 月，曾经协助建立预算责任办公室[2]的国经所主管和前任货币政策委员会成员艾伦·巴德在《国家研究所经济评论》上发表了一篇论文，批评工党政府的开支计划。由于没有同时辅以增税措施，这一开支计划导致危机爆发后赤字率从

---

[1] 风险溢价是"投资者在无风险投资回报以外希望取得的额外预期回报"。（NIESR 11/2009：19）

[2] 预算责任办公室（OBR）建立于 2010 年 5 月，是一个公共顾问机构，旨在提供对英国公共财政状况的独立评估。

3％猛增至 11％（Budd 04/2010；另见《金融时报》2010b）。工党政府没能削减开支，也没有遵守财政规则，导致其在面对可能到来的衰退时毫无准备。一个月后，保守党领导的联合政府的当选也确定了危机的官方应对政策：通过削减公共部门来减少赤字。但尽管在不妨碍经济恢复的情况下，国经所一开始支持部分财政紧缩政策，但它反对联合政府早先预定的削减政策（《金融时报》2010c）。2010 年 6 月，国经所宣布英国经济已经恢复长期增长态势（增长率约为 0.6％），但由于欧元区的动荡，以及尚未到来的紧缩政策的影响，这一预期并不稳固（《金融时报》2010d）。

　　同时，国经所也开始了两项重要体制改革。第一项与财政有关。经费环境的变化对国经所的雇员和可用资源都产生了影响，尤其是在其相对缺乏核心资助的情况下。对经费压力的敏感，以及政府研究支出缩减带来的影响（这一点在此后数年迫使国经所寻求资金多元化）（NIESR 08/2007：3），意味着国经所经历了一段时间的持续的经费流失，不得不依靠内部的开支削减。有鉴于此，加之政府的紧缩政策，国经所过去对公共资金的依赖逐渐下降，并开始寻求更多的慈善团体和私人捐助。一位受访者提到：

> 我们决定……改变对政府部门经费的高度依赖，因为我们预见政府部门的研究预算将遭到缩减……并且针对相同数额的资金，政府部门要求我们提供的成果不断增加。因此我们决定……推行资金多元化，增加来自慈善团体、基金会和信托的经费来源。（国经所访谈）

　　由于不同类别的资金与资助机构的定位相关（例如经济与社会研究委员会的资助依靠学术声望，信托资助则与慈善目标的实现相关），战略转变意味着国经所需要在自身形象上做出一些改变。作为一种同质化的体现（DiMaggio and Powell 1991），国经所在组织架构、资金来源和行为模式上向其他英国智库靠拢，并开始采用更具凝聚力、更加主动的公共参与方式。一位受访者提到：

171

我们正在做的一件事是……确保我们的品牌和身份在外界更加强大。这部分围绕着影响力展开，部分则有关资金。这样我们就能够增加可以用于研究项目的经费。但我们也一直希望获得与研究无关的支持，例如企业捐赠者……我们确实收到了一些企业捐赠，但数额还不够多。（国经所访谈）

第二项重要体制改革涉及主任职务的变革。2010 年 8 月，马丁·威尔加入了英格兰银行的货币政策委员会，雷·巴雷尔担任临时主任，直到 2011 年 2 月乔纳森·波特斯上任。波特斯曾在 2008 年 9 月担任内阁办公室宏观经济分析负责人。作为曾在工党和保守党政府中任职的公务员，他带来了一种不同的领导方式，要求国经所在政策辩论中发挥关键的协调作用：

172

马丁的任期……基本上属于"每个人都可以按照自己的喜好进行研究"，因此他对……特定的人员是否应该在不同的领域进行研究并没有任何看法……乔纳森以及其他一些资深成员认为……事实上我们现在必须表现得更像一个组织，而不是一群个体研究者。（国经所访谈）

作为一个活跃的公众人物，波特斯通过众多公共干预带领着国经所的发展，这些公共干预同时瞄准专业人士和普通受众。在这一过程中，他展现出了一个公认的福柯式专业知识分子的作风：基于其掌握的专业知识向当权者披露实情。相较于大多数国经所成员，波特斯本人的形象更加复杂，他以往更多的是在公务员系统而非学界任职（或许恰恰解释了其作风）。适逢其会，波特斯的出镜率使他本人和国经所获得了紧缩政策的有力反对者的名声，国经所也在 2011 年被《展望杂志》（*Prospect*）评为年度智库[①]。

---

① 见 http://www.niesr.ac.uk/sites/default/files/publications/131011-171942.pdf，访问于 2015 年 10 月 17 日。

波特斯的到来也对国经所的自我认知产生了影响。正如一位受访者所说，国经所从一个个体研究者能够相对自由地选择研究内容且与"大学院系"类似的机构，发展到"如今越来越多地出现了我们应该是一个整体的意识"（国经所访谈）。这种向更高整合度的推进也意味着国经所在内部各研究团队之间协调公共干预，推动整个智库朝着更接近本书导言中所定义的智库发展，即个体研究者"借其名义"干预公共政策事务的机构。

国经所在协调内部研究方面做出的更大努力也伴随着另一种发展趋势。用梅德韦茨（Medvetz 2012b）的术语来说，就是向一个在媒体、商界和政界等领域拥有更坚实地位的"边界组织"发展。这种转变体现在国经所寻求增加媒体曝光度、增加企业捐助者，以及多次向决策者提出公共诉求中。一位受访者也对比了两个主任任期的差异："马丁……通过出版学术成果来影响政策，表现得非常学院派。乔纳森则更希望利用研究来与决策者互动。"（国经所访谈）

就公共干预的形式而言，从 2011 年起，国经所注意到了专栏报道和社交媒体的崛起，用施密特（Schmidt 2008）的话说，即"沟通性话语"的崛起。国经所的研究人员开始学习使用 twitter，并且开通了官方博客，这些都是该智库寻求更多媒体曝光度和影响力的体现[①]。从 2012 年 1 月开始，国经所的博客开始发布有关重要政治议题的研究，其中很大一部分由波特斯本人撰写。在与包括盟友西蒙·雷恩-路易斯（Simon Wren-Lewis）、黛安·科伊尔（Diane Coyle）和批评者克里斯·贾尔斯（Chris Giles）、安德鲁·里利可（Andrew Lilico）等在内的其他经济学家的频繁对话中，国经所的博客也成了传播"专家意见"、联络内部独立团队的焦点。

许多波特斯领衔的公共干预都批评了联合政府的政策。在他看来，这些政策等同于自掘坟墓，对政府部门和英国的宏观经济管控都是如此。有时这些批评也会借

173

[①]　"我们全盘改进了网站，引入了博客，开始使用社交媒体，并训练所有成员使用包括 Twitter 在内的社交媒体。我们希望拥有更大的影响力，目前我们确实也具备了这种影响力。近几年来我们变得越来越高调。"（国经所访谈）

助讽刺等修辞手法，而非纯粹的学术语言。例如，"劳动与养老金部的分析表明，强制工作很大程度上是无效的：因此政府正着力推广这一政策"（Portes 06/2012a）。国经所博客的常见主题之一是坚持要求评估所有特定政策对经济增长、就业和生产率的影响，同时批评政府严格遵循在国经所看来是错误的论述，并指出政府削减预算巩固了"信仰经济学"的可信度（Portes 11/2012）。国经所认为，在经济衰退期间，过度的债务合并导致债务占国内生产总值的比例上升，因此紧缩政策"即使就本身而言……也会使情况变得更糟"（Holland and Portes 10/2012：f4）。在英国以外，波特斯（Portes 04/2012）表示，通过影响总需求，全欧洲的紧缩政策将会妨害增长预期。

174　　　简而言之，国经所反对扩张性财政紧缩政策及其背后的理论：公共开支缩减并不会阻碍经济增长，反而有可能促进增长。在国经所看来，这一理论在经济学家中仅仅处于小众地位，在政界却取得了不相称的影响力，这要归功于阿莱西纳和阿德格纳（Alesina and Ardagna 2009）的一篇不足取信的论文。波特斯（Portes 10/2012）指出，根据经济学界的主流意见，紧缩政策会通过削弱财政乘数的方式减少需求，特别是在经济危机发生后。此外，鉴于英国政府偿还债务的低成本，官方应该采取扩张性的公共投资政策。

2012 年初，在经历了几个月微弱的增长后，国经所宣称奥斯本的计划将破坏经济复苏，因此必须转变政策（Portes 03/2012）。2012 年 1 月，国经所预测，由于 2011 年英国经济增长率在 1％以下，因此 2012 年英国经济将经历 0.1％的下滑（NIESR 01/2012：f3）。同时，国经所还发布了一系列英国历史上历次经济危机后的月度经济恢复曲线图（NIESR 01/2012）。这些曲线图表明，在经历了良好的开头后，由于紧缩政策的介入，与危机前相比，经济增长开始在低位徘徊。这些曲线图受到了广泛关注，并切中要害地阐明了国经所的观点，及其反对政府经济计划的原因。

2012 年 7 月，国经所预计当年英国经济将下跌 0.5％，并在 2013 年实现 1.3％的增长。到 2013 年初，预计经济将恢复增长，但很难确定其幅度。2013 年 2 月，国经所宣称，尽管 2012 年的 GDP 数据基本没有变化，但 2013 年将出现 0.7％的增长。

当年 8 月，国经所再次将预期增长修订为 1.3%（NIESR 08/2013）。这些经济预期最终被证明略过悲观，受访者指出这是由于基础数据中出现的错误①。受访者提到的另一个干扰因素在于，尽管国经所的预测表现良好，但研究人员并没有时间来评估如何才能将预测优化到与那些资金充足的机构相当的水平（例如国际货币基金组织、经济合作与发展组织和预算责任办公室等）②。

175

　　总体而言，波特斯认为 2013 年经济恢复增长是由于财政整顿逐渐淡出了政策舞台。即使紧缩政策的论调仍然存在，但削减赤字的步伐已经放缓了（Portes 10/2013）。但是，尽管积极的宏观经济数据重新出现，国经所的研究人员认为追求快速的政府开支削减还是极大影响了经济复苏。简而言之，2007 年以来"英国经济的表现很差"（Riley and Young 05/2014：r1）。

　　围绕紧缩政策的争议中，最具标志性意义的是政府债券的利率或金边债券的收益率，以及如何解读其波动的问题。波特斯认为，鉴于英国是以本国货币偿付债务，举债的低成本除了政府发行债务的激励因素，也是由较低的增长预期而非公众对债券兑现的信心所导致的（《新政治家周刊》2011）。英国的低利率并非信誉的体现，而是经济疲软的表征。2012 年底，波特斯向财政部特别委员会表示：

　　（金边债券收益率）与信誉无关，（而是）与对经济的预期有关。经济疲软会导致长期的低利率……这是很基础的宏观经济学知识……我想说明的

---

　　①　"2012 年下半年到 2013 年，由于现实世界中的事件，我们……有一点过于悲观了。尤其是 2013 年的预测，由于数据问题过低……之后数据得到了大幅修正。问题数据也导致我们沿着这个方向走了下去……这很有趣，因为人们都在说，你一直很悲观，就像如果去看我们 2012 年的预测，我们对经济走势的预期并没有那么乐观。"（国经所访谈）

　　②　"所以去年和今年（2014—2015 年），我们出版了一份简短的文件来指出预测失误……我们的表现比最近的一些基准预测机构要好，并且开始与少数其他机构进行比较……所以我们在细节层面并没有像国际货币基金组织、经济合作与发展组织或预算责任办公室那样做（预测失误分析），这是因为他们的资金和资源更加丰富……这是一个资金问题。那样做当然更好，但没人给我们提供经费……接下来的几年我们或许能挤出一些时间来做这项工作，但这对我来说始终是一种值得羡慕的奢侈。"（国经所访谈）

是，"这是基础经济学理论认为即将发生的情况，是经验证据表明将会发生的情况，两者重合，与政府的表述却不相符"。（议会直播 2012）

波特斯不仅与决策者进行过辩论，在本书涉及的时间段内，他还曾在媒体和社交媒体上与记者、智库成员、政客和评论员发生过争论，尤其是那些支持紧缩政策或要求限制外来移民的人士，包括经济所的马克·利特伍德（Mark Littlewood，《展望杂志》2013）、公民智库的大卫·古德哈特（David Goodhart，《伦敦书评》2013）、政策交流智库的安德鲁·里利可（Andrew Lilico，ConservativeHome 2013）、保守派历史学家尼尔·弗格森（Niall Ferguson，《观察家报》2015a）、保守党议员杰西·诺曼（Norman 2012），以及保守党副主席麦克·法布里坎特（Mike Fabricant）（Portes 01/2013）。在这些例子中，波特斯一直表现得像一个细致的经济学家，力图揭穿那些被认为带有误导性的数据。这一过程中，他关注证据本身，避开直接的规范性建议，力求为自己和国经所维系一种认知自由的声誉。这些行为有时也招致了对手的斥责，保守党欧洲议会议员（MEP）丹尼尔·汉南就曾将国经所贬斥为虚伪的中立派（Pieria 2013）。但面对这些批评，波特斯总是能通过媒体投诉委员会迫使其对手收回或修正其言论。

波特斯担任主任期间，国经所在有关生产率领域的工作从未停止，他们认为英国已经掉队了（Goodridge et al. 05/2013；另见《国家研究所经济评论》2013 年 11 月刊）。考虑到生产率被认为是实际工资和整体繁荣的"主要"推手（NIESR 05/2014），生产率研究非常关键。教育、培训、移民、劳动政策、投资和创新在内的影响生产率的因素也经常成为国经所研究的焦点。例如，鉴于英国的人口结构压力，终身学习在未来的经济表现中占据着中心地位（Dorsett et al. 08/2010），这也解释了为何国经所介入了经济与社会研究委员会框架下的知识经济和社会学习与生活机遇中心。

在本书考察的时间段内，国经所还干预了其他与政策相关的问题，并开展了新的研究项目，引入了更多的雇员和资助机会。例如 2011 年，前任财政部宏观经济分析

负责人安格斯·阿姆斯特朗（Angus Armstrong）加入了国经所，担任宏观经济分析　　177
主管。他在国经所的第一份出版物评估了银行独立委员会建议的金融改革
（Armstrong 10/2011）。到 2013 年，随着 2014 年苏格兰独立公投的临近，阿姆斯特
朗协助进行了有关独立公投的经济后果的研究（参见《国家研究所经济评论》2014 年
2 月刊）。与此同时，通过新的公众参与形式，国经所也更努力地向更加广泛的受众
提供严谨但易于接受的研究成果。例如，2013 年 9 月，国经所制作了其首个
YouTube 视频，内容是假设苏格兰独立，其可能的货币选择。通过这个视频，国经所
希望能维持其一贯的无党派声誉，尤其是在面对一次如此有争议的公投的情况下①。
2013 年之后，随着英国的欧盟成员国身份越来越引人关注，国经所继续着类似的活
动，例如阿姆斯特朗和波特斯参与了经济与社会研究委员会的"变化的欧洲中的英
国"倡议。此外，由于他们是第一批研究假设英国脱欧的经济后果的机构之一（Pain
and Young 2004），在这一问题引起持续关注时，国经所在进一步的公共干预这一点
上处于优势地位（Portes 11/2013）。

　　国经所另一个崭露头角的领域是外来移民研究。国经所的研究者认为，在生产
率、经济增长和高技术移民之间存在相互关系（Hierländer et al. 2010），这就使国经
所反对日益高涨的限制净移民数量的政治趋势（英国政府也认同这一趋势）。国经所
的第一篇博客内容就是与移民观察智库争论移民数字问题（Portes 01/2012：a）。在
本书考察的几年中，与其独立专家智库的定位一致，国经所对移民的研究变得日益重
要。在这一问题上，国经所希望被外界视为在政治上中立，并如同其在宏观经济学研
究领域一样，提供证据驱动的建议。此外，与金融危机一样，外来移民在政治上不断
扩大的重要性也开辟了新的研究资金来源。2013 年，外交部委托国经所起草一份自　　178
2014 年 1 月 1 日起取消对保加利亚和罗马尼亚公民工作限制的报告。这份报告的
结论指出，尽管缺乏可靠的数据，但来自这些国家的经济移民不可能将英国视为首选

---

　　① 见 https://www.youtube.com/watch? v＝mBC0mLFz91o，访问于 2015 年 11 月 1 日。

目的地(Rolfe et al. 04/2013)。通过这些公共干预，国经所在寻求中立地位的同时，开始参与日渐激烈的公众辩论。与经济学领域一样，这项工作也随着时间的流逝变得越来越困难。

　　总的来说，除了其作为独立专家机构和仲裁者的声誉和历史，很难确定国经所的实际政治影响力。一个例外是，其在种姓歧视方面的研究最终推动了 2010 年《平等法》的修订(Metcalfe and Rolfe 09/2010)。但在财政政策和移民等方面，联合政府的政策经常与国经所的建议背道而驰。此外，尽管国经所继续收到来自政府部门的研究合同，但随着其他资金来源的扩展，这类经费已不再居于中心地位。在一定程度上，正如一位受访者所表示的，针对这类研究合同的竞争也越来越激烈[1]。本书考察的时间段结束后，由于内部经费短缺所引发的矛盾(消息来自于国经所一位内部主管)(Medium 2015)，波特斯不再担任国经所主任，这使得许多他的批评者欢欣鼓舞(《观察家报》2015b)。

混乱竞技场中的裁判

　　在写作这一章时，我注意到了伊亚尔和利维(Eyal and Levy 2013)的观点：外界应从更宽泛的角度理解专家的公共干预，而不是局限于所谓的"意见"领域。正如经济学家能够以更多不同的方式，而不是像克鲁格曼那样仅通过专业评论来参与政策辩论，除了文字之外，国经所也有其他手段，金融危机之后其发布的 GDP 估算和预测所受到的关注就证明了这一点。但 2011 年后，国经所开始在传统媒体和广播、社交媒体以及议会咨询中发布更多评论文章。从这一意义上而言，尽管如同新基金和亚当所一样，第二章中论述的"滞后"假说相对准确地描述了国经所逐渐明朗的观点，即

---

　　[1]　"(政府部门研究方面的)竞争日益激烈，与以往不同，现在有大量各种各样的组织在竞标这类研究项目。"(国经所访谈)

强调证据的关键性并努力提供证据，但这一假说并不能体现其参与公共干预的形式和风格的转变。

在这一点上，对国经所发布的经济指标的新闻报道，以及相应的媒体评论的显著增加，可能与国经所成员、媒体及决策者之间的不一致有关，前者主张严格依循经济证据，后者对经济数据的实际使用却并非如此。2009—2011 年，无论国经所的政策建议是基于多么严谨的研究，都没有引起注意，而他们眼中的"信仰经济学"却大行其道。在这样的背景下，做一个超然在外的专家机构，坚持证据的首要性在政治上已经很难说是无伤大雅了。为决策提供证据的"专家"与利用证据批评当局的"专业知识分子"之间的界限已经模糊了。因此，在越来越难以保持中立声誉的情况下，国经所的公共参与也开始招致对手对其公正性的指责。

社会学中老生常谈的一种观点是，经济学家总是会爬到实权位置（Markoff and Montecinos 1993）。但至少在 1981 年撒切尔夫人驳回了 361 名经济学家联名在《泰晤士报》上发表的反对其经济政策的建议后（Norpoth 1991），学术经济学与政治之间的关系就变得比人们想象得更紧张了。魏因加特（Weingart 1999）指出了一个科学与政治互动的"悖论"：当政治最需要科学建议时，科学建议也最容易被指责为政治化。来到 2008 年，正如国经所的例子所展现的，经济学家的建议，或由学界最德高望重的经济学家们提供的经济共识，对决策的影响力比通常认为的要小。

博斯韦尔（Boswell 2009）曾指出，在使用证据影响决策者这一方面，研究扮演着象征性而非工具性的角色：它们充实了政策的倾向性，并给政策的支持者提供了合理性。如果博斯韦尔所言非虚，那么当国经所的研究对官方议程没有帮助时，就必然会遭到忽视，因为科学精神也意味着必须与政治便利性拉开距离。用博斯韦尔的话说，"政治和科学体系之间的一个重要差异"（Boswell 2009：97）很有可能继续存在。或许这也是国经所从优先考虑学术成果和更"协调"的论述转向更活跃的社交媒体以及媒体宣传的原因。但是，在专家权威处于危机的背景下，蹩脚的评论也不再那么容易得到有力的揭露和批评：当整个社会对"知识权威"的认可下降时，能够进行评判的人

180

就会越来越少。

同时，抛开宏观经济学的科学地位和中立性不谈，政治需求和经济研究之间的差异也意味着国经所更加投入的批评必然会被紧缩政策的支持者们认定为带有政治立场，特别是当这些批评出现在主流媒体和社交媒体上时。在布尔迪厄的术语中，这种不同领域之间的错位或许也解释了国经所被其批评者贬为"凯恩斯派"的原因，这首先是一种政治评判。有趣的是，在一篇题为《财政政策："凯恩斯派"的意涵》（*Fiscal policy*：*What does 'Keynesian' mean?*）的博文中，波特斯（Portes 01/2012b）提出，凯恩斯应首先被认为是一种科学而非政治性的标签："你不妨询问一位物理学家是否是'牛顿派'的。"

既要保持中立观察机构的定位，又要试图在争吵不休的政治环境中影响政策，两者之间的矛盾还体现在国经所内部有关宏观经济学家公共角色的争论中。这些争论也引起了许多围绕智库公共地位的思考（例如 Portes 06/2012b）。正如专业人士寻求以经济共识和证据（当证据存在时）影响政策，不管议题如何政治化，国经所仍希望保持提供专业、实证且非规范性的评判的声誉。但经历了专家的信誉危机后，在这样一个躁动的公共舆论中，这种立场很难保持，反对者们也热衷于质疑这种立场。2012年 11 月，在议会中，波特斯被指责将国经所带向左翼，而做出这一指控的则是国经所管理委员会成员之一、政策交流智库合作者、保守党议员杰西·诺曼。对此，波特斯回应道：

（我在公共场合的发言）反映了（国经所的）观点。我们对这些议题做了讨论，并取得了共识。在公开发言……或写文章时，作为智库主任，我也会把这些融入我的观点。这些观点是否具有政治上的意义并不由我来决定，但即使有也并不令人惊讶。……现在宏观经济政策……已经成了公共和政治争论的一个主题，但 5 年前还并非如此。我们在分析经济走势时可能会带有一些政治意味，但那并不是我们分析经济走势的原因。分析经济是我

们的工作。（议会直播 2012）

受到质疑时，波特斯指出，国经所的研究带有的政治意味来自经济证据本身，而不是任何政治偏见。对认为紧缩政策是一种客观需要的人而言，这一观点令他们感到不安，因此他们力图进行反驳。两方的这一矛盾也引出了问题的症结所在，即为何"科学仲裁者"在政治领域处于一个岌岌可危的位置：尽管研究者们认为他们是从学术的角度研究经济，但对这个无法与政府治理分开的学科而言（Bockman and Eyal 2002：322），当专家的意见被当作耳旁风时，他们除了批评现行政策、更加积极地参与政策辩论之外别无选择。在这一过程中，又怎么可能仍然被视为客观公正？

本书并不奢望解决这一困境，只是指出在日益躁动的公众舆论中，当公众越来越不信任专家权威，国经所保持自身独立声誉的努力必然会遭到质疑。因此，与新基会和亚当所一样，公共干预形式的转变与影响和说服更多受众的努力相关。在国经所的例子中，他们希望保持政治上不可知、学术上严谨细致的声望，但在具体政策上已经有了特定的立场，这就使情况更加复杂。考虑到这一点，值得一提的是，当新基会的詹姆斯·梅德韦在发表"占领伦敦证券交易所"的讲话（见 Meadway 11/2011，本书第三章）时，站在他身旁的正是乔纳森·波特斯。

然而，中立性与政治参与之间的矛盾并不是一个新问题。一位受访者指出：　　182

　　如果你回顾 77 年前国经所刚刚建立时，当时围绕着国经所应该发展成什么样的机构就存在很大的争论。我们应该寻求直接影响政策还是间接影响政策？我们是学者还是政策人士？有趣的是这样的争论如今仍在继续，在国经所的历史上，或许这样的争论从来没有消失过。（国经所访谈）

本书也已经展现了 2007—2013 年，在紧缩政策主宰着资金环境的情况下，国经所应对同质化压力的方式，但它与倡导性智库仍然存在重大差异。相较于大多数其他政治导向型政策智库，国经所在很大程度上仍然拥有来自各个派别的受众，但这一点并不能帮助国经所控制其公共干预受到的解读方式。且尽管国经所仍具有影响力，其研究成果也仍存在需求，但其作为政府顾问机构（至少在宏观经济管控方面）的地位已经受到了挑战。新兴机构与各政党的关系更加紧密。可以说，至少从 20 世纪 70 年代战后的技术治国的理想逐渐衰退之后，其他政治属性明确的智库就开始威胁国经所在影响政策方面的地位。这也解释了国经所从"协调性"话语向"沟通性"话语转变的原因（Schmidt 2008；Ladi 2011）①。

　　总体而言，国经所的建议与政府的政策回应之间的差异代表了知识界的主流意见与政界日益扩大的分歧。作为国经所所面临的紧张局面的一部分，它们身处学术经济学和公共政策的分界线上。我们应该认识到，某一社会领域中占主导地位的观念在另一个领域中或许是边缘化的。学术界的边缘理念在政客中或许有着巨大影响力，反之亦然。下一章中，在论述一个与政治精英联系紧密的智库的同时，我将详述政界与专家意见之间的沟通渠道。

参考文献

［1］ Alesina, A., & Ardagna, S. (2009). *Large changes in fiscal policy: Taxes versus spending* (NBER Working Papers, 15438). Accessed 10 April 2015. http://www. nber. org/papers/w15438. pdf.

［2］ Alonso, W., & Starr, P. (Eds.). (1987). *The politics of numbers*. New York: Sage.

［3］ Barrell, R., Davis, P., Karim, D., & Liadze, I. (2010). Bank regulation, property prices and early warning systems for banking crises in OECD countries. *Journal of*

---

① 　德纳姆和加内特认为，国经所与政府之间的分歧在撒切尔时代已经出现："20 世纪 80 年代早期国经所到了（一个）新的低点，当时……他们总体上支持增长，却面对着一个致力于进一步加重严重经济衰退的政府。"（Denham and Garnett 1998：78）

Banking & Finance, *34*, 2255 - 2264.

[4] Barrell, R., Hurst, I., & Kirby, S. (2009). The macroeconomic implications of pension reform. In D. France (Ed.), *Pension reform, fiscal policy and economic performance*. Rome: Bank of Italy.

[5] BBC. (2007). *Northern Rock: Expert views*. Accessed 20 March 2015. http://news.bbc.co.uk/1/hi/business/6999246.stm.

[6] BBC. (2009a). *UK recession 'worst since 1930s'*. Accessed 28 October 2015. http://news.bbc.co.uk/1/hi/business/8034879.stm.

[7] BBC. (2009b). *UK recovery 'to take five years'*. Accessed 28 October 2015. http://news.bbc.co.uk/1/hi/business/8162217.stm.

[8] Bockman, J., & Eyal, G. (2002). Eastern Europe as a laboratory for economic knowledge: The transnational roots of neoliberalism. *American Journal of Sociology*, *108*(2), 310 - 352.

[9] Boswell, C. (2009). *The political uses of expert knowledge: Immigration policy and social research*. Cambridge: Cambridge University Press.

[10] Budd, A. (1999). Learning from the wise people. *The Manchester School Supplement*, *1463 - 6786*, 36 - 48.

[12] Callon, M. (2007). What does it means to say that economics is performative? In D. MacKenzie, F. Muniesa, & L. Siu (Eds.), *Do economists make markets? On the performativity of economics* (pp. 311 - 356). Princeton, NJ: Princeton University Press.

[13] Coats, A. W. (Ed.). (2000). *The development of economics in Western Europe since 1945*. London: Routledge.

[14] ConservativeHome. (2013). *Andrew Lilico: What Jonathan Portes gets wrong and why*. Accessed 15 October 2015. http://www.conservativehome.com/platform/2013/01/andrew-lilico-what-jonathan-portes-gets-wrong-and-why.html.

184

[15] *Daily Telegraph.* （2009）. Sir Bryan Hopkin. Accessed 20 March 2016. http://www.telegraph.co.uk/news/obituaries/politics-obituaries/6638037/Sir-Bryan-Hopkin.html.

[16] Denham, A., & Garnett, M. （1998）. *British think tanks and the climate of opinion.* London: UCL Press.

[17] Denham, A., & Garnett, M. （2004）. A 'hollowed out' tradition? British think tanks in the twenty-first century. In A. Denham & D. Stone （Eds.）, *Think tank traditions* (pp. 232 – 246). Manchester: Manchester University Press.

[18] DiMaggio, P., & Powell, W. （Eds.）. （1991）. *The new institutionalism in organizational analysis.* Chicago: University of Chicago Press.

[19] Evans, R. （1999）. *Macroeconomic forecasting: A sociological appraisal. London:* Routledge.

[20] Eyal, G., & Levy, M. （2013）. Economic indicators as public interventions. In T. Mata & S. Medema （Eds.）, *The economist as public intellectual* (pp. 220 – 253). London: Duke University Press.

[21] *Financial Times.* （2009）. Think tank says cuts will not pay debt. Accessed 15 October 2015. http://www.ft.com/cms/s/0/39c54894-7655-11de-9e59-00144feabdc0.html.

[22] *Financial Times.* （2010a）. UK out of recession, says think tank. Accessed 23 June 2015. http://www.ft.com/cms/s/0/271f57e6-0054-11df-8626-00144feabdc0.html.

[23] *Financial Times.* （2010b）. Labour 'errors' attacked by former official. Accessed 15 October 2015. http://www.ft.com/cms/s/0/d86bed74-4f38-11df-b8f4-00144feab49a.html.

[24] *Financial Times.* （2010c）. Spending cuts spark fears for growth. Accessed 15 October 2015. http://www.ft.com/cms/s/0/d7abbb20-7d65-11df-a0f5-00144feabdc0.html.

[25] *Financial Times.* (2010d). UK growing near long-term trend, says NIESR. Accessed 30 June 2015. http://www.ft.com/cms/s/0/073c19f8-7590-11df-86c4-00144feabdc0. html.

[26] Foucault, M. (1980). *Power, knowledge: Selected interviews and other writings.* New York: The Harvester Press.

[27] Frowen, S. (Ed.). (1983). *Controlling industrial economies: Essays in honour of Christopher Thomas Saunders.* London: Macmillan.

[28] *Guardian.* (2008). No recession, economists say—Provided there are no more Rocks. Accessed 20 October 2015. http://www.theguardian.com/business/2008/may/02/ creditcrunch.banking.

[29] *Guardian.* (2009). Revealed: £3bn mistake in George Osborne's budget plan. Accessed 21 October 2015. http://www.theguardian.com/politics/2009/oct/09/ george-osborne-budget-deficit.

[30] *Guardian.* (2013). Romanian and Bulgarian migrants 'unlikely to head for UK'— Report. Accessed 25 October 2015. https://www.theguardian.com/uk/2013/apr/ 05/eastern-european-migrants-report.

[31] Hierländer, R., Huber, P., Iara, A., Landesmann, M., Nowotny, K., O'Mahony, M., et al. (2010). *Migration, skills and productivity* (WIIW Research Reports, 365). Accessed 20 June 2015. http://wiiw.ac.at/migration-skills-and- productivity-dlp-2270.pdf.

[32] *Independent.* (1998). Obituary: Christopher Dow. Accessed 20 March 2016. http:// www.independent.co.uk/arts-entertainment/obituary-christopherdow-1189026.html.

[33] Ladi, S. (2011). Think tanks, discursive institutionalism and policy change. In G. Papanagnou (Ed.), *Social science and policy challenges: Democracy, values and capacities.* Paris: UNESCO.

[34] London Review of Books. (2013). *Jonathan Portes: An exercise in scapegoating.*

Accessed 10 October 2015. http://www. lrb. co. uk/v35/n12/jonathan-portes/an-exercise-in-scapegoating.

[35] Markoff, J. , & Montecinos, V. (1993). The ubiquitous rise of economists. *Journal of Public Policy*, 13(1), 37 – 68.

[36] McGann, J. (2013). *2012 global go to think tanks and policy advice ranking*. Think Tanks and Civil Society Program, University of Pennsylvania.

[37] Medium. (2015). *Ed Conway: Why Jonathan Portes left NIESR*. Accessed 30 October 2015. https://medium. com/@ edconwaysky/why-jonathan-portesleft-niesr-3999329290d9♯. t9pn5q6ka.

[38] Medvetz, T. (2012a). *Think tanks in America*. Chicago: University of Chicago Press.

[39] Medvetz, T. (2012b). Murky power: 'Think tanks' as boundary organizations. In D. Golsorkhi, D. Courpasson, & J. Sallaz (Eds.), *Rethinking power in organizations, institutions, and markets: Research in the sociology of organizations* (pp. 113 – 133). Bingley: Emerald Group Publishing.

[40] Mirowski, P. (2002). *Machine dreams: Economics becomes a cyborg science*. Cambridge: Cambridge University Press.

[41] Norman, J. (2012). *Fisking Portes: How politically neutral * is * the Director of NIESR?* Accessed 23 October 2015. http://www. jessenorman. com/2012/11/fisking-portes-how-politically-neutral-is-the-director-of-niesr. html.

[42] Norpoth, H. (1991). The popularity of the Thatcher government: A matter of war and economy. In H. Norpoth, M. Lewis-Beck, & J. Lafay (Eds.), *Economics and politics: The calculus of support*. Ann Arbor: University of Michigan Press.

[43] Pain, N. , & Young, G. (2004). The macroeconomic impact of UK withdrawal from the EU. *Economic Modelling, 21*, 387 – 408.

[44] ParliamentLive. (2012). *Treasury Committee: Tuesday 13 November 2012*. Accessed

186

10 October 2015. http://www. parliamentlive. tv/Event/Index/a31b4072-101e-4a65-8a90-f14cba88937d.

[45] Pielke, R. (2007). *The honest broker: Making sense of science in policy and politics.* Cambridge: Cambridge University Press.

[46] Pieria. (2013). *Jonathan Portes: NIESR and the European Commission: A response to Dan Hannan.* Accessed 12 October 2015. http://www. pieria. co. uk/articles/niesr _and_the_european_commission_a_response_to_dan_hannan.

[47] Porter, T. (1995). *Trust in numbers: The pursuit of objectivity in science and public life.* Princeton, NJ: Princeton University Press.

[48] *Prospect.* (2013). The Prospect duel: Was Osborne right? Accessed 10 October 2015. http://www. prospectmagazine. co. uk/regulars/the-prospect-duel-marklittlewood-jonathan-portes-was-osborne-right.

[49] Reichmann, W. (2011). Institutionalizing scientific knowledge: The social and political foundation of empirical economic research. *Sociology Compass, 5*(7), 564 – 575.

[50] Schmidt, V. (2008). Discursive institutionalism: The explanatory power of ideas and discourse. *Political Science, 11*(1), 303 – 322.

[51] *The Spectator.* (2015a). Niall Ferguson: Jonathan Portes, master of the political correction. Accessed 10 October 2015. http://www. spectator. co. uk/2015/06/jonathan-portes-master-of-correct-politicalness/.

[52] *The Spectator.* (2015b). Jonathan Portes fired as NIESR director. Accessed 30 October 2015 http://blogs. spectator. co. uk/2015/10/jonathan-portesstands-down-from-niesr-by-mutual-consent/.

[53] *The Times.* (2004). Brown attacked for fiscal 'fudge.' Accessed 24 October 2015. http://www. thetimes. co. uk/tto/business/entrepreneur/article2229114. ece.

[54] Weale, M. (2010). Unsustainable consumption: The structural flaw behind the UK's

long boom. In G. Giudice, R. Kuenzel, & T. Springbett (Eds.), *UK economy: The crisis in perspective* (pp. 59 – 79). London: Routledge.

[55] Weingart, P. (1999). Scientific expertise and political accountability: Paradoxes of science in politics. *Science and Public Policy*, *26*(3), 151 – 161.

187 **Think Tank Reports and Blog Posts**
[NIESR, available at niesr. ac. uk]

[1] Armstrong, A. (10/2011). An assessment of the Independent Commission on Banking's recommendations. *National Institute Economic Review*, *218*(3), f4 – f12.

[2] Babecky, J., Bulíř, A., & Šmídková, K. (04/2008). Sustainable real exchange rates when trade winds are plentiful. *National Institute Economic Review*, *204*, 98 – 107.

[3] Bagaria, N., Holland, D., & Van Reenen, J. (07/2012). Fiscal consolidation during a depression. *National Institute Economic Review*, *221*, f42 – f54.

[4] Barrell, R. (10/2008). *Press release: The great crash of 2008.*

[5] Barrell, R. (10/2009a). Budget consolidation options for the UK. *National Institute Economic Review*, *210*, 58 – 60.

[6] Barrell, R. (10/2009b). Long-term scarring from the financial crisis. *National Institute Economic Review*, *210*, 36 – 38.

[7] Barrell, R., & Davis, P. (04/2011). Financial regulation. *National Institute Economic Review*, *216*, F4 – F9.

[8] Barrell, R., Foley-Fischer & Kirby, S. (10/2009). Prospects for the UK economy. *National Institute Economic Review*, *210*, 39 – 57.

[9] Barrell, R., & Hurst, I. (04/2008). Financial crises and the prospects for recession. *National Institute Economic Review*, *204*, 33 – 38.

[10] Barrell, R., & Kirby, S. (04/2007). Managing a decline in inflation. *National Institute Economic Review*, *200*, 53 – 55.

[11] Barrell, R., Kirby, S., Metz, R., & Weale, M. (04/2005). The Labour government's economic record and economic prospects. *National Institute Economic Review, 192*, 4 – 10.

[12] Barrell, R., & Weale, M. (03/2009). *The economics of a reduction in VAT* (NIESR Discussion Paper, 325).

[13] Budd, A. (04/2010) Fiscal policy under Labour. *National Institute Economic Review, 212*, R34 – R48.

[14] Dorsett, R., Lui, S., & Weale, M. (08/2010). *Economic benefits of lifelong learning.*

[15] Goodridge, P., Haskel, J., & Wallis, G. (05/2013). Can intangible investment explain the UK productivity puzzle? *National Institute Economic Review, 224*, f48 – f58.

[16] Holland, D., & Portes, J. (10/2012). Self-defeating austerity? *National Institute Economic Review, 222*, f4 – f10.

[17] Kirby, S., Paluchowski, P., & Warren, J. (05/2014). The performance of NIESR's GDP forecasts. *National Institute Economic Review, 228*, 66 – 70.

[18] Kirby, S., & Riley, R. (01/2007). UK economy forecast. *National Institute Economic Review, 199*, 40 – 58.

[19] Jones, K. (05/1988). Fifty years of economic research: A brief history of the National Institute for Economic and Social Research. *National Institute Economic Review, 124*, 36 – 62.

[20] Jones, K. (04/1998). *Sixty years of economic research: A brief history of the National Institute of Economic and Social Research.* London: NIESR Occasional Papers.

[21] Metcalf, H., & Rolfe, H. (12/2010). *Caste discrimination and harassment in Great Britain.*

188

[22] NIESR. (08/2007). *2007 annual report.*

[23] NIESR. (01/2008). The world economy: Risks of a global recession. *National Institute Economic Review, 203*, 8 – 30.

[24] NIESR. (07/2008). The UK economy. *National Institute Economic Review, 205*, 3.

[25] NIESR. (08/2008). *2008 annual report.*

[26] NIESR. (01/2009). *Estimates of monthly GDP.*

[27] NIESR. (04/2009). The UK economy. *National Institute Economic Review, 208*, p. 3.

[28] NIESR. (08/2009). *2009 annual review.*

[29] NIESR. (11/2009). *The channels of financial market contagion in the new EU member states.*

[30] NIESR. (03/2011). *2011 annual accounts.*

[31] NIESR. (01/2012). The UK economy. *National Institute Economic Review, 219*, f3.

[32] NIESR. (03/2012). *2012 annual accounts.*

[33] NIESR. (07/2012). The UK economy. *National Institute Economic Review, 221*, f3.

[34] NIESR. (02/2013). The UK economy. *National Institute Economic Review, 223*, f3.

[35] NIESR. (08/2013). The UK economy. *National Institute Economic Review, 225*, f3.

[36] NIESR. (05/2014). *Prospects for the UK economy.*

[37] Portes, J. (01/2012a). *British jobs and foreign workers: Today's reports on immigration and unemployment.*

[38] Portes, J. (01/2012b). *Fiscal policy: What does "Keynesian" mean?*

[39] Portes, J. (03/2012). *It's not too late to change course: Macbeth and fiscal policy.*

[40] Portes, J. (04/2012). *The European Commission is doing its best to drive Spain to*

189

disaster.

[41] Portes, J. （06/2012a）. *DWP analysis shows mandatory work activity is largely ineffective. Government is therefore extending it.*

[42] Portes, J. （06/2012b）. *Macroeconomics: What is it good for? [a response to Diane Coyle].*

[43] Portes, J. （10/2012）. *More on multipliers: Why does it matter?*

[44] Portes, J. （11/2012）. *Faith-based economics at the Treasury Committee.*

[45] Portes, J. （01/2013）. *Debating debt ratios with Michael Fabricant.*

[46] Portes, J. （03/2013）. *Budget 2013: Time for an investment-led growth agenda.*

[47] Portes, J. （10/2013）. *Fiscal consolidation and growth: What's going on?*

[48] Portes, J. （11/2013）. Commentary: The economic implications for the UK of leaving the European Union. *National Institute Economic Review, 226,* 4 - 9.

[49] Riley, R., & Young, G. （05/2014）. Financial crisis and economic performance: Introduction. *National Institute Economic Review, 228,* r1 - r2.

[50] Robinson, A. （05/1988）. The National Institute: The early years. *National Institute Economic Review, 124,* 63 - 66.

[51] Rolfe, H., Fic, T., Lalani, M., Roman, M., Prohaska, M., & Doudeva, L. （04/2013）. Potential impacts on the UK of future migration from Bulgaria and Romania.

[52] Weale, M. （10/2007）. Northern Rock: Solutions and problems. *National Institute Economic Review, 202,* 4 - 8.

[53] Weale, M. （04/2008）. Commentary: The banking crisis and the economy. *National Institute Economic Review, 204,* 4 - 8.

[54] Weale, M. （10/2008）. Commentary: The burden of the national debt. *National Institute Economic Review, 2010,* 4 - 8.

第六章 政策交流智库：政治镁光灯下的利与弊

21世纪初，保守党议员弗朗西斯·莫德（Francis Maude）和阿尔奇·诺曼（Archie Norman）建立了两个组织，以支撑保守党在新工党崛起后的吸引力。在引领保守党向中间地带靠拢的过程中，他们追随的是迈克尔·波蒂略（Michael Portillo）的脚步：2001年大选失败后，波蒂略成为保守党领袖，但其任期并不成功（《每日电讯报》2001）。其中一个组织是"保守党变革"压力集团（C-Change），2005年保守党在大选中再次负于新工党后，现代派大卫·卡梅伦成为保守党领袖，这一压力集团的任务也随之完成（Maude 03/2012）。另一个组织则是"理念交流"智库（X-Change ideas），此后改名为政策交流智库（Policy Exchange）①。作为一个正式的独立、非党派政治的慈善组织，政策交流智库的使命是研究制定宏伟的政策建议，以更新中右翼思想理论。在政策交流智库的建立背后，埋藏着这样一种观点：英国右翼及其相关的智库（包括经济所、政策研究中心和亚当所等）已深受其历史的拖累，不像秉承着托尼·布莱尔的"后意识形态"决策方式的工党那样机敏（Denham and Garnett 2006）。

因此从一开始，政策交流智库便与保守党内的现代派联系紧密。这一派认为，"保守党在政治上的复兴有赖于适应变化的社会和政治图景，在'生活方式'的问题上采取更灵活的立场，……并接纳大部分布莱尔所倡导的'现代'社会政策议程"（Williams 2015：10－11）。因此，可以说政策交流智库是第三波浪潮中兴起的公共政策研究所和公民智库等中左翼智库的镜像，而后者本身则是对20世纪70年代新

---

① 参见英国公司注册处（注册号：04297905），https://beta.companieshouse.gov.uk/company/04297905/filing-history？page＝5，访问于2016年3月1日。

右翼智库的回应（Denham and Garnett 1998）。有鉴于此，政策交流智库的建立与新工党执政时期的实用主义口号"什么有效就做什么"脱不开联系（Denham and Garnett 2006；Schlesinger 2009）。布莱尔和布朗政府的管理风格以目标为导向，是自上而下的，但与此相反，政策交流智库推行的是基于证据的政策解决方式，强调自由市场、自愿主义以及地方主义，要求将决策从中央政府带到地方社区（Jenkins 11/2004）。

随着现代派在保守党中占据主导地位，借助其与诸多党内高层的关系，政策交流智库与政治权力网络的联系也愈加紧密，并逐渐被视为英国最具影响力的智库。2005 年，在准备参加保守党领袖竞选的过程中，未来的首相大卫·卡梅伦在政策交流智库发表了一次演讲，这也体现了政策交流智库在政界耕耘之深。在这份演讲中，与政策交流智库寻求中右翼超越撒切尔主义的传统一致，卡梅伦表示："我们认为社会确实存在，但社会并不等于国家。"（《卫报》2005）

政策交流智库有时会被贴上"卡梅伦最青睐的智库"的标签（《金融时报》2008a），它曾聘请过众多未来的保守党政客和官僚。政策交流智库的首任主任尼克·博尔斯（Nick Boles，2002—2007 年在任）后来当选议员，第二任主任安东尼·布朗恩（Anthony Browne，2007—2008 年在任）此后担任伦敦市长的政策主任，第三任主任尼尔·奥布赖恩（Neil O'Brien，2008—2013 年在任）此后成了财政部和议员的特别顾问。许多政策交流智库的前任和现任成员也是媒体与政界交流中的杰出人物，其中包括《观察家报》前任副主编、现任政策交流智库主任的迪恩·戈德森（Dean Godson）[1]，以及政策交流智库的董事会历任主席：《泰晤士报》专栏作者、未来的内阁大臣迈克尔·戈夫（Michael Gove）[2]（2002—2005 年在任），《每日电讯报》前任主编查尔斯·摩尔（Charles Moore）[3]（2005—2011 年在任），《泰晤士报》前任执行理事丹

193

---

　　① 迪恩·戈德森于 2005 年加入政策交流智库，此前任《每日电讯报》首席撰稿人、《观察家报》副主编，以及《展望杂志》特约编辑。

　　② 迈克尔·戈夫于 2005 年当选议员，此后任教育、司法和环境大臣。

　　③ 查尔斯·摩尔是《每日电讯报》《星期日电讯报》及《观察家报》前任编辑。在离开政策交流智库后，摩尔撰写了玛格丽特·撒切尔的授权传记。

尼尔·芬克尔斯坦（Daniel Finkelstein）①（2011—2014 年在任），以及大西洋对岸的《大西洋月刊》资深编辑大卫·弗拉姆（David Frum）②。政策交流智库在政界的人脉还不止于此：未来的保守党议员杰西·诺曼（Jesse Norman）③、夏洛特·莱斯利（Charlotte Leslie）以及克里斯·斯基德莫尔（Chris Skidmore）都曾受聘于政策交流智库，其中诺曼曾任执行理事（2005—2006 年），莱斯利和斯基德莫尔曾任研究员。此后成为首相办公室政策主任的詹姆斯·奥肖内西（James O'Shaughnessy）④曾在政策交流智库担任副主任（2004—2007 年在任），此后这职务由娜塔莉·埃文斯男爵夫人（Baroness Natalie Evans）⑤担任（2008—2011 年在任）。此外，环境、食品和农村事务部（DEFRA）特别顾问艾米·费舍尔（Amy Fischer）和露丝·波特（Ruth Porter）曾分别在政策交流智库担任传媒主管（2008—2010 年在任）和"经济及社会政策"主管（2014 年在任）。

　　鉴于与保守党的上述密切联系，政策交流智库曾被认为是一扇"旋转门"，是"保守党最高层"的人才招募主阵地（Pautz 2012：8 - 9）、合适政策建议的孵化工厂。更重要的，政策交流智库还是中右翼决策精英新理念的熔炉（《金融时报》2008b）。因此，特别是在 2005 年后的历次大选中，政策交流智库成员参与了保守党平台的搭建。实事求是地说，保守党的话语体系从单纯关注自由市场，到要求推进"大社会"构想、优先地方社会和自治组织的转变，部分就是受到了政策交流智库的出版物的影响（Norman 12/2008）。与其意识形态角色相称，政策交流智库也曾发挥过保守党"政策垃圾桶"的作用（Stone 2007），在"机会窗口"出现时提供了一连串的提议以供实施，尤其是在迄今为止不受保守党财政关注的领域，例如教育、社区关系和环境等。

---

　　① 丹尼尔·芬克尔斯坦是社会市场基金会智库的前任主任，于 2013 年当选上议院议员。

　　② 大卫·弗拉姆曾为小布什撰写演讲稿，曾担任美国政策交流智库之友协会主席。

　　③ 第五章中已经提到，杰西·诺曼也是国经所董事会的成员之一。

　　④ 詹姆斯·奥肖内西参与策划了联合执政计划，曾"于 2007—2010 年担任保守党研究部主任，并协助编写了保守党大选宣言"，见 http://www.policyexchange.org.uk/people/alumni/item/james-o-shaughnessy? categor y_id＝45，访问于 2016 年 3 月 3 日。

　　⑤ 娜塔莉·埃文斯还曾担任"新学校网络"的运营主管，这是一个支持新的独立学校的慈善组织。

尽管在宾夕法尼亚大学的全球智库排行中位次并不特别靠前[1]，但政策交流智库的声誉使其拥有强大的政治影响力（Pautz 2012）。在"《展望杂志》智库奖项"评选中，政策交流智库于2004年获得"看点"奖，2005年因其出版的《无法承担的住房》（*Unaffordable housing*）（Evans and Hartwich 06/2005）获得最佳出版物奖，2006年则获得"年度智库"奖。政策交流智库的官方网站上也直白地宣称，"政策交流智库是英国的一流智库之一"[2]。

组织和资金结构

政策交流智库的办公地点位于伦敦的克鲁萨大厦（Eiutha House）。这是一栋庄严的建筑，内部还容纳了其他几个政策性组织，包括市民社会研究所（该机构的办公场地此前由社会凝聚力研究中心占用）、皮尔格林信托、洛卡利斯智库（Localis，一个与政策交流智库存在一些关联的地方政府智库）[3]。政策交流智库办公场所的街对面便是议会大厦，一楼还容纳了"理念空间"（Ideas Space）[4]，这是一个负责组织政策交流智库各种活动的子公司，也是大部分活动举办的具体场所。

政策交流智库在地理位置上紧邻议会大厦和其他中右翼机构，这也是其研究受到诸多关注的原因之一，尤其是在2010年保守党不出意料地赢得大选前的一段时间，政策交流智库的长聘雇员也由此显著增加，从2007年的22人发展到了2013年

195

---

[1] 2012—2015年，政策交流智库在这一排名中的各类别位次如下。全球智库（除美国）：95位，95位，95位，113位；全球智库（含美国）：116位，118位，n/a，n/a；西欧智库：70位，71位，75位，73位（McGann 2013—2016）。

[2] 见 http://policyexchange.org.uk/about-us，访问于2016年3月20日。

[3] 安东尼·布朗恩、尼尔·奥布赖恩和尼古拉斯·博尔斯都曾是洛卡利斯智库的成员（数据来自英国公司注册处，洛卡利斯研究有限公司，注册号：04287449），见 https://beta.companieshouse.gov.uk/company/04287449/filing-history，访问于2016年3月30日。

[4] 已更名为"政策交流活动"（见英国公司注册处，注册号：06005752），见 https://beta.companieshouse.gov.uk/company/06005752/filing-history，访问于2016年3月1日。

的 35 人。在这些雇员中，大约 20 人是研究人员，其余则负责管理、传媒、活动组织和募资等工作。尽管政策交流智库是一个相当大的智库，但它远不是英国最大的，其规模小于新基会和国经所。无论如何，政策交流智库发布的大部分政策报告集中在本书研究的时间段。2007—2013 年，政策交流智库一共发布了 251 份报告，其中许多由会员、访问学者和外部作者撰写。作为综合性智库，政策交流智库的工作横跨广阔的政策领域，包含主流领域如赤字削减（Holmes et al. 04/2010）、抽象领域如"公平"的含义（Lilico 02/2011），以及"专营市场"问题如囚犯电子监控等（Geoghegan 09/2012）。政策交流智库的研究主题按研究部门组织起来，本书研究时段内，这些部门包括"犯罪及司法""数字政府""经济和社会政策""金融政策""住房与规划""教育与艺术""环境与能源""政府与政治""健康与安全"等，2015 年还新设了"人口、外来移民与融合"部门。

在组织架构上，政策交流智库最显著的特征是其与保守党政客、捐助者和支持者千丝万缕的联系。作为一个慈善组织，政策交流智库尽管在理论上独立于政党，但与保守党现代派的密切关系已成为其品牌的一部分。虽然政策交流智库建立的时间段也出现了其他类似的中右翼智库，其中最著名的有市民社会研究所、改革智库以及社会正义中心（CSJ）等，但少有其他智库与保守党高层保持着如此密切的联系。政策交流智库的董事会人员构成足以体现该智库在英国主流政治界的地位。委员会包括数名保守党捐助者和右翼媒体成员，其中包括保守党支持者瑞秋·惠特斯通（Rachel Whetstone）[1]、卡米拉·卡文迪什（Camilla Cavendish）[2]、理查德·埃尔曼（Richard Ehrman）[3]、佩兴斯·惠特克罗夫特（Patience Wheatcroft）[4]，记者弗吉尼亚·弗雷泽

---

① 瑞秋·惠特斯通是谷歌前任传媒和公共政策主管，也曾任保守党领袖迈克尔·霍华德的政治秘书。与大卫·卡梅伦的演讲撰稿人、政策交流智库的访问研究员史蒂夫·希尔顿是夫妻。

② 卡米拉·卡文迪什领导了 2013 年英国国家医疗服务体系（NHS）的"卡文迪什问询"，此后成为首相办公室政策部门的主管。

③ 本书写作期间，理查德·埃尔曼是理想国智库的顾问主管。

④ 佩兴斯·惠特克罗夫特是保守党终身贵族、《华尔街日报》（欧洲版）的前任编辑。

(Virginia Fraser)①、爱丽丝·汤普森(Alice Thompson)②,捐助者和商人西奥多·阿格纽(Theodore Agnew)③、理查德·布莱恩斯(Richard Briance)④、西蒙·布洛克班克-福勒(Simon Brocklebank-Fowler)⑤、大卫·梅勒(David Meller)⑥、乔治·罗宾逊(George Robinson)⑦、罗伯特·罗森克兰茨(Robert Rosenkrantz)⑧、安德鲁·塞尔斯(Andrew Sells)⑨、蒂姆·斯蒂尔(Tim Steel)⑩和西蒙·沃尔夫森(Simon Wolfson)⑪。此外,政策交流智库与保守党的联系还体现在更具象征性的方面:2010年,政策交流智库举办了其首次年度讲座,以纪念保守党商人和慈善家伦纳德·斯坦伯格(Leonard Steinberg);2011年政策交流智库又开启了另一场讲座,以纪念已故的保守党贵族和欧洲议会议员克里斯托弗·金斯兰勋爵(Lord Christopher Kingsland)。

　　政策交流智库政界的联系人皆为达官显贵,2009年《每日电讯报》评选的英国前100名最具影响力的右翼人士中,有6人是政策交流智库的会员。这份榜单中,亚当所的会员甚至无人上榜。在国际上,自由市场智库网络斯德哥尔摩网络还没有解散时,政策交流智库是其中一部分。2010年,美国政策交流智库之友(AFPX)成立,由大卫·弗拉姆担任领袖(此人也是政策交流智库的董事会主席)。作为享受美国《国内税收法典》第501(c)(3)条免税待遇的机构,美国政策交流智库之友能够向政策交

197

---

　　① 弗吉尼亚·弗雷泽是《住宅与花园》杂志的撰稿人,曾任《星期日电讯报》和《观察家报》的编辑。

　　② 爱丽丝·汤普森是《泰晤士报》的副主编。

　　③ 西奥多·阿格纽是保守党捐助人,此后成为教育部非执行董事和学院负责人。见 https://www.gov.uk/govern ment/people/theodore-agnew#previous-roles,访问于2016年3月1日。

　　④ 理查德·布莱恩斯是PMB资本的合伙人。

　　⑤ 西蒙·布洛克班克-福勒是丘比特资讯公司的创始人。

　　⑥ 大卫·梅勒是梅勒集团主席、梅勒教育信托的创始人。

　　⑦ 乔治·罗宾逊是对冲基金斯隆罗宾逊的主管。

　　⑧ 罗伯特·罗森克兰茨是德尔福金融集团的首席执行官,同时也是耶鲁大学委员会、外交关系委员会和曼哈顿研究所委员会成员。

　　⑨ 安德鲁·塞尔斯是非政府公共组织"自然英格兰"的主席,见 https://www.gov.uk/government/people/andrew-sells,访问于2016年3月25日。

　　⑩ 蒂姆·斯蒂尔是私人股权公司"承诺资本"的主席。

　　⑪ 西蒙·沃尔夫森是服饰零售商"下一代"的首席执行官、保守党终身贵族。

流智库输送美国捐助者的捐赠。

由于政策交流智库在社会关系和空间上都非常靠近权力中心，因此在举办公共活动上该智库也处于一个优势地位。也正因此，发挥"聚会地点"的圈层服务功能也被认为是政策交流智库品牌的核心。除了发布政策报告以外，政策交流智库的活动有以下几种形式。由于其手中的"政治资本"和媒体关注度，其中关键的一种便是举办由政客发表的演讲。政策交流智库甚至会举办研究范围以外的演讲①。一个直观的例子是，前任内政大臣和前任移民大臣都曾就外来移民改革这一问题在"理念空间"发表过演讲（英国政府 2010a，2012a）。而 2015 年之前，政策交流智库在外来移民这一问题上着墨甚少。政策交流智库举办的其他活动还包括由杰出专家和学者，例如经济学家约翰·凯（John Kay）、社会资本理论家罗伯特·帕特南（Robert Putnam），以及行为经济学家理查德·泰勒（Richard Thaler）等参加的访谈、圆桌会议和辩论（被称为"政策搏击俱乐部"）。

在演讲嘉宾的来源这一方面，尽管政策交流智库与中右翼的联系最强，但各个政治派别、英国和海外的政客都会受邀来到"理念空间"发表演讲②。杰出的人物，诸如沃尔夫冈·朔伊布勒（Wolfgang Schäuble，德国内政部长）、大卫·彼得雷乌斯（David Petraeus，美国中央情报局前主任）、弗兰克·伦茨（Frank Luntz，共和党战略家）、何塞·玛丽亚·阿斯纳尔（José María Aznar，西班牙前首相）以及约翰·霍华德（John Howard，澳大利亚前总理）都曾在政策交流智库发表演讲。在英国的演讲者中，保守党政客最多，包括"前排议员"和"后排议员"、现代派和其他派别。但是，2010 年，政策交流智库也曾邀请过艾德·米利班德（Ed Miliband，当时正竞选工党领袖）。

---

① "我们被认为……是一个良好的讨论空间……所以如果一位大臣或影子大臣……计划宣布一项政策，我们几乎必然会全力帮助他们。"（政策交流智库访谈）

② 确实，许多政策交流智库的宣传是通过其总部举行的资深人士演讲的形式实现的，且政策交流智库经常在版权自由的演讲者照片上配上政策交流智库的标识，并以此作为背景图片，类似的图片在网络上随处可见，例如教育大臣迈克尔·戈夫和尼基·摩根的维基百科肖像。见 https://en. wikipedia. org/wiki/Michael-Gove 以及 https://en. wikipedia. org/wi ki/Nicky-Morgan，访问于 2016 年 3 月 20 日。

工党议员乔恩·克鲁达斯(Jon Cruddas)和黛安·阿伯特(Diane Abbott)也曾在"理念空间"发表演讲，此外还有自由民主党的文斯·凯博(Vince Cable)和克里斯·胡纳(Chris Huhne)等。除了这种广邀名人的手段外，政策交流智库也经常出席工党、自由民主党和保守党大会。考虑到潜在的受众群体，或许政策交流智库的活动大多由大型私人机构(德勤、谷歌、微软、普华永道、信佳等)或教育和慈善信托(剑桥大学考试部、艾斯米·费尔贝恩基金会、新学校网络、萨顿信托、教学优先组织等)资助或共同举办就不足为奇了。资助政策交流智库的活动之所以如此具有吸引力，一位受访者表示：

> 我认为资助者一般能收获两点。一是能与福利体系改革或其他一些事项产生联系，从而推广他们的品牌，……另一点是，他们可以……借此宣称，"这是我们举办的活动"，从而拿到非常靠前的座位。这样，这些机构或团体的会员就能与大臣或其他要人见面，做一些媒体宣传，张贴一些海报……实话说……我认为从另一个角度看，这都是值得的，因为对普华永道这些大公司而言，智库的规模非常小，资助智库的活动只是一笔微不足道的开支。
> (政策交流智库访谈)

2007—2013年，政策交流智库的财务状况良好。这得益于其与商界和保守党捐助者的密切关系，也得益于其能够影响政策的声誉。表6.1汇总了慈善事务处的数据，从这些数据来看，政策交流智库的年度增长令人印象深刻，其年度收入从2006年的100万英镑增长到了2013年的逾250万英镑，且储备资金充足。但是，根据两项智库透明度调查的标准("谁资助了你"调查以及"2016年透明化"调查)，政策交流智库的募资是保密的，缺乏集中的资助列表。尽管英国法律并不强制要求智库披露其资金来源，但希望被公开的捐助者们出现在了政策交流智库的报表中。

表 6.1　政策交流智库财务状况概览

政策交流智库经费（单位：英镑）	年份						
	2007	2008	2009	2010	2011	2012	2013
保密收入	1 280 803	1 101 274	1 779 996	1 115 452	1 223 923	2 377 972	1 616 473
非保密收入	506 022	1 557 693	915 830	961 368	947 517	846 190	903 442
总收入	1 786 825	2 658 967	2 695 826	2 076 820	2 171 440	3 224 162	2 519 915
非保密收入占比（%）	28.3	58.5	33.9	46.2	43.6	26.2	35.8
总开支	1 585 411	2 188 770	2 204 807	2 148 827	2 170 296	2 898 384	2 491 860
结余	201 414	470 173	491 019	−72 007	1 144	325 778	28 055

注：数据来自英国政府慈善委员会提供的财务报表（2008—2013 年，编号：1096330），见 http://apps. charitycommission. gov. uk/Showcharity/RegisterOfCharities/DocumentList. aspx? RegisteredCharityNumber=1096300&SubsidiaryNumber=0&DocType=AccountList，访问于 2016 年 3 月 20 日。

　　根据一位受访者所言，政策交流智库的资金"大约三分之一来自个人捐助者、三分之一来自信托和基金会、三分之一来自公司捐助"（政策交流智库访谈）[1]。来自私人的捐赠很难追踪，但曾有报道指出，政策交流智库收到过来自保守党捐助者所属的信托的捐赠，例如法律家族慈善信托[2]、彼得·克鲁达斯基金会等。后者在 2008 年向政策交流智库捐赠了 14 万英镑[3]，用于研究向弱势人群提供公共服务。2009 年和

---

　　① "因此资金结构大致是，公司捐助者……像一个商业论坛那样提供一笔年费。所以如果你愿意，他们能承担很大一笔运营成本。此外还有一些任何人都可以资助的活动，大部分是由公司资助，慈善机构有时也会出钱。我们还资助个人研究项目。有时这些资金来自约瑟夫·朗特里等基金会，也有很多非常富有的捐助者欣赏我们的研究工作，他们也会慷慨解囊。"（政策交流智库访谈）

　　② 见 http://www. lawfamilycharitablefoundation. org，访问于 2016 年 3 月 30 日。

　　③ 见 http://www. petercruddasfoundation. org. uk/docs/Annual-Reportand-Financial-Statements-year-ended-31-3-08. pdf，访问于 2016 年 2 月 21 日。

2010 年，彼得·克鲁达斯基金会分别捐款 30 万英镑①和 12 万英镑②，用于贫困儿童、破裂家庭和供给侧改革方面的研究。其他资助政策交流智库的慈善基金会还包括：巴罗-凯德伯里信托，曾资助有关老员工的研究（Tinsley 06/2012）；哈德利信托，曾资助有关刑事司法改革的研究；英国老人慈善组织，曾资助关爱老人相关的研究（Featherstone and Whitham 07/2010）；还有教育信托基金，如萨顿信托、边缘基金会等（Davies and Lim 03/2008）。在公司捐助方面，许多资金是通过政策交流智库商业论坛筹集的，吸引的公司包括信实公司、英国天空广播公司、泰丰资本、南非米勒以及保柏集团等。此外，政策交流智库还收到过来自英国风险投资协会（BVCA）、电脑及通讯工业协会（CCIA）和伦敦金融城公司等贸易协会的资助。与本书其他案例相比，政策交流智库没有得到过来自学术研究委员会的资助。

　　总体而言，政策交流智库的收入增长和广泛的资助者都保证了其优良的财务状况，也使其在所进行的研究类别上拥有一些余地。财务优势使政策交流智库保持着一种敏感性，而大多数智库则由于对委托经费的依赖而缺乏这种特性（例如新基会和国经所）。此外，由于经费充足，政策交流智库也可以从事长期的内部实证研究，而这是亚当所所缺乏的③。一位受访者宣称："如果主任认为我确实应该研究这一领域，那么我就会听从指示，尽管必须有一部分经费花在核心领域上。"（政策交流智库访谈）政策交流智库在 2009—2010 年的年度账目中就有一个很好的例子。账目表明，有 7 万英镑的"指定储备资金转账"给了经济研究部门，另有 5 万英镑转账到了教育部门，数额的高低或许也体现了研究和政策优先性的变化。综上，由于保守党在野17 年后必将重新执政，因此与保守党的紧密关系使得政策交流智库在为新政府规划

201

――――――――――

　　①　见 http://www. petercruddasfoundation. org. uk/docs/Annual-Reportand-Financial-Statements-year-ended-31-3-09. pdf，访问于 2016 年 2 月 21 日。

　　②　见 http://www. petercruddasfoundation. org. uk/docs/Annual-Reportand-Financial-Statements-year-ended-31-3-10. pdf，访问于 2016 年 2 月 21 日。

　　③　"部分特定的项目确实出现过资金问题，但我们从未……真正有过严重的资金短缺。所以我们的独立性很强。"（政策交流智库访谈）

道路方面占尽优势。但这种与政界精英的紧密关系也会导致一些问题。"大社会"构想和紧缩政策之间的相互作用将很好地体现这些问题。

风格与修辞

本节应该从政策交流智库的宗旨讲起："政策交流智库是一个独立、非党派性的教育性慈善机构，旨在从自由市场和地方主义等方面为公共政策问题寻求解决途径。……研究的权威性和可信度是我们最大的财富。"[①]与其他智库相似，政策交流智库在自我定位中也提到了它的规范性导向（即自由市场和地方主义），以及对严谨研究的坚持。为了推进实证证据方面的价值，政策交流智库的目标是提供新颖、合理且在政治上可行的政策提议。据其前任副主任詹姆斯·奥肖内西[②]所说，与其他许多倡导过于理论化或不切实际的观点的英国智库不同，政策交流智库为自己设定的目标是提供"现成的"政策建议，内阁大臣们能便利地将这些建议直接作为施政蓝图使用。

但是，这些特征并不足以体现政策交流智库的特殊之处。许多智库也都标榜自己严格遵循实证证据，并在一些价值原则的指导下依循切合实际的政策建议导向。政策交流智库真正的特殊之处在于，该智库发源于大选失败和意识形态更新背景下的保守党现代派当中，也正因此，2005 年之后，政策交流智库与保守党领导层保持着紧密关系。政策交流智库本身便是"布莱尔主义"盛行的年代，英国右翼努力寻求重整旗鼓的产物。当时，用一位评论家的话说，"保守党内部最明显的分化，体现在社会、性别和道德政策等方面"（Hayton 2012：117）。换言之，尽管大多数保守党党员在自由市场问题上达成了共识，但现代派更侧重于社会正义和包容性。至少在原则

---

① 见 http://policyexchange. org. uk/about-us，访问于 2016 年 3 月 20 日。
② 见 https://www. youtube. com/watch? v＝RAASzMcKZ-w，视频第 11 分 50 秒，访问于 2016 年 3 月 7 日。

上，他们也愿意与更靠右的政客和智库拉开距离，后者对福利等问题的态度更加死板。因此，政策交流智库的主要关注点并非财政政策，而是教育、治安、住房和安全等"较软"的领域。

可以说，政策交流智库创立背后的保守党现代派是新工党的镜像。与意识形态色彩更重的"旧"工党相比，新工党推动了自身向一个以"什么有效就做什么"和"基于证据的决策"等理念为中心的政治平台的发展①。但是，政策交流智库在其他一些方面却对新工党持批评态度。例如，政策交流智库认为新工党过于自上而下、管理过多、目标导向性太强，这些都妨碍了充分开发利用个人和地方社区的潜能。与此相反，在面对政策问题时，政策交流智库提出的建议更切合实际、更立足于地方。这些建议集中于地方主义、社会正义、自治和地方团体。与保守党的革新一致，大多数政策交流智库的研究并不在传统的狭义经济和财政范畴内，而是集中于大多数保守党忽视的领域。用一个受访者的话说，政策交流智库"一开始存在的理由就是提供一些与税收、欧洲事务和赤字等议题不相关的保守派理念"（政策交流智库访谈）。

尽管政策交流智库将自身定义为支持自由市场的智库，但一般而言，如一位政策交流智库前任雇员所说，与那些"自由市场的禁卫军"（例如政策研究中心、亚当所和经济所等）相比，政策交流智库的公共干预所带有的自由市场色彩远没有如此鲜明。政策交流智库的根本目标是为保守党提供 20 世纪 80 年代的货币主义以外的中间派理念。这就意味着它需要强调实际政策问题，同时对任何特定时刻的政治重心的所在位置保持高度敏感，而不是始终秉持同一种观念和立场，并寻求以同一种方式解决任何问题。这种现实主义导向有时也使政策交流智库与更坚定的右翼派别拉开了距离。在这方面，对行为经济学的应用和有关环境政策的研究是两个例子。在行为经济学方面，政策交流智库在多个政策领域中都采纳了行为经济学的"助推理论"的成

203

---

① 见政策交流智库前任主任尼尔·奥布赖恩在工党大会的附加活动"重探布莱尔主义"，见 https://www.youtube.com/watch? v=xVVAX-RPEvY，访问于 2016 年 3 月 7 日。

果（Sunstein and Thaler 2008）。这一理论倡导在不妨碍个人权利的同时，通过由行为经济学指导的计划来推动产生社会效率更高的成果。尽管"助推理论"也带有内在的"家长主义"，但这些理念仍然引起了传统自由市场倡导者的担忧（Conservative-Home 2010）。而在环境政策研究领域，"助推理论"已经得到了广泛的应用（Newey 07/2011，01/2013）。在这方面，与其他右翼不同，政策交流智库并不讨论人类行为是否造成了气候变化，而是旨在策划因地制宜的、市场导向的解决途径（Helm 12/2008；Drayson 11/2013）。

自创立以来，政策交流智库也一直在寻求重新定义保守主义。这在一定程度上也是为了扩大保守党的选举吸引力，即参与所谓的"边界工作"。例如，与保守党的一些派别相反，政策交流智库曾倡导同性婚姻，认为这一举措在根本上是保守主义的，将强化而不是削弱家庭和婚姻机制（Flint and Skelton 2012）。政策交流智库的这一倡议也与保守党的政策议程取得了一致。2013 年，保守党批准了英格兰和威尔士的同性婚姻立法。总而言之，政策交流智库希望为自身和保守党打造实际、灵活和包容的形象。政策交流智库的创立者弗朗西斯·莫德甚至曾经宣称，与他们主要的政敌不同，保守党并不是由"教条"所驱动的，而是与时俱进的。他表示：

204

> 与英国社会一样，保守党的韧性也使其能够适应新时代，并吸取时代精神。这不是因为我们缺少信念，而是因为与工党不同，保守党并不是一个"教条"的党。（Maude 03/2012）

政策交流智库还出版了一系列书籍和宣传册来陈述保守党的现代化改革哲学。这些出版物中包括《金融时报》专栏作家贾楠·加内什和议员杰西·诺曼合著的有关"温情保守主义"和"大社会"构想的著作（Norman 12/2008，2010）。此书意在将政策交流智库在不同政策领域的理念通过一部论著串联起来。诺曼和加内什在书中指出，20 世纪的政治是由大政府和大市场各自的支持者之间的矛盾冲突所定义的。在这一过程中，很大一部分有关人性关怀和公民社会的领域经常遭到忽视。未来，保守主义的宗旨将是通过支持地方社区、慈善组织和独立协会的方式促进健全的公民社会的发展，而不是重演以往有关政府和私人权利范畴的争论。这种对社会凝聚力的追寻甚至在打着"保密"符号的报告中也出现过，政策交流智库曾在这些报告中要求"停止强调差异"，以避免在英国的某些群体中出现极端化现象（Mirza et al. 01/2007）。总之，政策交流智库的理念帮助保守党搭建了2010年大选平台的背景，其中至少在2008年之前，占据中心地位的便是推广"大社会"构想。这一宏大的构想及其修复"破碎的英国"的关注点，都属于卡梅伦的"媒介理念"（McLennan 2004），类似于布莱尔提出"第三条道路"构想。

除此之外，政策交流智库的公共干预中还有两种常用说法值得一提。第一种是许多政策报告包含的同一份通告（例如 Evans and Hartwich 01/2007：2）中提到的一项主张："政府可以从商界和志愿团体那里学到很多东西。"与保守党现代派加强地方机构的目标相关，政策交流智库要求建立更精简的中央政府和更加强大的社会第三方力量，例如通过鼓励慈善加强第三方力量（Davies and Mitchell 11/2008）。第二种常用说法也经常出现在前文提到的通告中："我们相信，其他国家的政策经验对英国政府有重要的借鉴意义。"与他们提供可行政策的导向一致，政策交流智库经常引进他们认为成功的外国政策理念。政策交流智库曾借用国外和历史经验的领域包括反恐（Reid 03/2005）、财政整顿（Holmes et al. 11/2009）以及教育（Davies and Lim 03/2008）。

政策交流智库公共干预的另一个显著特征与它的政策关注点有关。或许是由于能够接触到政界的高层人士，且对保守党内部的争论非常敏锐，因此与大部分智库相比，可以说政策交流智库确定其研究日程时更加关注研究能产生的影响力。由于该智库并不主要依赖委托研究提供的资金，因此其研究日程得以聚焦于可能取得最大影响力的领域。也就是说，政策交流智库的目标是提供及时的、政治上可行的、政府有能力和意愿实施的政策建议。用金顿（Kingdon 2003）的话说，政策交流智库特别注意政策的"机会窗口"。在这一点上，一位受访者的话值得详细引用：

> 对于智库而言，很重要的一点便是紧跟时事……如果你写的东西没人读，那到头来它就只是一张纸而已。所以如果不能紧贴政治论述，如果政党并没有严肃考虑改变某些东西，或政党早已定好了下一步的计划，那么研究这些也就没有什么意义了。所以，比如说……我们曾经有过一个研究国家医疗服务体系改革的健康部门……但我们最后放弃了那个项目……为什么？因为政府放弃了许多相关的改革，并且已经表明他们无意做出大的改动，所以继续类似的研究已经没有太大的意义。（政策交流智库访谈）

因此，由于政策交流智库的宗旨是从实际层面影响政策，其主要受众就是决策精英，而非更广阔的公众辩论或任何次级群体。尽管与媒体的互动很重要，但在政策交流智库的受访者看来这是次要的。排在首位的是通过接触公务员和政客来改变政策。用受访者的话说：

> （……）上电视或在报纸上发表署名文章当然很有帮助，对现行政策做出改变也不光只需要拜访内阁大臣并努力改变他们的想法。公共话语也需要改变……但我们在做的……是努力改变政府或可能执政的政党的政策……为了实现这一点……要说服的群体是完全不一样的。我们其实并不是在与大众对话，而是在和很小一撮人对话，包括高级公务员、特别顾问，以及内阁大臣等。这就要求使用一种完全不同的腔调。（政策交流智库访谈）

此外，尽管政策交流智库确实发表过一些媒体评论，且其会员在报纸和广播中的出现也经常帮助政策交流智库的报告获得更多受众，受访者仍然认为媒体出镜率会带来风险。对一个希望将自身定义为温和的中右翼智库的政策交流智库而言，媒体常用的问题框架会设置一条区分对抗双方的界线，这经常迫使政策交流智库必须确定一种非黑即白的立场。政策交流智库有时并不喜欢这样。一位受访者表示（所引的例子经过修改）：

> （媒体机构）在讨论某一主题的时候想要的并不是专业人士，而是持有某种特殊观点的人……而且如果媒体不喜欢它们听到的东西，媒体就不会采用这些东西……所以如果你不同意媒体的观点，那么有时候你就必须抵挡住媒体的诱导，而不是说出它们想让你说的东西。……那样对我本人可能有好处，但对政策交流智库或我的个人名誉并没有好处。但这样的情况并不少见。这是需要权衡的。（媒体）想要的是争论，是某些人占据一方，另一些人占据另一方。如果一个人完全站在一方或另一方，那他受到媒体邀请的可能性就很大。我本人就曾……被告知，"你实在是太平衡了"。（政策交流智库访谈）

有求必应的政策商店

在阐述"滞后"假说时，我曾谨慎地指出，与即将执政的政党关系紧密的智库很有可能提供建立清晰施政路线的政策建议。但是，在政策交流智库的例子中，由于保守党官方对于金融危机做出的政策反应是进行财政整顿，因此这或许在政策交流智库所倡导的"温情保守主义"和财政纪律的必要性之间造成了矛盾。由于危机的到来，后者变得更加具有说服力。

当然，这一矛盾的前提是政策交流智库仍然紧跟卡梅伦的领导。但它的报告中已经体现出了一些争议，并开始威胁这种紧跟保守党领袖的立场。报告《无限城市》（*Cities unlimited*）（Leunig and Swaffield 08/2008）则宣称，英格兰北部部分地区的衰落或许难以逆转，因此政府的政策激励应该集中于南方地区。由于卡梅伦与政策交

207

流智库的紧密关系,以及这一观点将对选举造成的不利影响,卡梅伦明确地拉开了他本人与报告结论的距离(《卫报》2008a)。

尽管时有类似的小插曲,但到 2008 年,经过几年持续的发展后,政策交流智库开始受到英国政坛中的竞争者和观察家们的关注(《金融时报》2008b)。当时,他们被认为是保守党前沿思想的实验室,是所谓的"候选政府",与 20 世纪 90 年代工党阵营中的公共政策研究所的地位类似,政策交流智库也经常被拿来与公共政策研究所做比较(《卫报》2008b)。政策交流智库位居权力网络的中心,且对阐发中右翼新理念(尤其是在教育和福利等领域,见《金融时报》2009)做出过许多贡献,这些都证明了未来的保守党政府的规划。

但是,保守党现代派的得势与 2008 年经济危机几乎同时发生。骤然发生的经济萎缩、银行国有化、信贷紧缩、税收跳水、失业率飙升和福利开支猛增给金融、财政和货币政策设下了巨大的挑战,几乎没有政策主体能够应对这些挑战,遑论智库。此外,更关注经济的第二波浪潮中的智库与卡梅伦保守党之间的关系也略有疏远①。尽管政策交流智库内部设立了"经济和社会政策"部门,但这一部门更偏向于教育、治安和福利等领域(Wade 2013：167)。

在 2009 年以前,政策交流智库的经济研究大部分局限于外部政策问题,而非宏观经济②。由其经济研究部门提供的建议包括改革以工代赈制度(Bogdanor 03/2004)、替换伦敦巴士(Godson 10/2005),以及重组国家养老金(Hillman 03/2008)等。只有两份报告属于例外,第一份报告评估了 2007 年前的数年中,英国经济的增长是否只是由债务增长和房地产繁荣所维系的"海市蜃楼"(Hartwich et al. 11/

---

① 当时中间偏右的评论家注意到了大卫·卡梅伦与经济所和政策研究中心等新右翼智库之间的距离(《每日电讯报》2009)。

② 这不包括政策交流智库所举办的活动,因为这些活动涵盖的主题比政策交流智库的报告要广得多。2008 年 9 月 30 日,政策交流智库邀请了"信贷紧缩后的英国"小组,成员包括时任影子内阁财政大臣的菲利普·哈蒙德议员、商人金·怀泽、《每日快报》(商业版)编辑特雷西·博尔斯。见 http://www. policyexchange. org. uk/events/pastevents/item/britain-after-the-credit-crunch? category-id = 37,访问于 2016 年 3 月 10 日。

2007)，第二份报告则提出应该简化税收系统(Kay et al. 11/2008)。

这样的研究日程也符合政策交流智库的品牌形象。现代派希望革新保守党思想，就必须发展财政纪律以外的经济政策理念。无论如何，其他右翼智库(亚当所、经济所等)在宣扬自由市场和小政府这一方面已经耕耘了数十年，即便它们与保守党的联系"萎缩"了(Wade 2013：167)。但是，面对1929年以来最大的金融危机，任何政府的首要任务都变成了重新使国民经济回到可控状态(Pirie 2012)。在这样的情况下，对金融和经济问题的相对忽视"不再可行"(政策交流智库访谈)①。

由于上述原因，危机对政策交流智库的研究关注点造成了深远影响，这也体现在了其年度账目中(见表6.2)。2008—2009年，投入到经济研究中的经费几乎翻了两番(从169 602英镑增长到了649 240英镑)，而投入到医保、管理和社会政策研究中的经费则减半了②。与它的经济研究相关，在本书研究时段的末尾，政策交流智库还设置了"沃尔夫森经济学奖"(详见下文)，这一奖项提供了一笔高额的独立捐赠。正如这些数字所体现的，经济越来越成为政策交流智库的研究中心，尽管整个智库本身也处于快速发展过程中。2007—2008年，在"经济和社会政策"这一类别里，政策交流智库共产出了12份报告，而同时期整个机构一共产出报告45份，其中少有涉及财政和金融问题的。但2009—2010年，政策交流智库产出的94份报告中，有多达32份聚焦于公共赤字和经济动荡。

210

---

① "(政策交流智库)已经确定了其发展路线，即成为一个不讨论税收、财政政策或欧洲问题的中右翼保守主义智库……市场中存在……一个探讨其他问题的中右翼智库的容身之所。所以政策交流智库在成立初期……关注的是住房政策、社会政策、环境政策等问题。2007—2008年，金融危机的到来使得这样的模式不再可行。"(政策交流智库访谈)

② "(政策交流智库在经济研究上的增长)几乎必然是因为经济危机。(危机之前)我们并不认为有必要建立一个有关经济、税收或开支等事务的部门，因为已经有别的智库在从事这方面的研究。但一旦经济危机触及了这些，……我们就必须做出反应……所以(政策交流智库的经济政策部门)人数从1个增加到了4—5个。"(政策交流智库访谈)

表 6.2 政策交流智库各部门研究收入

研究收入 （单位：英镑）	年份						
	2007	2008	2009	2010	2011	2012	2013
经济	127 181	169 602	649 240	135 104	319 975	444 108	382 865
安全	158 180	442 039	335 786	353 710	379 458	538 726	231 235
教育	66 100	125 650	179 485	119 400	117 784	101 725	216 850
犯罪与司法	27 500	159 850	155 206	116 500	141 825	197 600	188 029
政府管理	8 250	15 000	20 000	8 000			
健康	7 800	79 998	3 430	132 328	7 500		
社会政策	111 011	139 255	35 000	2 000		10 000	7 781
环境		206 600	229 800	152 784	189 651	175856	153 133
数字政府					3 000	174 000	173 580
沃尔夫森 经济学奖						586 957	10 000

注：数据来源见表 6.1

政策交流智库直接聚焦于经济危机的首次公共干预是一份题为《挥霍是否能起作用？》（*Will the splurge work？*）（McKenzie Smith et al. 11/2008）的报告。这份报告评估了工党的税收计划是否能够抵消一项最近宣布的 200 亿英镑的公共债务增长。在报告中，政策交流智库支持削减赤字而不是放松财政，并指出如果推行经济刺激政策，那么减税应该优先于增加公共开支。此后的 2009 年 4 月，政策交流智库发布了《到底发生了什么》（*What really happened？*）（Saltiel and Thomas 02/2009）[1]，希望确定金融崩溃的原因。政策交流智库的观点是，危机是由全球失衡、低利率和美国次贷市场的扩张共同造成的。在英国，危机则起源于银行业的三方共管特征、政府减少开支不力以及英格兰银行的通胀目标。这些报告很好地展现了政策交流智库对于危机

---

[1] 迈尔斯·萨尔蒂尔恰好也为亚当所撰稿。

的宏观认识，此后政策交流智库又很快出版了一系列更加雄心勃勃、更加专精的报告。

政策交流智库的首席经济学家奥利弗·哈特维奇（Oliver Hartwich）①于 2008 年 10 月离开政策交流智库，这也使他们需要一位新的人选。由此，安德鲁·里利可（Andrew Lilico）于 2009 年 3 月加入了政策交流智库（ConservativeHome 2009）。里利可时任欧洲经济主任，是经济所、《星期日泰晤士报》和影子内阁货币政策委员会的会员，还曾在财政研究所和英国董事学会任职。他也曾撰写过政策研究中心的一篇报道，并在其中宣称事实上的银行国有化标志着"私有资本主义"的终结（Lilico 2009）。即使他的部分观点与政策交流智库此前支持的理念不同（特别是他在 2008 年反对政府救助银行②），但在他的管理下，"经济和社会政策"部门还是大力支持财政整顿。尽管一开始在高级管理层中存在一些疑虑，认为里利可提议的削减规模过大，可能会损害政策交流智库的温和派声誉。一位受访者表示：

　　当时政策交流智库的高层……主任等人……都对此表示怀疑，因此（研究人员）不得不说服他们这样的削减规模并没有大到足以……损害政策交流智库的可信度。他们对此很焦虑。（政策交流智库访谈）

2009 年 6 月，政策交流智库发布了特别关注财政政策的第一批报告，其中一份为《控制公共开支》（*Controlling public spending*）（Atashzai 06/2009）。这份报告由里利可、亚当·阿塔什扎伊（Adam Atashzai，此后成为首相特别顾问）和当时的政策

---

①　奥利弗·哈特维奇是朝圣山学社的成员之一，曾受聘于澳大利亚和新西兰多家偏右的智库。根据其自述，效仿英格兰银行货币政策委员会（此后成了预算责任办公室）的独立预测人的理念，是在政策交流智库的雇员与当时的影子财政大臣乔治·奥斯本的会谈中逐渐形成的（《商业观察家》2010）。

②　尽管萨尔蒂尔和托马斯（02/2009：10）曾宣称救助银行"对经济和社会继续运转非常必要"，里利可（2009：46）在一份政策研究中心的报告中仔细考察了这一问题："如果政府没有干预，那么危机将严重到什么程度？是否有可能比以下情况更加严重，即衰退率提高 5%—6%、过程中花费数千亿英镑、摧毁私有资本主义、迫使政府救助其他类型的公司，并推行财产税？救助银行真的好过用这些钱来减税或提供其他的帮助吗？"

交流智库主任尼尔·奥布赖恩执笔。报告指出，必须果断停止计划中急速增长的公共开支的 GDP 占比（到 2010 年可能将到达 50%），理由如下：其一，政府赤字扩大将降低增长预期；其二，提前防范政府开支扩张比事后进行削减要来得容易；其三，调查显示，大部分民众反对政府规模显著扩大。此外，政策交流智库估测，在 2009 年 1 190 亿英镑的预期公共债务增长中，56% 将由消费而不是资本投资导致（只占 6%），或直接由危机导致（占 38%）。

此后政策交流智库又发布了一份更加宏大的报告，为金融整顿评估了国际和历史证据（Holmes et al. 11/2009）。这份报告此后曾被著名经济学家卡门·莱因哈特引用（Reinhart and Sbrancia 2011）。在报告中，政策交流智库指出，通过实行更宽松的货币政策，并以此"抵消财政紧缩政策可能带来的短期收缩影响"，财政整顿能推动经济增长（Holmes et al. 11/2009:26）。这种论述涉及三个反凯恩斯主义的经济机制：一是通过财政整顿而非增税所达成的公共债务削减将推动经济增长，因为这会刺激需求；二是公共开支削减与税收负担下降相关，也会刺激需求；三是财政整顿"如果被认为是永久且成功的"，将很有可能提升政府债务信誉并降低其利率（Holmes et al. 11/2009:25 - 26）。有趣的是在这份报告中，政策交流智库也想要含蓄地划定经济学论争的界限（这将把国经所等机构剔除在外）：

> 尽管在一些臭名昭著的案例中，一些非经济学家普遍认为财政紧缩政策会导致进一步的衰退，但这些案例也比一般认为的更加复杂。（Holmes et al. 11/2009：105）

值得牢记的是，到 2009 年底，工党和保守党之间的矛盾并不在于是否应该削减公共开支，而是在于削减的时机和规模。对有关金融危机的媒体报道的学术研究表明，这在一定程度上或许是由于到 2009 年下半年，在媒体报道中，紧缩政策势在必行的观点已经无所不在（Pirie 2012；Berry 2016）。尽管工党认为应该等到经济恢复明显增长时再进行财政整顿，但保守党认为，一旦危机结束就应该进行严肃的财政整顿。在这样的背景下，政策交流智库进一步支持了大规模的开支削减计划，并宣称历史证据表明，"长痛不如短痛，如果采取果断措施，结果会更好，经济复苏也将更加有力"（政策交流智库访谈）。

在此后的报告中，政策交流智库继续强调公共开支削减不会损害经济复苏，甚至能够刺激增长（Holmes et al. 04/2010）。这一论断建立在一份文献综述的基础上，综述谈到了连续财政整顿中有关非凯恩斯效应的经验，其中阿莱西纳和阿德格纳（Alesina and Ardagna 2009）的成果非常突出。政策交流智库提供的政策建议的其他方面是，为了推动未来的经济增长，赤字削减计划必须首先削减开支而非增税，两者的比例应该在 80:20 左右。政策交流智库的研究者在如何以一种财政上中立、有利于增长的方式来推进英国税收结构改革这一问题上的研究也补充了上述理念（Lilico and Sameen 03/2010）。

但总体而言，很难准确地评估这类报告对此后的保守党领导政府所实施的紧缩政策的影响，因为提供并支持这一主张的并非只有政策交流智库一家，而是一个由政客、记者、压力集团和其他智库等共同构成的专业网络，政策交流智库只是其中的一部分。此外，相关性并不一定意味着因果关系。可以想见，一个中右翼的政府完全可以独立地制定类似的政策计划。即使决策者毫无保留地听从一家智库的建议，变幻莫测的政治和公共管理也会阻止那些不合格的政策投入实施。然而，尽管政策交流智库的建议并没有得到最细致的关注，但它的公共干预还是为制造一种适宜的政治气候做出了贡献，在这一政治环境中，严厉的财政整顿被认为是合理甚至必不可少的。有趣的是，在推进其经济研究工作的同时，政策交流智库也通过调查和小组讨论等方式研究了公众对政府的开支削减计划的看法（O'Brien 11/2009）。在联合政府执政期间，政策交流智库一直关注着选民对紧缩政策的看法，并将其写入了有关公众对公平、贫困和福利改革等问题的看法的报告中（O'Brien 04/2011）。

更广泛地，在准备 2010 年大选期间，政策交流智库还发布了《政府的更新》（*The*

renewal of government）（Clark and O'Brien 03/2010），由政策交流智库主任和《泰晤士报》的一位重要专栏作者共同执笔。在这份报告中，政策交流智库给出了宏大的设想：考虑到"需要更换中心目标，并调整正确的结构和刺激"（Clark and O'Brien 03/2010：12），在大选结束后，国家的各个部门都应该进行全面改革（包括能源、交通和教育等），并缩减政府部门的规模。但报告的标题也隐晦地表明，这份报告是在与保守党拉开一定距离的情况下完成的，因为：

> （……）在大选之前，几乎所有智库都是慈善机构。所以受限于慈善委员会的要求……他们必须在政治上中立，做到无党派性……所以尽管我们是中右翼的……但我们不会说"我们是保守党的、是一个保守党智库"或类似的话。因此在大选之前……大约有 3 个月我们无法公开发声，或只能在很有限的程度上表达观点。大选之后，我们回应了奥斯本的紧急预算方案。（政策交流智库访谈）

2010 年大选及保守党领导的联合政府组建后不久，政策交流智库就开始针对开支削减的重点进行更加细致的研究，尤其是在 2010 年 10 月份紧急预算案发布后（Holmes and Lilico 06/2010）。政策交流智库提议非专项资金部门（即除了卫生部和国际发展部以外的所有部门）削减平均 25％的自主性公共开支。通过探索开支削减的可能性，"经济和社会政策"部门也与政策交流智库的其他部门产生了联系，例如教育、治安、公务员和政客等部门。换言之，从赤字削减需求的总体来看，一旦保守党掌权，政策交流智库就能开始评估应该在哪些方面进行削减①。其中一个最重要的领

---

① "我们从大致的……控制开支和政府赤字……转向了更加具体的（方面）。实际上后面……我们开始考虑，'既然已经考察了各部门的开支，也已经有了安排……那么接下来要做什么'。答案是公共部门的薪水和福利改革。显然我们还没有在这个庞大的领域投入太多精力。到 2012 年和 2013 年，这一方面更重要了。"（政策交流智库访谈）

域就是公务员改革，正如一位受访者所说的，"政府最大的一项就是人事。公共部门一共雇佣了 600 万人。（我们）想要的是效率，以及能够以更小的代价削减开支的方法"（政策交流智库访谈）。

同时，随着联合政府的开支计划开始遭到反对（例如来自国经所和新基会的异议），政策交流智库也开始寻求维护这一紧缩计划，保证其顺利实施。政策交流智库在这方面提供的支持是媒体干预。时任政策交流智库主任的尼尔·奥布赖恩就曾经公开质疑财政研究所的观点（《卫报》2010），后者认为开支削减将导致儿童贫困率上升。奥布赖恩还曾指出，整个 21 世纪的前 10 年，工党与其应负的财政责任渐行渐远，并以此维护紧缩政策（《每日电讯报》2011）。与此类似，里利可也曾撰文指出，必须坚持紧缩计划，唯一可以替换紧缩计划的只有更加严厉的开支削减（ConservativeHome 2011）。里利可的主张建立在以下观点上：

> 在一波双底衰退中，市场将更加需要紧急措施，一旦有任何风吹草动，表明联合政府正在丧失将目前的紧缩政策贯彻到底的政治决心，结果都将是灾难性的。（Lilico 08/2010）

从这一意义上而言，在经济事务上，政策交流智库的立场正在向右翼倾斜，这一趋势甚至在财政整顿以外的领域也清晰可见[1]。例如，在《当心假先知》（*Beware false prophets*）（Saunders 08/2010）中，政策交流智库的一位外部作者大范围批评了《精神层次》（*The Spirit Level*）（Pickett and Wilkinson 2010）中的统计论证，而许多反对紧缩政策、支持降低不平等的论调都使用了此书的观点。2010 年后，政策交流智库的公共干预开始聚焦于福利改革，以此补充通过削减各部门自主开支所达成的公

---

① 但不应夸大政策交流智库内部的一致性，因为已经出现了一些政策交流智库与前任成员的公开分歧。2012 年，时任政策交流智库住房研究部门负责人的亚里克斯·摩顿就与安德鲁·里利可产生了公开分歧，后者主张英格兰南部不存在住房短缺（Morton 12/2012）。

215

共开支削减。安德鲁·里利可于 2011 年离开政策交流智库并由前任财政部经济顾问马修·奥克利(Matthew Oakley)继任。作为"经济和社会政策"部门负责人，奥克利将部门的研究集中到了如何削减福利开支这一点上。

奥克利上任之初的两个建议是：第一，有能力工作的失业津贴领受者应该花更多时间寻找工作(Oakley 05/2011)；第二，针对求职者的津贴建立一个积分体系(Doctor and Oakley 11/2011)。在同一问题上，政策交流智库此前曾认为，应该按帮助失业人员寻找可持续性全职工作的成功率来评估就业中心的工作，且"对于申请领取通用福利的兼职雇员，特别就业中心可以要求他们提供证据，表明他们正在寻找工作时长更长、薪酬更高的工作"(Oakley 11/2012：15)。与此协同，政策交流智库还调查了公众对于工作福利制和社会保险的态度(Holmes 09/2013)。他们发现，大部分民众开始反对向长期失业人员发放福利。这使人想起了此前政策交流智库的一项调查财政改革的研究。那项研究有效地将政策建议与选民赞同联系到了一起，因此也证明了政策的吸引力。

同时，政策交流智库开始涉足金融产业的问题，相关的第一份出版物涉及一份调查，内容是金融城从业人员和高级经理对伦敦的监管体制的看法(Sumpster 12/2010)。此后，银行家詹姆斯·巴蒂(James Barty，此人也是一位拥有数十年金融行业从业经验的顾问)加入了政策交流智库，担任金融政策高级顾问。他撰写了数份有关金融改革的报告，其中第一份探讨的是希腊债务危机背景下，2002 年阿根廷主权债务违约提供的经验教训(Barty 03/2012)。此后他针对改革英格兰银行的必要性(Barty 12/2012)、高管薪酬(Barty 07/2012)、资本要求(Barty 03/2013)和中小企业的财政拨款(Barty 11/2013)进行了多次公共干预。总而言之，在 2008 年之前，政策交流智库在财政、金融和货币政策上的工作相对较少，但此后在经济事务领域变得越来越活跃。到 2012 年，政策交流智库甚至收到了超过 100 万英镑的经济事务研究费用。同年，"沃尔夫森经济学奖基金"设立，该基金由保守党捐助者、终身贵族和政策交流智库的受托人西蒙·沃尔夫森以及查尔斯·沃尔夫森慈善信托赞助。奖项的内容是：假设欧盟崩溃，提出应对危机的最佳建议的研究者将获得 25 万英镑的奖金。

最终，这些转变将政策交流智库推向了更加传统的小政府保守主义。同时，财政整顿在卡梅伦政府中也变得越来越重要。用一位保守党评论家的话说，"2010 年以来，实际财政领域当然阻碍了'大社会'构想的推进，这也意味着将财政保守主义与加强社会正义联合起来已经成了保守党现代派的一个难题"（Williams 2015：182）。财政整顿令许多人回想起了早年间的保守党政府，而现代派想要与之拉开距离的正是这种形象。一位受访者评论道：

> 卡梅伦原来的计划，或保守党的现代化改革的主要内容是优化公共服务……因此在分享增长红利的同时，我们也要配合工党的开支计划……在危机到来之前，这大概就是政策交流智库的立场。但危机发生后，中右翼的争论焦点转移了，所以我们也必须做出改变……这并不是虚伪……只是因为金融危机发生了，而且……如果经济没有增长，就不可能分享增长红利。……所以许多政策交流智库的工作转移到了寻找可能的开支削减和效率提升上。所以……我们现在的名声可能不再那么像改革派了。（政策交流智库访谈）

恰好是在这一转变期间，2012 年 1 月，经济所的创始人亚瑟·塞尔登之子安东尼·塞尔登与政策交流智库共同发表了《乐观主义政治》（*The politics of optimism*）（01/2012）。在此文中，塞尔登要求重振"大社会"构想，以此主动应对危机，并在财政纪律的界限内重燃现代派对乐观主义和社会正义的关注。从这一意义上而言，"温情保守主义"的部分吸引力取决于该设想是否能在向未来的保守党政府提供住房、福利、教育等方面的政策理念的同时，也能平衡财政紧缩和推进社会正义两者间的关系（《卫报》2012）。

在努力扩展保守党的政策关注点这一领域，一个与住房有关的例子：倡议增加私有住房在卡梅伦政府和政策交流智库的研究日程中都开始占据中心地位。在这一方面，题为《让民众买得起房》（*Marking housing affordable*）（Morton 08/2010）的报告建议通过建立一个"社区控制"的规划体系来增加社会住房供应。该报告被《展望杂志》评为"智库年度出版物"奖（《展望杂志》2010）。此后，政策交流智库由摩顿撰写的另一份有关住房问题的报告得到了当时的住房大臣、首相和财政大臣的认可。

政策交流智库还在数字政府和行为经济学这两个领域寻求跨越现代化改革与紧缩政策之间的矛盾，即在预算限制下推行宏大的政策创新。在数字政府方面，2011年政策交流智库成立了新的部门，在微软、英孚教育集团和财捷集团等公司的技术支持下探索提升政府效率和增强公共数据透明度的方法（Yiu 03/2012；Fink and Yiu 09/2013）。在行为经济学这一领域，政策交流智库各部门发布了数份报告，通过行为经济学研究来实现更好的政策结果，例如在测量通胀（Shiller 05/2009）和环境政策（Newey 01/2013）等方面。2011 年 7 月，政策交流智库与理查德·泰勒举办了一场活动。泰勒曾参与撰写《助推理论》（*Nudge*）这一颇具影响力的著作（Sunstein and Thaler 2008），并曾担任政府新设立的"行为洞察小组"的顾问①。

至于政策交流智库的影响力究竟如何，尽管很难在其理念和联合政府的政策之间直接建立因果关系，但有时两者之间的关联非常大。为了体现他们对政策的影响，政策交流智库开发了一种图表来追踪此前的报告，以及报告中的主张对此后政策的影响（PX 02/2012）。这再次表明，政策交流智库的品牌形象依靠的就是影响力。图表所涵盖的影响力中，或许最显著的是在教育和治安领域。在教育方面，政策交流智库曾提出过有关"学生"和"优势"奖金的提议（Leslie and O'Shaughnessy 12/2005），即按人均原则向来自弱势背景的学生发放国家经费。这一建议在 2011 年成为正式政策。另一个值得注意的建议是建立免费学校（即由非营利性信托监管的独立学

---

① 见 http://www.policyexchange.org.uk/modevents/item/turning-behavioural-insights-into-policy-with-richard-tha ler-author-of-nudge-and-advisor-to-number-10，访问于 2016 年 3 月 15 日。

校）。这一理念出现在政策交流智库的早期报告中（Hockley and Nieto 05/2005），并在 2010 年被写入《学院法》。在治安方面，政策交流智库的第一份报告（Loveday and Reid 01/2003）以及此后的报告（Chamber 11/2009）都要求通过民主选举委员会的形式在警察监管方面引入更广泛的地方参与。2011 年通过的《警察改革和社会责任法》部分采纳了这一提议。

除了这些例子以外，或许在政策交流智库所举办的活动和"校友"的轨迹中，也体现了其更广泛的政治意义。在本书研究时段内，政策交流智库的活动变得越来越重要，加强了该智库作为政治精英召集人的地位，并为这些精英，特别是保守党议员和内阁大臣们提供了一个讨论和协调政策观点的空间①。活动的密度甚至几乎达到了每周一次（PX 02/2012），这也成为了政策交流智库的一个重要收入来源。此外，考虑到许多嘉宾的名望，光是由高级政客所主持的众多演讲就极大地增加了政策交流智库的媒体报道（见第七章）。

至于政策交流智库的人员轮换以及离开政策交流智库后的轨迹，尽管作为保守党的"旋转门"，政策交流智库在挽留人才方面遇到了诸多困难，但这无疑也增强了政策交流智库作为政治精英发声舞台的声誉。2007—2013 年，成为政府部门特别顾问（此处仅举特别顾问一职为例）的政策交流智库前任会员的数量非常惊人（例如艾米·费舍尔、亚里克斯·摩顿、尼尔·奥布赖恩、鲁斯·波特等）。此外，在卡梅伦执政期间，政策交流智库的"校友"在政府的各类咨询会、委员会和委派会中一直表现突出。例如，在尼尔·奥布赖恩成为社会流动和儿童贫困委员会副主席之后，马修·奥

219

---

①　作为说明，2007—2013 年曾在政策交流智库的活动中发表演讲的高级政客包括：时任内政大臣、未来的首相特蕾莎·梅和移民事务大臣达米安·戈林，两人演讲的内容是移民改革（英国政府 2010a，2012a）；尼克·赫伯特，演讲内容是刑事司法改革（英国政府 2010b）；迈克尔·戈夫，养老金改革（英国政府 2011）；福利改革大臣弗洛伊德勋爵，就业结果（英国政府 2013a）；时任财政大臣的大卫·高克议员，避税（英国政府 2012b）；迈克尔·法隆，邮政服务改革（英国政府 2013b）；大卫·利丁顿议员，欧洲单一市场（英国政府 2010c）；弗朗西斯·莫德，公务员改革（英国政府 2013c）；大卫·威利茨，增长政策和高科技产业战略（英国政府 2012c）；格雷格·克拉克，"大社会"构想（英国政府 2010d）；理查兹将军，国家安全战略（英国政府 2010e）。

克利又被任命为劳动与养老金部的社会保险咨询委员会会员（英国政府 2012d，
2013d）。此外还有两个表明政策交流智库炙手可热的例子值得一提，它们都展现了
政策交流智库是怎样既能"输送"又能"接收"英国政坛右翼的重要人物的：其中一位
是政策交流智库的前任会员，此后其身居高位；另一位则是一名颇具影响力的政策专
家，此后其加入了政策交流智库，这两人分别是詹姆斯·奥肖内西（James
O'shaughnessy）和史蒂夫·希尔顿（Steve Hilton）。2007 年，奥肖内西在离开政策交
流智库管理层之后，与他人共同撰写了 2010 年的保守党大选宣言，并成为大卫·卡
梅伦的政策主管。而曾经担任首相战略主管的希尔顿则在 2015 年成为政策交流智
库的访问学者。如今，希尔顿已经在福克斯新闻频道（Fox News）有了自己的节目。

合理的政治

我在本书开头曾指出，本书不会重点关注智库对政策的影响，而是聚焦于危机之
后智库观点和体制的变迁。但是，在政策交流智库这一案例中，很难将政策影响力和
智库的变迁完全分离开来。由于与保守党的现代紧密绑定，到 2008 年，政策交流智
库的命运与卡梅伦领导下的保守党的命运始终交织在一起，其理念与保守党领导层
的理念也并没有差别，这也解释了卡梅伦在公开反对政策交流智库的《无限城市》
（Leunig and Swaffield 08/2008）中提出的建议时所面临的巨大压力。在当时的支持
者和批评者眼中，政策交流智库早已成为了卡梅伦的"政策商店"。也正因如此，在
2010 年大选的准备阶段，政策交流智库就已经开始起草未来保守党政府可能实施的
政策建议。可以说，与 20 世纪 70 年代的第二波浪潮中的智库（例如亚当所）不同，政
策交流智库并没有通过远远地向政客施压来移动"奥弗顿之窗"①，而是希望确定窗

---

　　① 译者注："奥弗顿之窗"指的是一段时间内大多数人在政治上可以接受的政策范围的一种理论，
其发现者是学者约瑟夫·奥弗顿。

口的中心位置。不出所料，这一选择对政策交流智库的声誉造成了一些影响，使其难以兼顾政治影响力和学术独立性。理查德·科克特是20世纪70年代新右翼崛起最出众的记录者之一，他曾指出：

　　经济所和政策研究中心是由一群特立独行的人建立的，他们确实想改变世界，并且与保守党高层剑拔弩张。但政策交流智库则完全不同，它的会员都很年轻，并且想在政界取得发展。许多政策交流智库的成员也顺利地进入了保守党内。（Cockett 2008b）

　　身处政治中心，也意味着政策交流智库必须与变化无常的政治保持同步。与卡梅伦一样，他们同时支持"大社会"构想和2009—2010年之后的紧缩政策。进行公共干预以支持这两大政策议程要求政策交流智库对其行动方针和形象做出一些改变，同时也表明，寻求政治影响力也就意味着在学术和观点上需要有一定的灵活性。从这一意义上而言，尽管第二章中提到的"滞后"假说准确地预测了政策交流智库渴望为政府提供计划并协助其实施，但这一假设仍然有可能导致我们忽视一点，即政策交流智库维护的计划本身可能会经历一些变化。这也意味着或许在金融危机后，政策交流智库想要维护的立场在根本上不是学术性的，而是政治性的。换言之，在卡梅伦成为保守党领袖之后，政策交流智库也随之成了"君主的朝臣"，并赢得了一切相应的浮华和虚饰。但2010年，君主的想法发生了变化。由于经济或政治因素，2008年之后的环境已不允许政策交流智库像早先那样直接倡导"温情保守主义"。政策交流智库，尤其是"经济和社会政策"部门已经不能进行危机发生前那样的公共干预，伴随着这一情况，对政策交流智库的其他所有部门而言，削减公共开支的需要也成了提出任何新政策建议的先决条件。

　　总体而言，在政策交流智库的公共干预中，一直不变的是他们给自己的定位，即一个能够提供创新、但在政治上合理且可行的中右翼理念的智库。为了实现这一定

221

位,关注政治环境就成了政策交流智库的首要任务。政治环境对政策交流智库的重要性甚至超过了新基会等智库,后者在《大转型》中对政治上早已过时的问题仍在进行相关的研究。也正因此,随着问题和"机会窗口"(Kingdon 2003)的变化,政策交流智库的研究议程也在变化。当全面改革明显不涉及医保领域,且国家医疗服务体系的开支受到限制后,政策交流智库的医疗研究部门也随之遭到了裁撤。

在经济方面,政策交流智库除了需要通过公开对话说服保守党领导层采纳严厉的公共开支削减政策之外(像亚当所和经济所那样),还需要向保守党提供切合实际且在政治上可以接受的具体措施,以实施削减计划(Pautz 2016)。对涉及金融危机的媒体报道的研究显示(Pirie 2012;Berry 2016),到政策交流智库发布一系列有关财政整顿重要性的报告时,危机最紧迫的一面乃是政府挥霍无度已经颇具说服力。当时,政策交流智库处在一个优势地位,得以提出一个审慎的、靠近主流政治的紧缩计划,且不会被认为过于意识形态化,而这种地位是亚当所等智库所缺乏的。当然政策交流智库对奥斯本紧缩计划的影响力仍然很难准确估量,政策交流智库受访者中也存在一些分歧,其中一位表示:

> 胜利有一千位父亲,而失败却是个孤儿。……所以我不会说……"财政整顿绝对不会发生"这种话。我认为的确有一些高层人士读了我们的报告,这些报告也协助确定了整个计划的框架,但报告并不是决定性的。(政策交流智库访谈)

但另一位受访者却表示:

> 绝不是保守党或自由民主党或其他任何人在向政策交流智库提供想法,而是政策交流智库在指引他们如何思考。……整合发生在这个方向上……保守主义观念和政策交流智库的观念几乎是一致的,但这是由于保

守党需要所有政策交流智库的研究。（政策交流智库访谈）

尽管以上两种观点代表了对政策交流智库直接影响力的认识的分歧，但在一个更加抽象的层面上，不论政策交流智库与保守党谁影响了谁，两种观点都是兼容的。拉迪（Ladi 2011）研究政策变化中的智库的著作为我们提供了思考政策交流智库角色的途径。书中，拉迪假定政策研究和理念往往是象征性而非工具性的："话语在政策转变的准备过程中占据中心地位，而智库则是协调性话语和沟通性话语的关键载体"（Ladi 2011：217）。由于其与保守党领导层之间的密切关系，政策交流智库转向支持严厉的公共开支削减政策也就意味着中右翼的共识正在发生变化。在这一时间节点上，它需要的是一种能从学术上进行辩护的政策话语。这一政策话语必须证明紧缩政策不仅必要、可行，且在政治上能够抵挡反对派的批驳。因此，政策交流智库的报告寻求的是调和专家意见与政治上恰当的政策。

223

　　作为研究、政策和政治之间的"中介者"和"调解人"，评估政策交流智库的另一项指标是其对民意和政府能力的敏感度。这种敏感度也表明，政策交流智库的主要目标是提供与现有政治环境兼容的政策，并在确保自身合理、适度的"政治"定位的情况下进行研究工作。政策交流智库的作者们更多地将自身定义为"中右翼"而非"自由市场派"智库并非随意之举，而是恰好同亚当所等智库相反。

　　但是，即使是在模糊的中右翼政治边界以内，紧缩政策的出现还是不可避免地引起了现代派话语和紧缩政策必要性之间的矛盾，特别是考虑到撒切尔夫人在英国政坛右翼中的影响力。在这样的窘境中，政策交流智库的许多研究试图使"大社会"构想和紧缩政策实现兼容。例如，政策交流智库曾希望利用"数字政府"部门的研究来提升效率。然而，很难在所有方面和所有政策领域调和两者之间的矛盾，尤其是考虑到政策交流智库仍然与卡梅伦政府紧密绑定在一起。用一位受访者的话说，"政策交流智库在右翼智库中处于一种中间派别……这一点已经变得很不重要了"（政策交流智库访谈）。随着公共话语和保守党的突然右转，政策交流智库也必须如此。

　　总之，许多政策交流智库的研究寻求的是提供既"在政治上合理"又"在技术上可行"的政策。由于其中右翼政治思想熔炉的特殊地位，政策交流智库能够调节高层政治和实际经济决策之间的联系。但在中右翼范围内，许多事务都能进行争论，内部的一致性并非最重要的。在这方面，或许是由于新工党执政时期的重要性（体现在政治中间导向和遵循"什么有效就做什么"的政策话语当中），政策交流智库必须表现出一定的灵活性，允许灵活善变的集体观点的存在。这里值得一提的是安东尼·塞尔登在 2012 年撰写的一份政策交流智库报告。塞尔登在文中指出，"大社会"计划"缺乏三届成功的工党政府的国内议程所具备的知识连贯性：在几个重要的方面，'大社会'构想缺乏深入的思考"（Seldon 01/2012：3）。

　　在政策交流智库有关外来移民问题的研究议程中，一个有趣的时间节点体现了上文提及的灵活性和中右翼内部的不一致性。2014 年之前，政策交流智库几乎没有相关的研究，但此后外来移民成了一个重要的政治和政策议题。这种变化或许是由于外来移民成了必将发生改革的领域，且控制外来移民的必要性在右翼已经成为"常识"（甚至对现代派也是如此）。2015 年，公民智库前主任、曾偶然地与国经所的乔纳森·波特斯接连发生观点冲突（见第五章）的大卫·古德哈特加入政策交流智库，并担任新成立的"人口、外来移民与融合"部门负责人。2017 年，该部门发布了一份题为《关注自身种族并非种族主义》（*Racial-self interested is not racise*）（Kaufmann 05/2017）的报告，类似的报告在 2010 年是不可想象的。而这也只是体现政策交流智库敏感度的一个例子而已，它对所在政治分野中的"合理性"非常敏锐。另一个例子是政策交流智库在此后提出的有关"爱尔兰脱欧"的提议。这份建议爱尔兰与英国一同脱离欧盟的报告（Bassett 06/2017）在 2019 年读来甚是有趣。

　　从这一角度而言，政策交流智库的实用主义和折中主义导向的落脚点在于，主流和折中观点一直处于变化中，并时刻决定着被认为切合实际的经济学或外来移民学说。要阐明这一点，只需思考政策交流智库和国经所的研究者对经济学共识迥然不同的观点即可。从这一意义上而言，作为不同领域之间的特殊沟通渠道，且区别于国经所、新基会甚至亚当所等智库（这些智库的提议至少在某些时候会与右翼的流行观点相悖），政策交流智库的作用是疏导流行观点、调和不同领域之间难以相容的需求，并最终在使命的驱动下寻求政治相关性。借用新制度学派的概念，政策交流智库的使命是提供"有界限的创新"（Weir 1992：189）。

　　在接下来的最后一章中，我将对比四个案例，并基于"调节"的概念，给出一个探索智库更广阔的学术和政治角色的研究计划。我认为，政策交流智库等政治上颇具影响力的政策组织能够成为调和不同民众需求的中心渠道。换言之，在一个并非完全由证据和"纯粹"的专业知识所主宰的领域中，这些组织能够确定"适度和合理"的标准。

225

参考文献

[1] Alesina, A., & Ardagna, S. (2009). *Large changes in fiscal policy: Taxes versus spending* (NBER working papers, 15438). Accessed 10 April 2015. http://www.nber.org/papers/w15438.pdf.

[2] BBC. (2008). *Policy Exchange dispute—Update.* Accessed 15 February 2016. http://www.bbc.co.uk/blogs/newsnight/2008/05/policy-exchange-dispute-update.html.

[3] Berry, M. (2016). No alternative to austerity: How BBC broadcast news reported the deficit debate. *Media, Culture and Society, 38*(6), 844 – 863.

[4] Business Spectator. (2010). *Oliver Marc Hartwich: It's time Henry had an umpire.* Accessed 3 April 2016. https://web.archive.org/web/20120415235526/http://www.businessspectator.com.au/bs.nsf/Article/MRRT-RSPR-Treasury-statistics-macroeconomics-pd20100720-7J7PX?OpenDocument.

[5] ConservativeHome. (2009). *Policy Exchange appoints Andrew Lilico as its Chief Economist.* Accessed 12 March 2016. http://conservativehome.blogs.com/torydiary/think-tanks-and-campaigners/.

［6］ConservativeHome. （2010）. *Philip Booth: Why I have reservations about the "Nudge" philosophy.* Accessed 12 March 2016. http://www. conservativehome. com/platform/2010/03/philip-booth-why-i-have-reservations-aboutthe-nudge-philosophy. html.

［7］ConservativeHome. （2011）. *Andrew Lilico: Stick to the course, Mr Osborne. Don't let Ed Balls bore you into submission.* Accessed 21 April 2016. http://www. conservativehome. com/platform/2011/06/yaaawwn. html.

［8］*Daily Telegraph.* （2001）. *Norman still selling Portillo's dream.* Accessed 15 March 2016. http://www. telegraph. co. uk/news/uknews/1334767/Norman-stillselling-Portillos-dream. html.

226　［9］*Daily Telegraph.* （2009）. *If David Cameron wants to govern, he should stop being afraid of ideas.* Accessed 24 April 2016. http://www. telegraph. co. uk/comment/columnists/simonheffer/5700830/If-David-Cameron-wants-togovern-he-should-stop-being-afraid-of-ideas. html.

［10］*Daily Telegraph.* （2011）. *Neil O'Brien: Why the deficit deniers are deliberately missing the point.* Accessed 15 March 2016. https://web. archive. org/web/20160326235251/http://blogs. telegraph. co. uk/news/neilobrien1/100074386/why-the-deficit-deniers-are-deliberately-missingthe-point/.

［11］Denham, A. , & Garnett, M. （1998）. *British think tanks and the climate of opinion.* London: UCL Press.

［12］Denham, A. , & Garnett, M. （2006）. What works? British think tanks and the end of ideology. *Political Quarterly, 77*(2), 156 – 165.

［13］Evans, K. （2011）. 'Big society' in the UK: A policy review. *Children and Society, 25*, 164 – 171.

［14］*Financial Times.* （2008a）. *Think tank feels pinch as rival cashes in.* Accessed 27 February 2016. http://www. ft. com/cms/s/0/a8990ad0-7453-11dd-bc91-0000779fd18c.

html.

[15] *Financial Times.* （2008b）. *Policy Exchange powers party's 'liberal revolution.'* Accessed 2 March 2016. http://www. ft. com/cms/s/0/3006a6c4-26d1-11dd-9c95-000077b07658. html.

[16] *Financial Times.* （2009b）. *Meet the new Tory establishment.* Accessed 5 March 2016. http://www. ft. com/cms/s/2/ac5f0298-af38-11de-ba1c-00144feabdc0. html.

[17] Gov. uk. （2010a）. *Immigration: Home Secretary's speech of 5 November 2010.* Accessed 20 February 2016. https://www. gov. uk/government/speeches/immigration-home-secretarys-speech-of-5-november-2010.

[18] Gov. uk. （2010b）. *Nick Herbert's speech to the Policy Exchange.* Accessed 25 February 2016. https://www. gov. uk/government/speeches/nick-herbertsspeech-to-the-policy-exchange.

[19] Gov. uk. （2010c）. *David Lidington: The Single Market is "essential to this government's agenda for trade and competitiveness."* Accessed 1 March 2016. https://www. gov. uk/government/news/the-single-market-is-essential-to-this-government-s-agenda-for-trade-and-competitiveness.

[20] Gov. uk. （2010d）. *Greg Clark: Three actions needed to help the Big Society grow.* Accessed 3 March 2016. https://www. gov. uk/government/news/three-actions-needed-to-help-the-big-society-grow.

[21] Gov. uk. （2010e）. *General Richards: Trading the perfect for the acceptable.* Accessed 3 March 2016. https://www. gov. uk/government/news/cds-on-thesdsr-trading-the-perfect-for-the-acceptable.

[22] Gov. uk. （2011）. *Michael Gove on public sector pension reforms.* Accessed 3 March 2016. https://www. gov. uk/government/speeches/michael-gove-onpublic-sector-pension-reforms.

[23] Gov. uk. （2012a）. *Damian Green: Making immigration work for Britain.* Accessed

227

28 February 2016. https://www. gov. uk/government/speeches/damian-greens-speech-on-making-immigration-work-for-britain.

[24] Gov. uk. (2012b). *David Gauke: Where next for tackling tax avoidance?* Accessed 20 February 2016. https://www. gov. uk/government/speeches/speech-by-exchequer-secretary-to-the-treasury-david-gauke-mp-where-next-for-tacklingtax-avoidance.

[25] Gov. uk. (2012c). *David Willetts: Our hi-tech future. Accessed 3 March 2016.* http://webarchive. nationalarchives. gov. uk/20121212135622/http://www. bis. gov. uk//news/speeches/david-willetts-policy-exchange-britainbest-place-science-2012.

[26] Gov. uk. (2012d). *Alan Milburn and Neil O'Brien set to lead the drive to improve social mobility and reduce child poverty.* Accessed 25 April 2016. https://www. gov. uk/government/news/alan-milburn-and-neil-obrien-set-to-leadthe-drive-to-improve-social-mobility-and-reduce-child-poverty.

[27] Gov. uk. (2013a). *Lord Freud: Improving employment outcomes.* Accessed 20 February 2016. https://www. gov. uk/government/speeches/improvingemployment-outcomes – 2.

[28] Gov. uk. (2013b). *Michael Fallon: Royal mail—Ensuring long term success.* Accessed 1 March 2016. https://www. gov. uk/government/speeches/royal-mail-ensuring-long-term-success.

[29] Gov. uk. (2013c). *Francis Maude: Ministers and mandarins—Speaking truth unto power.* Accessed 1 March 2016. https://www. gov. uk/government/speeches/ministers-and-mandarins-speaking-truth-unto-power.

[30] Gov. uk. (2013d). *Government announces new member to the Social Security Advisory Committee.* Accessed 25 April 2016. https://www. gov. uk/government/news/government-announces-new-member-to-the-social-security-advisory-committee.

[31] Guardian. (2005). *Full text: David Cameron's speech to Policy Exchange.* Accessed 15 March 2016. http://www. theguardian. com/politics/2005/jun/29/speeches. conservatives.

[32] *Guardian*. (2008a). *Cameron condemns 'insane' report on northern cities.* Accessed 15 March 2016. http://www. theguardian. com/politics/2008/aug/13/davidcameron. conservatives1.

[33] *Guardian*. (2008b). *What can they be thinking?* Accessed 28 February 2016. http://www. theguardian. com/politics/2008/sep/26/thinktanks. conservatives.

[34] *Guardian*. (2010). *Spending cuts 'will see rise in absolute child poverty'.* Accessed 28 March 2016. http://www. theguardian. com/politics/2010/dec/16/spending-cuts-rise-absolute-child-poverty.

[35] *Guardian*. (2012). *Compassionate conservatives find it's time to think again.* Accessed 28 March 2016. http://www. theguardian. com/politics/2012/mar/05/com passionate-conservatives.

[36] Hayton, R. (2012). *Reconstructing conservatism?* The Conservative Party in opposition, 1997—2010. Manchester: Manchester University Press.

[37] *Independent*. (2008). *Tories' favourite think tank sued by Muslim group.* Accessed 18 May 2016. http://www. independent. co. uk/news/uk/politics/tories-favourite-think-tank-sued-by-muslim-group-897548. html.

[38] Kingdon, J. (2003). *Agendas, alternatives and public policies.* New York: Longman.

[39] Ladi, S. (2011). Think tanks, discursive institutionalism and policy change. In G. Papanagnou (Ed.), *Social science and policy challenges: Democracy, values and capacities.* Paris: UNESCO.

[40] Lilico, A. (2009). *What killed capitalism? The crisis: What caused it and how to respond.* London: Centre for Policy Studies.

[41] McLennan, G. (2004). Travelling with vehicular ideas: The case of the third way. *Economy & Society, 33*(4), 484 – 499.

[42] Norman, J. (2010). *The big society: The anatomy of the new politics.* Buckingham:

228

University of Buckingham Press.

[43] Pautz, H. (2012). The think tanks behind 'cameronism'. *British Journal of Politics and International Relations, 15*(3), 362 – 377.

[44] Pautz, H. (2016). Managing the crisis? Think tanks and the British response to global financial crisis and great recession. *Critical Policy Studies, 11*(2), 191 – 210 [Online early access].

[45] Pickett, R., & Wilkinson, K. (2010). *The spirit level*. London: Allen Lane.

[46] Pirie, I. (2012). Representations of economic crisis in contemporary Britain. *British Politics, 7*(4), 341 – 364.

[47] Prospect. (2010). *Think tank of the year awards—The winners*. Accessed 20 February 2016. http://www.prospectmagazine.co.uk/politics/think-tank-ofthe-year-awards-the-winners.

[48] Reinhart, C., & Sbrancia, M. B. (2011). *The liquidation of government debt* (NBER working papers, 16893). Accessed 12 March 2016. http://www.nber.org/papers/w16893.pdf.

[49] Schlesinger, P. (2009). Creativity and the experts: New Labour, think tanks, and the policy process. *International Journal of Press/Politics, 14*(1), 3 – 20.

[50] Stone, D. (2007). Recycling bins, garbage cans or think tanks? *Public Administration, 85*(2), 259 – 278.

[51] Sunstein, C., & Thaler, R. (2008). *Nudge: Improving decisions about health, wealth, and happiness*. New Haven: Yale University Press.

[52] Transparify. (2016). *How transparent are think tanks about who funds them 2016? A survey of 200 think tanks in 47 countries worldwide*. Accessed 20 March 2016. http://static1.squarespace.com/static/52e1f399e-4b06a94c0cdaa41/t/5773022de6f 2e1ecf70b26d1/1467154992324/Transparify+2016+Think+Tanks+Report.pdf.

[53] Wade, R. (2013). *Conservative Party economic policy: From Heath in opposition to*

Cameron in coalition. Basingstoke: Palgrave Macmillan.

[54] Weir, M. (1992). Ideas and the politics of bounded innovation. In S. Steinmo, K. Thelen, & F. Longstreth (Eds.), *Historical institutionalism in comparative analysis.* Cambridge: Cambridge University Press.

[55] Williams, B. (2015). *The evolution of Conservative Party social policy.* London: Palgrave Macmillan.

Think Tank Reports and Blog Posts
(PX, available at Policyexchange. org. uk)

[1] Atashzai, A. Lilico, A., & O'Brien, N. (06/2009). *Controlling public spending.*

[2] Barty, J. (03/2012). *Sovereign default: Lessons for Europe from Argentina's default.*

[3] Barty, J. (07/2012). *Executive compensation: Rewards for success not failure.*

[4] Barty, J. (12/2012). *Reform of the Bank of England: A new bank for a new governor.*

[5] Barty, J. (03/2013). *Capital requirements: Gold plate or lead weight?*

[6] Barty, J. (11/2013). *Financing small and growing firms.*

[7] Bassett, R. (06/2017). *After Brexit, will Ireland be next to exit?*

[8] Bogdanor, A. (03/2004). *Not working: Why workfare should replace the New Deal.*

[9] Bradley, K., & Hakim, C. (01/2008). *Little Britons: Financing childcare choice.*

[10] Chambers, M. (11/2009). *Partners in crime: Democratic accountability and the future of local policing.*

[11] Clark, R., & O'Brien, N. (03/2010). *The renewal of government.*

[12] Davies, C., & Lim, C. (03/2008). *Helping schools succeed: Lessons from abroad.*

[13] Davies, R., & Mitchell, L. (11/2008). *Building Bridges: Philanthropy strengthening*　230

communities.

[14] Doctor, G. , & Oakley, M. (11/2011). *Something for nothing: Reinstating conditionality for jobseekers.*

[15] Drayson, K. (11/2013). *Park land: How open data can improve our urban green spaces.*

[16] Evans, A. , & Hartwich, O. (06/2005). *Unaffordable housing.*

[17] Evans, A. , & Hartwich, O. (01/2007). *The best laid plans: How planning prevents economic growth.*

[18] Featherstone, H. , & Whitham, L. (07/2010). *Careless: Funding long-term care for the elderly.*

[19] Fink, S. , & Yiu, C. (09/2013). *Smaller, better, faster, stronger: Remaking government for the digital age.*

[20] Flint, R. , & Skelton, D. (07/2012). *What's in a name? Is there a case for equal marriage?*

[21] Ganesh, J. , & Norman, J. (06/2006). *Compassionate conservatism: What is it— why we need it.*

[22] Geoghegan, R. (09/2012). *Future of corrections: Exploring the use of electronic monitoring.*

[23] Godson, D. (10/2005). *Replacing the routemaster: How to undo Ken Livingstone's destruction of London's best ever bus.*

[24] Hartwich, O. , Lipson, B. , & Schmieding, H. (11/2007). *More mirage than miracle: Assessing the UK's economic performance.*

[25] Helm, D. (12/2008). *Credible energy policy: Meeting the challenges of security of supply and climate change.*

[26] Hillman, N. (03/2008). *Quelling the pensions storm: Lessons from the past.*

[27] Hockley, T. , & Nieto, D. (05/2005). *Hands up for school choice! Lessons from school choice schemes at home and abroad.*

[28] Holmes, E. (09/2013). *Work fair?*

[29] Holmes, E., & Lilico, A. (06/2010). *Controlling public spending: Pay, staffing and conditions in the public sector.*

[30] Holmes, E., Lilico, A., & Sameen, H. (11/2009). *Controlling spending and Government deficits: Lessons from history and international experience.*

[31] Holmes, E., Lilico, A., & Sameen, H. (04/2010). *The cost of inaction: Why cutting spending will boost recovery, even in the short term.*

[32] Holmes, E., Lilico, A., & Sameen, H. (11/2010). *Controlling public spending: How to cut 25%.*

[33] Jenkins, S. (11/2004). *Big bang localism: A rescue plan for British democracy.*

[34] Kaufmann, E. (05/2017). *'Racial self-interest' is not racism: Ethno-demographic interests and the immigration debate.*　　231

[35] Kay, L., Martin, D., & Smith, N. (11/2008). *The cost of complexity: How Britain's tax system strangles the economy and reduces British competitiveness.*

[36] Leslie, C., & O'Shaughnessy, J. (12/2005). *More good school places.*

[37] Leunig, T., & Swaffield, J. (08/2008). *Cities unlimited.*

[38] Lilico, A. (08/2010). *Five politically relevant things about where we are on the economy.*

[39] Lilico, A. (02/2011). *On fairness.*

[40] Lilico, A., & Sameen, H. (03/2010). *Taxation, growth and employment.*

[41] Loveday, B., & Reid, A. (01/2003). *Going local: Who should run Britain's police?*

[42] Maude, F. (03/2012). *Ten years of modernisation: Looking back and the challenges ahead.*

[43] McKenzie Smith, J., O'Brien, N., & Thomas, H. (11/2008). *Will the splurge work?*

[44] Mirza, M., Senthilkumaran, A., & Ja'far, A. (01/2007). *Living apart together:*

British Muslims and the paradox of multiculturalism.

[45] Morton, A. (08/2010). *Making housing affordable.*

[46] Morton, A. (08/2012). *Ending expensive social tenancies: Fairness, higher growth and more homes.*

[47] Morton, A. (12/2012). *Crisis? What crisis? Why Andrew Lilico is wrong to say the UK has no shortage of housing.*

[48] Newey, G. (07/2011). *Boosting energy IQ: UK energy efficiency policy for the workplace.*

[49] Newey, G. (01/2013). *Smarter, greener, cheaper: Joining up domestic energy efficiency policy.*

[50] Norman, J. (12/2008). *Compassionate economics.*

[51] Oakley, M. (05/2011). *No rights without responsibility: Rebalancing the welfare state.*

[52] Oakley, M. (11/2012). *Welfare reform 2.0: Long-term solutions, not short-term savings.*

[53] O'Brien, N. (11/2009). *Tax and spending: Views of the British public.*

[54] O'Brien, N. (04/2011). *Just deserts? Attitudes to fairness, poverty and welfare reform.*

[55] PX. (02/2012). *Ten years of shaping the policy agenda.*

[56] Reid, A. (03/2005). *Taming terrorism: It's been done before.*

[57] Saltiel, M., & Thomas, H. (02/2009). *What really happened?*

[58] Saunders, P. (08/2010). *Beware false prophets.*

[59] Schiller, R. (05/2009). *The case for a basket: A new way of showing the true value of money.*

[60] Seldon, A. (01/2012). *The politics of optimism.*

[61] Sumpster, T. (12/2010). *Not with a bang but a whimper: Are we undermining the*

232

future of financial services in Britain?

[62] Tinsley, M. (06/2012). *Too much to lose understanding and supporting Britain's older workers.*

[63] Yiu, C. (03/2012). *A right to data: Fulfilling the promise of open public data in the UK.*

第七章　结论：变幻局势中的干预

作为本书最后一个章节，本章首先将会把第二章提出的"滞后"模型拿出来评估智库的行为在多大程度上是可以预测的；其次会比较这几家案例智库在公共干预事件中的实践，以及它们对自身和周边环境变化的揭示作用；最后则是通过梳理智库自身经历的变革和在政治政策中的作用，促进读者对智库在变幻局势中充当"调节者"这一角色的理解。

检验"滞后"假说

在本书前面的章节，我推测过，危机发生后最可能的场景是智库并不会从本质上调整其核心观点，熟悉一家智库的人能大体上预见该智库会发表哪些观点。正因为一家智库的声誉和品牌积累绝非一日之功，智库在公共干预中的政策理念自然会一以贯之。用布尔迪厄的术语来说，就是"滞后"效应会持续。依照这个思路，中左翼智库将 2008 年的危机归咎于金融业的管制解除，而削减公共开支成为官方政策后，人们充满了失望感。同理，自由市场派智库则更倾向于把危机归责于公职人员和监管机构，绝口不提金融世界中的投机者、人性的贪婪和自由市场本身的缺陷。学术技术型组织通常致力于营造中立裁判者的形象，强调经济证据至上；而支持政党型的组织则会制定计划，并以计划的实施来捍卫其正当性。

234

这个零假设已经基本得到验证，而且证据俯拾皆是。然而，建这个模型的目的并非证实我的推断，而是发现其中的缺陷。通过对四家案例智库的研究，这个假设至少在两个方面有待补充。其一，假设聚焦于智库公共干预的内容，从而忽视了智库在公共干预方式上的显著变化;其二,模型对思维转变的机制和水平也言之甚少,高估了智库的内聚力。

就第一点而言,由于我提出的模型将重点放在智库工作的实质性、认知性内容上,并未对内容的传播媒介做过多考虑。因此,经常会发生的状况是,人们对智库进行公共干预方式感兴趣的程度超出了对智库论点本身的程度。以国经所为例,该智库数年来为专业受众提供计量经济学研究报告,与大众传媒,尤其是社交媒体鲜有交集。危机发生后,由于公众对利基宏观经济辩论的关注度升高,国经所的目标受众覆盖面大幅上升。不过这种变化影响甚微,因为政府的施政方针往往更轻率。2011年,新主任开始推动国经所与非专业受众之间的互动,作为对智库受众变化的积极回应。除 2009 年可忽略不计外,国经所在社交媒体和专栏上的表现越来越引人注目。诚然,这些言论不一定与它们工作的实质性内容的变化有关,尽管它们确实是与更直言不讳的政策立场同时发生的。简而言之,国经所背后的经济学逻辑相对稳定,但其公共干预的方式已经焕然一新。在背后,是目标受众从学术和政策精英到普通大众的转变,是核心组织架构(包括资助方关系)的调整。

235

诸如此类的调整都可归因于智库所处环境的变迁、智库与公众关系的变化。我们可以通过媒体对智库的报道延展这一点。智库的公共干预形式与其目标受众类型紧密相关,而传统媒体则是接触受众的有效方式。从英国四大主流报纸对智库的报道次数看(图 7.1),从 2007 年 374 次,2008 年 481 次,2009 年 513 次,到 2010 年 604次,2008 年后智库在媒体上的存在感日益增强。可以肯定的是,媒体曝光率与公众对国经所的预测兴趣同比增长,并非智库的直接计划或行为所致。当然,对主要以政策评论(如亚当所)、政策报告(如新基会)为公共干预形式的智库,曝光率增加也得益于智库成果的日渐丰硕(见第二章图 2.1)。同时,智库举办的资深政界人士演讲和通告也对提升媒体报道率大有裨益,譬如政策交流智库 2010 年的做法。

图中数据也表明了主流媒体的报道与智库的政治倾向之间的关系,可以明显看到新基会在左翼报纸《卫报》被提及的次数远高于右倾报纸《每日电讯》和《泰晤士报》。从媒体报道智库的内容，也可以了解到各家智库的能力侧重点不同，比如亚当所的报道基本是政策评论，国经所的数据被大量引用，尤其是在《金融时报》中。从这个角度来说，国经所智库成员以时间顺序撰写的年度意见反馈书，能展示出智库在知识层面（智库管理者对自身使命的理解）和制度层面（智库带来的支持和关注度）的变迁。

236

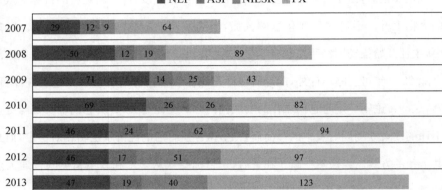

《卫报》

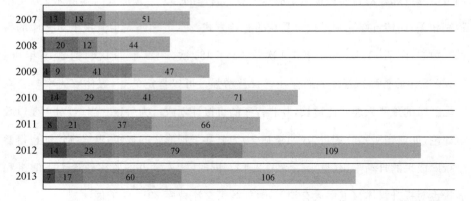

《每日电讯报》

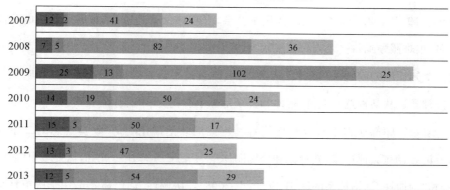

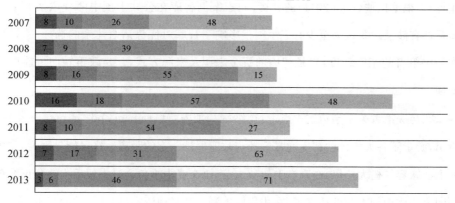

图 7.1　主流报纸对智库的报道次数

　　总体而言,上述数据表明,危机后,智库的成果产出和媒体曝光度都有显著提升。绝大部分智库都旨在为政策和公共辩论提供信息支持,因此智库无疑将受益于较高的媒体辨识度和关注度。不过,由于不同智库的媒体渠道资源无章可循,在保证思想成果质量的前提下如何触达更多受众任重道远。以国经所为例,智库成果的经济数据更偏政治中心化,在通过媒体向大众传达时并不够通俗易懂,然而这次危机让国经所名声大噪,因为公众对经济学专业知识正求知若渴,不过需要注意的是这种关注也有撼动智库"中立裁判者"形象的风险。

在公共干预过程中，并不能将"公众"设定为一个连贯的整体。约翰·杜威（John Dewey 1946［1927］）认为，在现代民主社会，公众的分布是散乱的，需要给予的关注太多，很难照顾到每一个人。杜威认为，公众并不是既定的，而是需要构建的，其定义是一个知识性的问题①。或许正因为如此，谁也说不清楚智库的沟通对象和听众是何方神圣。从某种意义上讲，智库和公众是你中有我、我中有你的关系。

多数智库都立志于对政策决策者和广泛的政治辩论（如"贩卖观念的二手商人"：记者、编辑、评论家、教育家和公民团体组织等）产生作用。此处，需要重申"协调性"和"沟通性"话语体系的区别（Schmidt 2008），"协调性"话语体系适用于政策精英（政策报告和议会听证会），而"沟通性"话语体系则更适用于普罗大众（专栏和社交媒体等）。根据拉迪（Ladi 2011）的分析，四家案例智库在公共干预中两种风格的话语体系都有涉及。我认为至少有三个因素影响了智库对优势话语体系的选择：一是智库与决策者的亲密程度，二是智库的资金来源及来源方式，三是政策转向可能性的出现。

在与决策者关系亲疏这一点上，德纳姆和加内特（Denham and Garnett 1998）就指出，游走于各大媒体的智库通常选择与政府保持一定的距离。这可能是因为，在媒体上活跃容易树大招风，在观点上树敌、在言语交锋中难免会给人留下不够公正客观的印象。用梅德韦茨的话来说，在积累媒体资本和其他资本（此处是政治资本）之间，总会有所取舍。因此像亚当所这样对党派敬而远之的智库，会大量使用"沟通性"话语。由此也可预见，国经所通过媒体渠道采用专家观点对政治施加影响的政策报告，跟官方政策轻视证据的分歧将会日渐扩大。与此同时，政策交流智库在关于政府部

---

① "联合和交互行为间接、广泛、持久且严重的后果使公众形成了一种共同的控制这些后果的利益。但机器时代已经极大地扩张、增殖、强化和复杂化了这些间接后果……以至于公众无法认知和分辨他们自身。……公众群体过多，公共担忧也过多，超过了现存资源能够应对的阈值。民主方式组织起来的公众的主要和根本问题是智识的问题，在一定程度上，上一代的政治事务并不能提供相应的经验。"（Dewey 1946［1927］：126）

门紧缩预算的评估报告,和保守党新联盟上台后备受瞩目的 2009—2010 年年度政策蓝图报告中,更多使用的是"协调性"话语,逐步接近了政治中心。

分析影响话语体系的第二个因素前,必须承认的是,公共干预与智库资金来源的数量和类型紧密相关。新基会和亚当所迥异的做派表明智库的差异往往也取决于背后不同的资助者。智库学者能在项目制资金的支撑中产出更多的内部研究成果,但也往往受限于此:没有更多的时间深入自己的重点研究领域或参与到公共干预中。新基会有将近 50 名雇员,只有詹姆斯·梅德韦在本书框架完成时开始为媒体撰写专栏和博客,反观亚当所,有 5—10 名雇员频繁为理念一致的媒体撰稿。由此可见,有核心资金来源的智库能对当下的事件快速反应并有所产出,而依赖研究合同资金的智库(大部分英国智库皆为此类)的产出篇幅、周期更长一些,成果也更实用。

另外,智库的背景渊源也影响着公共干预的效果。智库的组织特征和政治立场影响着潜在资助方的类型。英国大部分智库的资助方无外乎慈善信托、企业、富人、政府各部门、欧盟各机构、地方政府、行会组织和研究委员会。资助方的资助金额和形式各不相同。学术研究型的资助与私营部门的资助在目标、声誉和官僚义务上都不尽相同。就本书而言,除了亚当所是个特例,其余三家智库的发展均表明,尽管一开始担心慈善信托资助量在经济衰退后会减少,但这种资助形式已经愈发普遍(慈善委员会 2010;Alcock et al. 2012)。国经所的案例就充分表明了这个趋势产生的效应:智库通过快速的公共干预来向资助者展示自身的立场和实力。

影响智库公共干预形式的第三个因素是公共政策时间表。拉迪(Ladi 2011)认为,公共辩论风向可能产生变化或"机会窗口"出现的时候,"沟通性"话语更容易受青睐(Kingdon 2003)。此种想法是因为智库在大众印象中有能力描绘出政策问题的轮廓(参见第二章)。智库重要性显现的重要指标就是研究成果数量的增加——宏观经济学和金融政策方面的研究资金明显增加。从这种意思上讲,危机通过增加对新专家叙事的需求从而促使新公共干预空间的出现。

然而,明确区分"沟通性"和"协调性"话语可能会带来三个问题。第一个可以用经济指标来阐释，以国经所来说，对某一狭小政策问题的技术性干预也会激起热烈的公众讨论。因此即便一项公共干预仅针对某些特定受众，其形式（尤其是包含了数字）都会有其生命力。国经所为引导大众对其经济学报告进行解读，从而开始使用更多的"沟通性"话语。第二个需要意识到的是智库主持人的立场。政策交流智库频繁见诸媒体得益于智库已经成为保守党政客发布官方消息的场所。尽管这并非严格意义上的"公共干预"，然而这些处于"协调性"和"沟通性"话语使用的临界点的公开活动的确彰显了政策交流智库在媒体和网络上的政治能量，从而促使机构资源流向了政策交流智库。类似的公开活动也有可能带来第三个问题，即区分"协调性"和"沟通性"话语本身就毫无意义。如杜威所言，公众是需要构建的群体，他们并不独立于针对自己的"言论行为"。大部分的成功智库是有能力构建公众，并将不同社会阶层的人聚集在相对温和的氛围中的，比如政策交流智库就将富有同情心的记者、学术界人士和保守派保守党人士这些意见大相径庭的人聚集在一起。

　　尽管智库的媒体关注度与成果和大众对政策叙事的需求都在增加，智库思想的传播依然面临实际障碍。我在前面的章节已经指出，专家权威在危机爆发前已经一败涂地、颜面全无了。这场对专家的信任危机让左翼的异端经济学者和激进的自由市场主义者借机制造经济上的替代性话语体系。这也意味着驳斥专家观点是安全无虞的：认知危机导致了大众不认可专家的"认知自主权"和"认识的权威性"。总而言之，即便对专家知识的需求增加了，专家却更容易被质疑其公正性。在本书的研究时间范围外，国经所所经历的脱欧公投前夕大众对专家意见的审美疲劳即是一个例证。

　　然而，即便在重大关口该何去何从的争论已经相当公开透明，主流智库的地位依然无法撼动。新基会的一位受访者就曾表示，该智库在与《金融时报》辩论的时候总是无法找到突破口。这表明，公众在某些重要时刻寻找替代性叙事体系时，即便新基会的论点有一定长处，却始终难入法眼。正因如此，新基会的智库学者给人的印象是前卫经济学者、"重新思考经济"的学生和异端经济学家。相信以后的智库研究能集中在政治以外的领域，特别是那些处于变化中的领域，譬如经济学科本身的影响。

危机、紧张局势与解决方案

智库与目标受众连接的第二个障碍我在"滞后"假说中已经提到过，即过分夸大了智库的内聚力。事实上，危机发生期间的内部协调尤为艰难，原因有二。其一，尽管大部分智库都自认为有纯粹知识之外的发展动因，但也必须是实证的。2019年提出的"什么有效就做什么"政策或许稍显过时，然而在上一个新十年之交时，它还是主流，那时意识形态趋势的政策理念并不体面，尤其在谋求政治中心地位的时候。而且，此次经济危机的复杂性及其余波，让专家和大众都承认了自身知识的不足。在这种情境下改变人的想法，比起其他情况要容易让人接受一些。在我们的采访中，一些受访的智库学者也乐于举出自己观念转变的事例。其二，政治紧张形势的高度不确定性会促使智库内部的矛盾激发出来。政治立场并不是不可撼动的，与不同政见和不同社会网络的人士打交道应该基于研究工作的优先级和世界形势。以下各段将会就四个案例分别进行叙述。

新基会的主要支持者是环保主义者、竞选组织和异端经济学家，这让新基会的报道局限于中左翼媒体，而且在紧缩政策兴起后，新基会对经济政策领域的影响也微乎其微。新基会提出的"绿色新政"（力图解决凯恩斯主义和环保主义之间紧张关系的举措）与目前公共辩论中热门的"勒紧裤腰带过日子"的政策背道而驰（需要指出的是这个概念在时下越来越时髦，尤其在美国）。只能说新基会的机会窗口，来也匆匆去也匆匆。眼看着"协调性"话语于事无补，新基会也开始着眼于使用更多的"沟通性"话语。然而，受制于短期研究合同和由右翼操纵的媒体，新基会想要吸引公众改变经济辩论原则的尝试步履维艰。有鉴于此，新基会在向对其叙事风格不太买账的大众呈现论据的形式上所做的努力有目共睹。以往新基会提出对新经济形态的需求并不符合大众期待，如今新基会建立了反对普遍紧缩政策的统一舆论战线。新基会对框架的分析和组织成立的新经济研究网络都意在对联盟经济政策的论据及其经济运行

242

基本观点提出挑战。

　　自由派的亚当所尽管赞同联合政府对财政纪律的重视，在危机爆发的前几年，它的基础逐渐缩小，社交网络黏度呈下降趋势（Pautz 2012b）。保守党阵营的资源更丰富，内部的竞争也更激烈，亚当所的政策建议稍显不成熟就会被淘汰或被冠以过于极端的帽子而被束之高阁。这次危机为智库带来了更多潜在资助者，但人们也意识到了这意味着资本主义的失败，自由主义者名誉扫地，亚当所理论的传播困难重重，尤其是在年轻的人群中。正因如此，山姆·鲍曼和一批新的自由市场学者到任后，亚当所想尽办法吸引更多支持者，所谓的"软心肠自由主义"概念也是吸引更多支持者的策略之一。不过总的来说，权利为本的自由主义论点依然是亚当所的重要理念，围绕这个理念的内部讨论十分精彩。

　　国经所则在危机中被置于学术经济学和经济政策的摇摆错位中，智库在 2008—2010 年的计量经济学成果在政策制定方和公众中闻名遐迩。然而智库成果和数据如何被解读或引用，是智库面临的一大挑战。国经所反对联合政府的财政举措，某种程度上造成了官方政策和专家意见分歧的日益加大，因此智库不得不寻求政府资助之外的资金来源。简而言之，国经所研究成果的被引用数量相当可观，实质性的政策建议却很少被采纳，只见吆喝，不成买卖。此种背景下，采用更多的"沟通性"话语调整公共互动的方式，保证其中立和科学严谨的声誉对其大有裨益。可惜的是，虽然国经所做了诸多努力提高机构辨识度，其经济观点并未占据主流地位，甚至被指控过度政治化。

　　政策交流智库的发展轨迹由其权力关系中心的地位所决定，在卡梅伦时代，政策交流智库有着中右翼政策思想的特权论坛的身份。政策交流智库与保守党现代主义者的密切关系，意味着两者一荣俱荣，一损俱损。所以，每当智库想将被紧缩政策挤到一旁的"温情保守主义"重新提上日程时，内部气氛就会剑拔弩张。作为政治精英和政策专家的交汇点，现代化观念曾是政策交流智库的身份特征，然而在 2010 年的大选前夕让位于智库的新使命：设计详细、合理、符合政治主流思想的财政整顿计划。

总的来说，我认为，即便这四家智库的发展轨迹看上去相去甚远，还是存在四点
共性。第一，机构的转变并不是朝夕之间完成的，在此过程中每家智库内部的新旧公
共干预工作是并行的。比如一向以研究广度和专业度著称的国经所，危机后也继续
从事大量的媒体关注度和政治敏感度不高的课题研究。此外，亚当所在结果主义者
入主智库后，与智库原有的先验派和权利自由派的关系相当紧张，比如 2012 年亚当
所年度演讲就是以放任自由经济主张的拥趸者艾恩·兰德命名的，在她的职业生涯
中，她一直认为关注穷人的困境是令人反感的。

第二，思想层面的变迁最终都是落实到个体身上。值得深思的是我们的研究发
现，智库的主导者清一色都毕业于精英大学：卡里斯·阿福科（Carys Afoko）、丹尼
尔·沃金斯（Daniel Vockins）、山姆·鲍曼（Sam Bowman）、乔纳森·波特斯
（Jonathan Portes）和安德鲁·里利可（Andrew Lilico）。智库的公共干预的整个过程
都是人来完成的，智库本身是冷冰冰的机构名字，人赋予了其思想和声音，毕竟思想
与人是一体的。从这一点延展开去，智库里特定地位的人对公共干预的内容和形式
起到了至关重要的作用，同时其举措也关系到自身的社会形象。这一点无疑可以加
深我们对智库思想变迁原因和过程的理解。

第三，每家智库重新定位的过程受制于内部情势。新基会最显著的特点是同时
受凯恩斯增加公共开支思想和舒马赫"小即是美"环保主义理念的影响；亚当所则挣
扎于结果主义者和自由市场主义者的对立中；国经所则时而冷漠时而投入地对待政
策辩论；政策交流智库倡导"温情保守主义"而又支持严格削减公共开支政策。不过
这些冲突毕竟是"内部矛盾"，智库总力图消解。比如新基会的"绿色新政"倡议就旨
在平衡经济增长和环境问题，政策交流智库提出的"数字政府"意在改善政策成果、公
众参与度和削减政府开支。

第四，智库思想传播遇阻时更容易重新定位，即所谓的"变则通"。新基会和亚当
所吸引更大范围受众的努力就是力证，国经所也不甘落后针对非专业人士制作
YouTube 视频。下一部分，我将就智库信息输出和信息接收之间的不对称关系及智

库在公共领域冲突中的"适度"调和关系来论述这类组织在现代政治生活中的作用。

作为调节者的智库

接着上面的论述，我建议将智库在公共辩论中的作用描述为"调节"，这个词动静皆宜。毕竟大部分政策问题的公共辩论总被认作意识形态两极之间的冲突，被理性接受的往往是"适度"介于两个极端之间的建议。思想激进的智库可能会影响公共辩论的框架和边界，亚当所在 20 世纪 80 年代有过这种经历，不过政治舞台中心还是属于有理有节的智库（Ashforth and Gibbs 1990）。就这一点而言，智库获益于其权威性，因此致力于广泛的传播，不管受众是否意见一致。由此我们可以发现，智库的目的在于树立理性形象，从活动到出版物都是为了"调节"公共辩论中的合法性。

246　　"适度"的概念，本身就模棱两可且不透明，近期才在社会学上引起关注（Holmwood 2013；Holmwood et al. 2013）。不过，大家都已经心照不宣地将"适度"概念当作理解智库和专家的一个方式。大部分人都认为智库力图"调解"相关矛盾（Osborne 2004），并扮演了社会科学研究和政治政策之间沟通的桥梁的角色（Stone 2007）。梅德韦茨（Medvetz 2012a）认为智库是将资本从一个社会领域转至另一个社会领域的跨界组织，也与上面的说法不谋而合。另外，席尔瓦（Silva 2009：18）称专家是避免不同政治力量正面交锋的"调和型力量"。美国的右翼智库往往自称是学术界占主流地位的左翼思想的抗争者，在公共争论中为公众提供更全面的知识版图（Stahl 2016）。

批评者通常强调智库的政策参与和立场并非不偏不倚，反对者则认为左翼大学的院系在误导公众方面跟右翼智库难分伯仲（Stone 2007；Kay et al. 2013）。智库是不是合适的政策启蒙渠道以及有没有实现平衡公共辩论中的适度功能，并不在本文的研究范围内，成功的智库在影响政策辩论和塑造公众认知底线方面的作用是有目共睹的。

　　然而，正如政治极端事件并非一成不变一样，"适度"也没有客观、明确的标准来衡量。"适度"的定义在不同情景中各不相同，但作为一种希望调和极端的政治和思想立场，在深受左翼费边思想和右翼伯克思想影响的威斯敏斯特备受重视。此外，危机发生前的 20 年里，英国主流的工党（Pautz 2012a）和保守党（Wade 2013）都在所谓的"现代化"智库——公共政策研究所和政策交流智库的影响下，寻求占据一个空想的政治中心。冷战后的二元主义政策在政治上过于呆板和无趣证实了这一点。曾有一度，"有效"被视为政策主流思想，单纯强调意识形态显得十分不够占理。在这种大环境下涌现出来的智库，在扩大自身政治影响力的同时，致力于提出可行的、理性的而且可接受的政策建议。这一批新智库能在 20 世纪 70 年代那一批受意识形态驱动成立的智库中脱颖而出是不难理解的。

247

　　当然上面的部分论述无意将"适度"等同于"中心主义"。"适度"至少需要连贯性和链接公众需求的能力，而后者只是在试图冷却矛盾（Holmwood et al. 2013:8）。因此适度与合理的定义充斥着智库界，绝大部分智库自诩"适度"，至少不认为自身是僵化教条的机构。国经所机构的员工从来都坚持经济证据驱动的立场，新基会的目标是提供不受"旧"经济学束缚的新思维去应对人类面临的经济、社会和环境的危机。政策交流智库会员以制定合理的、政治上可行的政策为现代中右翼智库的任务。即便是亚当所这种在我们研究中个性鲜明独树一帜的智库，也在运用"奥弗顿之窗"策略以显得政策倾向并不极端。不过，同行相轻，我们做这一部分调研时，一些智库受访者总对其他智库的立场嗤之以鼻。

　　由此引出两个重要问题：一是谁来决定调节是适度的？二是何种情况下可以发生改变？英国脱欧公投的结果以及特朗普（Trump）和波索纳罗（Bolsonaro）当选总统，举世哗然，政治由温和转向极端的趋势已不可避免。目前，至少有两种方法来处理这些问题。其一，寻找美国、欧洲和其他区域愈演愈烈的民族主义浪潮兴起与智库和政策专家的割裂之间的关系（《华盛顿邮报》2017），不能一味认为智库一直坚持适度原则。其二，必须承认政治和认知危机注定会从最容易被调节的部分开始。

248

在正常时期，选择安稳还是推进政治现代化，仅受到政策和理性与公正性要求的影响，智库适度调节的公共反应相当平稳。但一旦危机发生，就必须采取必要的政治举措。对危机的话语使用至关重要，危机有划时代的意义，而且对策型政治举措带来的政治后果充满不确定性。因此，危机在历史学研究中被视为两个相互关联的概念出现（Koselleck 2002：240）。其一，作为"迭代式分期概念"，也就是历史走向的分水岭；修昔底德在论述伯罗奔尼撒战争中一些关键战役时第一次使用了这个概念。其二，作为对既定历史的判断，意图揭示历史的真实性，通常是在一个时代结束时使用。所以说，如果一个特定时刻被认为是"关键时刻"，那么就需要去界定相关的行动和关注点。

2008 年的危机完美阐释了整个过程。危机后，公众眼中的学术经济学家和经济

249　学科不再光环笼罩，公众对专家言论的质疑也越来越理直气壮，以往傲视政策圈层的经济学权威声势渐微。不过让人费解的是，专家权威虽然在消逝，公众对政治行动和紧缩经济政策的需求却都亟待经济学的理论支撑。不得不说，危机后的经济学犹如可以独自发功的幽灵，一旦有了躯壳法力就会失效。

不管是受北美政治科学（Abelson 2012）、葛兰西学派（Pautz 2016）还是话语制度主义（Ladi 2011）的影响，智库研究专家都认为政治转型期或局势尚未明朗时，是智库发挥影响力的最佳时机。2008 年的危机造就了这种机会，很多智库学者都是在危机发生后感受到了危险和机会共生并存。智库在危机的混乱中遭遇了各种外部压力，虽然不应夸大它们驱动政策的重要性，但智库确实发挥了"调节者"的角色，帮助建立解读和解决危机的舆论氛围。

在英国，政府遵守财政纪律依然是共识（Berry 2016），政治辩论主要集中在政府的债务水平上。2009 年初保守党是赞成工党的开支计划的，但到了年底，就提出政府的铺张浪费导致了经济衰退，转而主张实行大幅度的削减政策。公共开支的"适度"即是对工党执政时期"过度"的反击（de Goede 2009；Sinclair 2010）。这个激进的政策最终实施后，公众还是认为其推进是比较温和的，从这种意义上说，大部分公众

眼中的紧缩政策是务实的，并不是由于党派立场对立，尽管大多数的政策专家并不赞同。不得不提一句，2009 年之前政客们普遍认为这种政策过于苛刻。

回望国经所的经验，不得不思忖技术专家在"适度"原则里扮演何种角色。如果真的遵循他们基于经济学共识的意见，官方对衰退的对策可以说是无理无据，但不幸的是，经济学的共识早已失去其公信力。用布尔迪厄主义的话来说，学术经济学的资本转化率已然下降，边缘学说反而占据了政治和媒体的中心位置。因此，梅德韦茨（Medvetz 2012b）认为对智库的间质性领域研究应该聚焦于其跨领域的调节功能上，在不同的政策立场及行动上进行互证。顺着梅德韦茨的思路，智库的适度调节功能应当放在更广泛的动态领域中去考虑，关注其在不稳定环境中发挥的超越本意的价值，这或许可以解释为何被公众接受的适度和合理的政策并不一定由经济学家所决定。

本书四个案例智库中，政策交流智库是最符合适度调节者角色的智库，政策交流智库处于权力的网络中心时有多风光，在政治动荡后就有可能摔得多惨。尽管很早就被贴上"温情保守主义"的标签，政策交流智库在政治风向转向时依然难逃被抛弃的命运，最具影响力的智库尚且如此，其他智库又怎能规避外部压力的影响呢？政策交流智库还不得不保持适度温和的态度，随着经济、社会、英国的脱欧及移民问题的出现，其立场也日益坚定。通过本书可以发现，政治中心性和知识可塑性紧密相关，两者之间的因果关系值得探究。毕竟，适度的概念总是跟当下被认为的"极端"联系在一起的，我们应当牢记霍姆伍德（Holmwood）的警告，他在探讨专家和公众间的关系时表示：

　　专业知识服务于政治和行政精英的国家，出于适度调和目的的专家意见很容易被民粹动员所影响。（Holmwood 2013：187）

本书成稿于 2019 年，如今公众对专业知识的质疑有过之而无不及，即便政府出于实证和合法性的考虑始终需要专家话语。昔日的专家不再被认为是适度温和的，试图从传统知识的角度让权力接受**真话**（truth）越来越难。由此涌现了以提供符合政治要求的政策知识为使命的新型的"有限创新者"。上面也有提到，智库和公众是你中有我、我中有你的关系。

参考文献

[1] Abelson, D. (2012). Theoretical models and approaches to understanding the role of lobbies and think tanks in US foreign policy. In S. Brooks, D. Stasiak, & T. Zyro (Eds.), *Policy expertise in contemporary democracies*. Farnham: Ashgate.

[2] Alcock, P., Parry, J., & Taylor, R. (2012). *From crisis to mixed picture to phoney war: Tracing third sector discourse in the 2008/9 recession* (Third Sector Research Centre Research Report [78]). Accessed 27 May 2015. http://epapers. bham. ac. uk.

[3] Ashforth, B., & Gibbs, B. (1990). The double-edge of organizational legitimation. *Organization Science, 1*(2), 177 – 194.

[4] Berry, M. (2016). No alternative to austerity: How BBC broadcast news reported the deficit debate. *Media, Culture and Society, 38*(6), 844 – 863.

[5] Charity Commission. (2010). *Charities and the economic downturn*. Accessed 18 November 2015. https://www. gov. uk/government/publications/charities-and-the-economic-downturn-parliamentary-briefing.

[6] de Goede, M. (2009). Finance and the excess: The politics of visibility in the credit crisis. *Zeitschrift für Internationale Beziehungen, 16*(2), 295 – 306.

[7] Denham, A., & Garnett, M. (1998). *British think tanks and the climate of opinion*. London: UCL Press.

[8] Dewey, J. (1946 [1927]). *The Public and its problems: An essay in political inquiry*. Chicago: Gateway Books.

[9] Holmwood, J. (2013). Rethinking moderation in a pragmatist frame. *The Sociological Review, 61*(2), 180 – 195.

[10] Holmwood, J., Smith, T., & Thomas, A. (2013). Sociologies of moderation. *The Sociological Review, 61*(2), 6 – 17.

[11] Kay, L., Smith, K., & Torres, J. (2013). Think tanks as research mediators? Case studies from public health. *Evidence and Policy, 59*(3), 371 – 390.

[12] Kingdon, J. (2003). *Agendas, alternatives and public policies*. New York: Longman.

[13] Koselleck, R. (2002). *The practice of conceptual history*. Stanford: Stanford University Press.

[14] Ladi, S. (2011). Think tanks, discursive institutionalism and policy change. In G. Papanagnou (Ed.), *Social science and policy challenges: Democracy, values and capacities*. Paris: UNESCO.

[15] Medvetz, T. (2012a). *Think tanks in America*. Chicago: University of Chicago Press.

[16] Medvetz, T. (2012b). Murky power: 'Think tanks' as boundary organizations. In D. Golsorkhi, D. Courpasson, & J. Sallaz (Eds.), *Rethinking power in organizations, institutions, and markets: Research in the sociology of organizations* (pp. 113 – 133). Bingley: Emerald Group Publishing.

[17] Osborne, T. (2004). On mediators: Intellectuals and the ideas trade in the knowledge society. *Economy & Society, 33*(4), 430 – 447.

[18] Pautz, H. (2012a). *Think tanks, social democracy and social policy*. London: Palgrave Macmillan.

[19] Pautz, H. (2012b). The think tanks behind 'cameronism'. *British Journal of Politics and International Relations, 15*(3), 362 – 377.

[20] Pautz, H. (2016). Managing the crisis? Think tanks and the British response to

global financial crisis and great recession. *Critical Policy Studies, 11*(2), 191 – 210 [Online early access].

[21] Schmidt, V. (2008). Discursive institutionalism: The explanatory power of ideas and discourse. *Political Science, 11*(1), 303 – 322.

[22] Silva, P. (2009). *In the name of reason: Technocrats and politics in Chile.* University Park: Penn State University Press.

[23] Sinclair, T. (2010). Round up the usual suspects: Blame and the subprime crisis. *New Political Economy, 15*(1), 91 – 107.

[24] Stahl, J. (2016). *Right moves: The conservative think tank in American political culture since 1945.* Chapel Hill: University of North Carolina Press.

253　[25] Stone, D. (2007). Recycling bins, garbage cans or think tanks? *Public Administration, 85*(2), 259 – 278.

[26] Wade, R. (2013). *Conservative Party economic policy: From Heath in opposition to Cameron in coalition.* Basingstoke: Palgrave Macmillan.

[27] *Washington Post.* (2017). *Trump could cause 'the death of think tanks as we know them'.* Accessed 12 May 2017. https://www. washingtonpost. com/opinions/global-opinions/trump-could-cause-the-death-of-think-tanks-as-weknow-them/2017/01/15/8ec3734e-d9c5-11e6-9a36-1d296534b31e_story. html?utm_term＝. 48b548c7a5f9.

后记：知识变革的比较社会学

本书的理论动机有二。首先，我对负有知识使命的机构如何应对含有认知因素的危机很有兴趣，尤其当这些机构对自身倡导的理念需要付出实质性代价的时候。有鉴于金融业在英国的重要性，英国智库可以作为智力机构的典型用以审视 2008 年经济危机后类似知识机构发生的变化。介绍完几家智库的实践后，我希望进一步研究智力机构的协作和不确定性。但愿本书的读者已通过我模糊又谦虚的方式获取了适用于考察知识机构及其集体组织、公共干预、内部协调以及如何适应舆论环境的理论和方法。

其次，我在书籍的最后几段有提到过，是关于社会学家的"次级"知识分子角色，至少我们这样认为。我们学科中的很多人可能没注意到，不管社会科学理解社会知识的初衷如何，其权威已经在公众中受到损害，在某些领域的声誉甚至无法挽回。不管我们怎么做，我们总被认为不够公正、不足以拥有专家权威。因此，社会学领域外的受众，还有在愈演愈烈的全球反智浪潮中的公众，没兴趣听社会学的概念和新发现，不仅因为他们认为社会学无趣或靠不住，也因为他们认为社会学的发现在政治上不可信。

对于社会科学和人类学来说，摒弃空想成为积极科学的优势在于让研究者更深刻地认识其研究对象，这当然值得赞扬且很有必要。不过质疑也随之而来：为何在社会问题的判断上，就要多听取社会学家的意见？因此，相当一部分社会学家的公共干预"胎死腹中"，而且很多其他类型的专家和智库学者取代了社会学家的理想角色，在公共辩论中游刃有余（Medvetz 2012；Misztal 2012）。

不过，这种怀疑仅仅是对"软"学科的顾虑并不正确。国经所的实践表明，当下

"硬"学科或有志于此的学科已然无法像以往一样指点江山了。此外，撇开 2008 年经济危机，此前对国际问题进行解读或预测的专家早就被拉下神坛了，当下对人为气候变化和 MMR（译者注：三联疫苗）安全性的争论都是很好的例证。在传统认知权威的缝隙里，外来者不再是被人人喊打的"江湖郎中"，新来的公共干预者也不再拘泥于所谓的专家共识。在智库领域，这为"适度"政策理念和专业知识的传播营造了空间，认知自治和有说服力的专家们退居次要地位。

长期来看，公众对专家的质疑已给智库学者，尤其是有政治能量的这一批学者带来很大影响。以往取决于政治中心性的政策机构，现在不得不面对仅从事将政治压力转化为可实施的政策报告工作的局面。一位亚当所的受访者表示，未来智库工作可能更多地倾向于"见风使舵"的状况，依政治局势的变化进行政策研究，但缺乏长期深入的预警性研究。直白来讲，这种情势更适合"温和型"智库，仅为政府并不科学的政策进行背书。2016 年之后，这种例子比比皆是。

基于上述情况，智库学者被冠以"砖家"、傀儡或传声筒的称号就不足为奇了。根据阿拉赛德（à la Saïd 1994）对知识分子的标准定义，这个结论很容易得出，我也会受其影响。但从方法论和务实的角度还是值得商榷的：即便智库存在着先入为主的偏见，智库的公共干预在公共辩论中的作用仍值得研究。再者，智库表现出了强大的变革和学习的能力，不管驱动变革的原因是什么，我们都能从研究中获益良多。

不过还有一个更深层次的原因可以避免仅将智库作为政策部门的副产品。很多研究智库的社会学家直言，他们意在压缩自治型尤其是学术派学者的生存空间。但对专业知识的怀疑早已司空见惯，此种做法效果甚微，而且被认为是祥林嫂式的抱怨，并不能博得同情，即便是抱怨，都慢了批评者一步，亦复哀哉。

申辩已无济于事，我认为知识分子社会学的研究对弄清主客观之争及专家、宣传家和外行之间陈旧的分歧有重要作用。不过这种社会学需要改掉刻意疏远社会的毛病。韦伯式社会学研究早就说过，如果不能深入他人的世界观，那至少去了解他们言行方面的逻辑或某一个时间点能自圆其说的逻辑。这就要求我们即便对某人的政见嗤之以鼻，也要去学习他的说话方式。

此种情形下，出于相互尊重，我们需要花更多的力气去学习他人（包括他人的语言），学会用他人的立场思考，了解他人思想背后的根源所在。从更根本上说，我们需要像有党派倾向的智库学者一样去体验和理解这个多样化的世界：为何我之砒霜会是他人之蜜糖？简而言之，避免黑泽明《罗生门》式的情况，避免鸡同鸭讲的沟通方式，需要我们努力将双方的立场、事态的发展以及背后的关联度整合起来。

综上所述，希望我做的研究能为上述思路做一些贡献，毕竟知识分子社会学归根到底是政体社会学。

参考文献

[1] Medvetz, T. (2012). *Think tanks in America*. Chicago: University of Chicago Press.

[2] Misztal, B. (2012). Public intellectuals and think tanks: A free market in ideas? *International Journal of Politics, Culture and Society*, 25(4), 127-141.

参考文献

[1] Abelson, D. (2002). Do think tanks matter? Opportunities, constraints and incentives for think tanks in Canada and the United States. *Global Society, 14* (2), 213 – 236.

[2] Abelson, D. (2012). Theoretical models and approaches to understanding the role of lobbies and think tanks in US foreign policy. In S. Brooks, D. Stasiak, & T. Zyro (Eds.), *Policy expertise in contemporary democracies*. Farnham: Ashgate.

[3] Aberbach, J., & Rockman, B. (2002). Conducting and coding elite interviews. *PS: Political Science & Politics, 35*(4), 673 – 676.

[4] Abolafia, M. (2010). Narrative construction as sensemaking: How a central bank thinks. *Organization Studies, 31*(3), 349 – 367.

[5] Ahearne, J. (2010). *Intellectuals, culture and public policy in France: Approaches from the left*. Liverpool: Liverpool University Press.

[6] Alcock, P., Parry, J., & Taylor, R. (2012). *From crisis to mixed picture to phoney war: Tracing third sector discourse in the 2008/9 recession* (Third Sector Research Centre Research Report [78]). Accessed 27 May 2015. http://epapers. bham. ac. uk.

[7] Alesina, A., & Ardagna, S. (2009). *Large changes in fiscal policy: Taxes versus spending* (NBER Working Papers, 15438). Accessed 10 April 2015. http://www. nber. org/papers/w15438. pdf.

[8] Alonso, W. , & Starr, P. (Eds.). (1987). *The politics of numbers*. New York: Sage.

[9] Álvarez-Rivadulla, M. , Markoff, J. , & Montecinos, V. (2010). The trans-American market advocacy think tank movement. In A. Garcé & G. Uña (Eds.), *Think tanks and public policies in Latin America* (pp. 172 – 199). CIPPEC: Buenos Aires.

[10] Anderson, R. (2016). The Rashomon effect and communication. *Canadian Journal of Communication, 41*(2), 250 – 265.

[11] Ashforth, B. , & Gibbs, B. (1990). The double-edge of organizational legitimation. *Organization Science, 1*(2), 177 – 194.

[12] Atkinson, P. , & Coffey, A. (2004). Analysing documentary realities. In D. Silverman (Ed.), *Qualitative research: Theory, method and practice* (pp. 56 – 75). London: Sage.

[13] Aupers, S. (2012). Trust no one: Modernization, paranoia and conspiracy culture. *European Journal of Communication, 27*(22), 22 – 34.

[14] Austin, J. (1961). *How to do things with words*. Oxford: Clarendon.

[15] Babrow, A. , & Russell, L. (2011). Risk in the making: Narrative, problematic integration, and the social construction of risk. *Communication Theory, 21*(3), 239 – 260.

[16] Baert, P. (2012). Positioning theory and intellectual interventions. *Journal for the Theory of Social Behaviour, 42*(3), 304 – 324.

[17] Baert, P. (2015). *The existentialist moment: The rise of Sartre as a public intellectual*. Cambridge: Polity.

[18] Baert, P. (2016). The philosopher as public intellectual. In M. Desch (Ed.), *Public intellectuals in the global arena: Professors or pundits* (pp. 163 – 181).

Notre Dame: University of Notre Dame Press.

[19] Baert, P. , & Booth, J. (2012). Tensions within the public intellectual: Political interventions from Dreyfus to the new social media. *International Journal of Politics, Culture and Society, 25*(4), 111 - 126.

[20] Baert, P. , & Morgan, M. (2015). *Conflict in the academy: A study in the sociology of intellectuals*. London: Palgrave Pivot.

[21] Baert, P. , & Shipman, A. (2012). Transforming the intellectual. In P. Baert & F. Domínguez Rubio (Eds.), *The politics of knowledge* (pp. 179 - 204). New York: Routledge.

[22] Ball, S. , & Exley, S. (2010). Making policy with 'good ideas': Policy networks and the 'intellectuals' of New Labour. *Journal of Education Policy, 25*(2), 151 - 169.

[23] Banet-Weiser, S. (2012). Branding the crisis. In J. Caraç, G. Cardoso, & M. Castells (Eds.), *Aftermath: The cultures of economic crisis* (pp. 107 - 131). Oxford: Oxford University Press.

[24] Barrell, R. , Davis, P. , Karim, D. , & Liadze, I. (2010). Bank regulation, property prices and early warning systems for banking crises in OECD countries. *Journal of Banking and Finance, 34*, 2255 - 2264.

[25] Barrell, R. , Hurst, I. , & Kirby, S. (2009). The macroeconomic implications of pension reform. In D. France (Ed.), *Pension reform, fiscal policy and economic performance*. Rome: Bank of Italy.

[26] Bauman, Z. (1989). *Legislators and interpreters: On modernity, postmodernity and intellectuals*. Cambridge: Polity.

[27] BBC. (2007). *Northern Rock: Expert views*. Accessed 20 March 2015. http://news.bbc.co.uk/1/hi/business/6999246.stm.

[28] BBC. (2008). *Policy Exchange dispute—Update.* Accessed 15 February 2016. http://www.bbc.co.uk/blogs/newsnight/2008/05/policy_exchange_dispute_ update.html.

[29] BBC. (2009a). *Brown calls for 'green new deal.'* Accessed 10 October 2014. http://news.bbc.co.uk/1/hi/uk_politics/7927381.stm.

[30] BBC. (2009b). *UK recession 'worst since 1930s.'* Accessed 28 October 2015. http://news.bbc.co.uk/1/hi/business/8034879.stm.

[31] BBC. (2009c). *UK recovery 'to take five years.'* Accessed 28 October 2015. http://news.bbc.co.uk/1/hi/business/8162217.stm.

[32] BBC. (2013). *Eamonn on BBC Breakfast TV on fizzy drinks tax.* Accessed 21 March 2015. https://www.youtube.com/watch?v=YWIyjUNlZ08.

[33] BBC. (2017). *Crash was economists' 'Michael Fish' moment, says Andy Haldane.* Accessed 15 September 2018. https://www.bbc.com/news/uk-politics-38525924.

[34] Beck, U., & Wehling, P. (2012). The politics of non-knowing: An emergent area of social and political conflict in reflexive modernity. In P. Baert & F. Domínguez Rubio (Eds.), *The politics of knowledge* (pp. 33 – 57). New York: Routledge.

[35] Benson, R. (1999). Field theory in comparative context: A new paradigm for media studies. *Theory & Society, 28*(3), 463 – 498.

[36] Bentham, J. (2006). The IPPR and Demos: Think tanks of the new social democracy. *Political Quarterly, 77*(2), 166 – 174.

[37] Berry, M. (2016). No alternative to austerity: How BBC broadcast news reported the deficit debate. *Media, Culture & Society, 38*(6), 844 – 863.

[38] Bloor, D. (1991 [1976]). *Knowledge and social imagery.* Chicago: University

of Chicago Press.

[39] Bockman, J., & Eyal, G. (2002). Eastern Europe as a laboratory for economic knowledge: The transnational roots of neoliberalism. *American Journal of Sociology, 108*(2), 310 – 352.

[40] Boin, A., t' Hart, P., & McConnell, A. (2009). Crisis exploitation: Political and policy impacts of framing contests. *Journal of European Public Policy, 16*(1), 81 – 106.

[41] Boje, D. (2001). *Narrative methods for organizational and communication research*. London: Sage.

[42] Boltanski, L., & Thévenot, L. (2006). *On justification: Economies of worth*. Princeton: Princeton University Press.

[43] Boswell, C. (2008). The political functions of expert knowledge: Knowledge and legitimation in European Union immigration policy. *Journal of European Public Policy, 15*(4), 471 – 488.

[44] Boswell, C. (2009). *The political uses of expert knowledge: Immigration policy and social research*. Cambridge: Cambridge University Press.

[45] Bourdieu, P. (1977). *Outline of a theory of practice*. Cambridge: Cambridge University Press.

[46] Bourdieu, P. (1984). *Distinction: A social critique of the judgement of taste*. Cambridge, MA: Harvard University Press.

[47] Bourdieu, P. (1986). The forms of capital. In J. Richardson (Ed.), *Handbook of theory and research for the sociology of education* (pp. 241 – 258). New York: Greenwood.

[48] Bourdieu, P. (1988). Vive la crise!: For heterodoxy in social science. *Theory & Society, 17*(5), 773 – 787.

［49］ Bourdieu, P. (1990). *Homo academicus*. Stanford: Stanford University Press.

［50］ Bourdieu, P. (1991). *Language and symbolic power*. Cambridge, MA: Harvard University Press.

［51］ Bourdieu, (1996 ［1992］). *The rules of art: Genesis and structure of the literary field*. Stanford: Stanford University Press.

［52］ Bourdieu, P. (2000). *Les structures sociales de l'économie*. Paris: Éditions du Seuil.

［53］ Bourdieu, P. (2001). *Science de la science et réflexivité*. Paris: Raisons d'agir.

［54］ Bourdieu, P. , & Wacquant, L. (1992). *An invitation to reflexive sociology*. Chicago: University of Chicago Press.

［55］ Bowen, G. (2009). Document analysis as a qualitative research method. *Qualitative Research Journal*, *9*(2), 27 – 40.

［56］ Boyle, D. (2014). *Broke: Who killed the middle classes?* London: Fourth Estate.

［57］ Brändström, A. , & Kuipers, S. (2003). From 'normal incidents' to political crises: Understanding the selective politicization of policy failures. *Government and Opposition*, *38*(3), 279 – 305.

［58］ Brenton, M. , Maltby, K. , & Shorthouse, R. (Eds.). (2014). *The moderniser's manifesto*. London: Bright Blue.

［59］ Bronk, R. (2009). *The romantic economist: Imagination in economics*. Cambridge: Cambridge University Press.

［60］ Brooks, S. (2012). Speaking truth to power: The paradox of the intellectual in the visual information age. In S. Brooks, D. Stasiak, & T. Zyro (Eds.), *Policy expertise in contemporary democracies* (pp. 69 – 85). Farnham:

Ashgate.

[61] Bryan, D., Martin, R., Montgomerie, J., & Williams, K. (2012). An important failure: Knowledge limits and the financial crisis. *Economy & Society, 41*(3), 299 – 315.

[62] Budd, A. (1999). Learning from the wise people. *The Manchester School Supplement, 67*(Suppl.), 36 – 48.

[63] Burt, R. (2005). *Brokerage and closure: An introduction to social capital*. Oxford: Oxford University Press.

[64] Business Spectator. (2010). *Oliver Marc Hartwich: It's time Henry had an umpire*. Accessed 3 April 2016. https://web. archive. org/web/201204152355 26/http://www. businessspectator. com. au/bs. nsf/Article/MRRT-RSPR-Treasury-statistics-macroeconomics-pd20100720-7J7PX?OpenDocument.

[65] Butler, E. (1985). *Hayek: His contribution to the political and economic thought of our time*. New York: Universe Publishing.

[66] Butler, E. (2007). *Adam Smith: A primer*. London: IEA.

[67] Butler, E. (2008). *The best book on the market: How to stop worrying and love the free economy*. Oxford: Capstone.

[68] Butler, E. (2009a). *The rotten state of Britain: Who is causing the crisis and how to solve it*. London: Gibson Square.

[69] Butler, E. (2009b). The financial crisis: Blame governments, not bankers. In P. Booth (Ed.), *Verdict on the crash: Causes and policy implications* (pp. 51 – 58). London: IEA.

[70] Butler, E. (2010a). *The alternative manifesto: A 12-step programme to remake Britain*. London: Gibson Square.

[71] Butler, E. (2010b). *Ludwig Von Mises: A primer*. London: IEA.

[72] Butler, E. (2010c). *Austrian economics: A primer*. London: IEA.

[73] Butler, E. (2011a). *Milton Friedman: A concise guide to the ideas and influence of the free-market economist*. Petersfield: Harriman House.

[74] Butler, E. (2011b). *The condensed wealth of nations*. London: Adam Smith Institute.

[75] Butler, E. (2012a). *Friedrich Hayek: The ideas and influence of the libertarian economist*. Petersfield: Harriman House.

[76] Butler, E. (2012b). *Public choice: A primer*. London: IEA.

[77] Butler, E. (2013). *Foundations of a free society*. London: IEA.

[78] Calhoun, C. (1995). *Critical social theory: Culture, history and the challenge of difference*. Oxford: Blackwell.

[79] Callon, M. (2007). What does it means to say that economics is performative? In D. MacKenzie, F. Muniesa, & L. Siu (Eds.), *Do economists make markets? On the performativity of economics* (pp. 311 – 356). Princeton, NJ: Princeton University Press.

[80] Campbell, J. (2002). Ideas, politics and public policy. *Annual Review of Sociology, 28*(1), 21 – 38.

[81] Campbell, J., & Pedersen, O. (2011). Knowledge regimes and comparative political economy. In D. Béland & R. Cox (Eds.), *Ideas and politics in social science research* (pp. 167 – 190). New York: Oxford University Press.

[82] Carstensen, M. (2011). Paradigm man vs. the bricoleur: Bricolage as an alternative vision of agency in ideational change. *European Political Science Review, 3*(1), 147 – 167.

[83] Charity Commission. (2010). *Charities and the economic downturn*. Accessed 18 November 2015. https://www. gov. uk/government/publications/charities-

and-the-economic-downturn-parliamentary-briefing.

[84] Charity Commission. (2013, September 1). *What makes a charity (CC4)*. Accessed 10 January 2016. https://www. gov. uk/government/publications/ what-makes-a-charity-cc4.

[85] Clark, S. (2012). *They can't help themselves: Anyone who contradicts the tobacco control industry must be a stooge of Big Tobacco*. London: FOREST. Accessed 15 March 2015. http://taking-liberties. squarespace. com/blog/2012/ 2/20/asi-acting-as-mouthpiece-for-the-tobacco-industry-says-ash. html.

[86] Coats, A. W. (Ed.). (2000). *The development of economics in Western Europe since 1945*. London: Routledge.

[87] Cockett, R. (1995). *Thinking the unthinkable*. London: HarperCollins.

[88] Collini, S. (2006). *Absent minds: Intellectuals in Britain*. Cambridge: Cambridge University Press.

[89] Collins, R. (2002). *The sociology of philosophies*. Cambridge, MA: Belknap Press.

[90] ConservativeHome. (2009). *Policy Exchange appoints Andrew Lilico as its chief economist*. Accessed 12 March 2016 http://conservativehome. blogs. com/torydiary/think_tanks_and_campaigners/.

[91] ConservativeHome. (2010). *Philip Booth: Why I have reservations about the "Nudge" philosophy.* Accessed 12 March 2016. http://www. conservativehome. com/platform/2010/03/philip-booth-why-i-have-reservations-aboutthe-nudge- philosophy. html.

[92] ConservativeHome. (2011). *Andrew Lilico: Stick to the course, Mr Osborne. Don't let Ed Balls bore you into submission*. Accessed 21 April 2016. http:// www. conservativehome. com/platform/2011/06/yaaawwn. html.

[93] ConservativeHome. (2013). *Andrew Lilico: What Jonathan Portes gets wrong and why*. Accessed 15 October 2015. http://www. conservativehome. com/ platform/2013/01/andrew-lilico-what-jonathan-portes-gets-wrong-andwhy. html.

[94] Converse, P. (2006 [1964]). The nature of belief systems in mass publics. *Critical Review: A Journal of Politics and Society, 18*(1), 1 – 74.

[95] Cooren, F. (2016). *Organizational discourse: Communication and constitution*. London: Wiley.

[96] Couldry, N. (2003). Media meta-capital: Extending the range of Bourdieu's field theory. *Theory & Society, 32*(5/6), 653 – 677.

[97] Crehan, K. (2011). Gramsci's concept of common sense: A useful concept for anthropologists?*Journal of Modern Italian Studies, 16*(2), 273 – 287.

[98] Crehan, K. (2016). *Gramsci's common sense: Inequality and its narratives*. Durham: Duke University Press.

[99] Cronin, B. (2010). The diffusion of heterodox economics.*American Journal of Economics and Sociology, 69*(5), 1475 – 1494.

[100] Crosthwaite, P. (2012). Is a financial crisis a trauma?*Cultural Critique, 82*(3), 34 – 67.

[101] Crouch, C. (2011). *The strange non-death of neoliberalism*. Cambridge: Polity.

[102] CUSPE. (2013). *Stewart Wallis—The flawed dominance of economics*. Accessed 4 November 2014. https://www. youtube. com/watch? v＝7TbpQlc WaYQ.

[103] Czarniawska, B. (1998). *A narrative approach to organization studies*. London: Sage.

[104] *Daily Telegraph*. (2001). Norman still selling Portillo's dream. Accessed 15 March 2016. http://www.telegraph.co.uk/news/uknews/1334767/Normanstill-selling-Portillos-dream.html.

[105] *Daily Telegraph*. (2009a). Free-market network demands bail-out for pharmaceutical industry. Accessed 20 February 2015. http://blogs.telegraph.co.uk/news/alexsingleton/8145947/freemarket_network_demands_bailout_for_pharmaceutical_industry/.

[106] *Daily Telegraph*. (2009b). If David Cameron wants to govern, he should stop being afraid of ideas. Accessed 24 April 2016. http://www.telegraph.co.uk/comment/columnists/simonheffer/5700830/If-David-Cameron-wants-togovern-he-should-stop-being-afraid-of-ideas.html.

[107] *Daily Telegraph*. (2009c). Top 100 most influential Right-wingers, 50–51. Accessed 20 March 2016. http://www.telegraph.co.uk/news/politics/conservative/6256390/Top-100-most-influential-Right-wingers-50-1.html.

[108] *Daily Telegraph*. (2009d). Madsen Pirie: The Archbishop of Canterbury caricatures consumers and fires at token targets. Accessed 18 February 2015. http://www.telegraph.co.uk/comment/personal-view/6315892/The-Archbishop-of-Canterbury-caricatures-consumers-and-fires-at-tokentargets.html.

[109] *Daily Telegraph*. (2009e). Madsen Pirie: Lord Stern is wrong: Giving up meat is no way to save the planet. Accessed 20 February 2015. http://www.telegraph.co.uk/news/earth/environment/climatechange/6445930/Lord-Sternis-wrong-giving-up-meat-is-no-way-to-save-the-planet.html.

[110] *Daily Telegraph*. (2009f). Sir Bryan Hopkin. Accessed 20 March 2016. http://www.telegraph.co.uk/news/obituaries/politics-obituaries/6638037/Sir-Bryan-Hopkin.html.

[111] *Daily Telegraph*. (2010). Capital gains tax: Q&A. Accessed 20 March 2015. http://www. telegraph. co. uk/finance/personalfinance/capital-gains-tax/7771490/Capital-Gains-Tax-QandA. html.

[112] *Daily Telegraph*. (2011). Neil O'Brien: Why the deficit deniers are deliberately missing the point. Accessed 15 March 2016. https://web. archive. org/web/20160326235251/http://blogs. telegraph. co. uk/news/neilobrien1/100074386/why-the-deficit-deniers-are-deliberately-missing-the-point/.

[113] *Daily Telegraph*. (2012). It doesn't matter who funds think tanks, but if it did, left-wing ones would do particularly badly. Accessed 20 February 2015. http://blogs. telegraph. co. uk/finance/timworstall/100018107/it-doesnt-matter-who-funds-think-tanks-but-if-it-did-left-wing-ones-would-do-particularly-badly/.

[114] Davenport, C. (2010). *Media bias, perspective, and state repression: The Black Panther Party*. Cambridge: Cambridge University Press.

[115] Davies, W., & McGoey, L. (2012). Rationalities of ignorance: On financial crisis and the ambivalence of neoliberal epistemology. *Economy & Society, 41*(1), 64 – 83.

[116] Dean, M. (2012). Rethinking neoliberalism. *Journal of Sociology, 50*(2), 150 – 163.

[117] de Goede, M. (2009). Finance and the excess: The politics of visibility in the credit crisis. *Zeitschrift für Internationale Beziehungen, 16*(2), 295 – 306.

[118] Denham, A., & Garnett, M. (1996). The nature and impact of think tanks in contemporary Britain. *Contemporary British History, 10*(1), 43 – 61.

[119] Denham, A., & Garnett, M. (1998). *British think tanks and the climate of opinion*. London: UCL Press.

[120] Denham, A., & Garnett, M. (2004). A 'hollowed out' tradition? British

think tanks in the twenty-first century. In A. Denham &. D. Stone (Eds.), *Think tank traditions* (pp. 232 – 246). Manchester: Manchester University Press.

[121] Denham, A., &. Garnett, M. (2006). What works? British think tanks and the end of ideology. *Political Quarterly, 77*(2), 156 – 165.

[122] Denham, A., &. Stone, D. (Eds.). (2004). *Think tank traditions*. Manchester: Manchester University Press.

[123] Desai, R. (1994). Second hand dealers in ideas: Think tanks and Thatcherite hegemony. *New Left Review, 203*(1), 27 – 64.

[124] Dewey, J. (1946 [1927]). *The public and its problems: An essay in political inquiry*. Chicago: Gateway Books.

[125] Dexter, L. (2006). *Elite and specialized interviewing*. Colchester: ECPR Press.

[126] DiMaggio, P., &. Powell, W. (Eds.). (1991). *The new institutionalism in organizational analysis*. Chicago: University of Chicago Press.

[127] Djelic, M. L. (2014). *Spreading ideas to change the world: Inventing and institutionalizing the neoliberal think tank* (Social Science Research Network). Accessed 22 February 2015. http://papers. ssrn. com/sol3/papers. cfm? abstract_id=2492010.

[128] Dobry, M. (2009). *Sociologie des crises politiques*. Paris: Science Po, Les Presses.

[129] Domhoff, G. W. (1967). *Who rules America?* New York: McGraw Hill.

[130] Durkheim, E. (1995 [1912]). *The elementary forms of religious life*. New York: The Free Press.

[131] DWP. (2010). *Consultation responses to 21st century welfare*. Accessed 25

March 2015. https://www. gov. uk/government/uploads/system/uploads/ attachment_ data/file/181144/21st-century-welfare-response. pdf.

[132] Eisenhardt, K. (2002). Building theories from case study research. In M. Huberman & M. Miles (Eds.), *The qualitative researcher's companion* (pp. 4 - 36). Thousand Oaks: Sage.

[133] Ekins, P. (1986). *The living economy*. London: Routledge.

[134] Emirbayer, M., & Johnson, V. (2008). Bourdieu and organizational analysis. *Theory & Society, 37*, 1 - 44.

[135] Engelen, E., Erturk, I., Froud, J., Johal, S., Leaver, A., Moran, M., et al. (2011). *Misrule of experts? The financial crisis as elite debacle* (CRESC Working Paper Series, 94).

[136] European Students for Liberty. (2014). *Madsen Pirie: Prospects for liberty*. Accessed 25 March 2015. https://www. youtube. com/watch?v=BHP0GrBhuNs.

[137] Evans, R. (1999). *Macroeconomic forecasting: A sociological appraisal*. London: Routledge.

[138] Evans, K. (2011). 'Big society' in the UK: A policy review. *Children & Society, 25*, 164 - 171.

[139] Eyal, G. (2013). Spaces between fields. In P. Gorski (Ed.), *Bourdieu and historical analysis* (pp. 158 - 182). Durham: Duke University Press.

[140] Eyal, G., & Buchholz, L. (2010). From the sociology of intellectuals to the sociology of interventions. *Annual Review of Sociology, 36*, 117 - 137.

[141] Eyal, G., & Levy, M. (2013). Economic indicators as public interventions. In T. Mata & S. Medema (Eds.), *The economist as public intellectual* (pp. 220 - 253). London: Duke University Press.

[142] Eyal, G., & Pok, G. (2011). *From a sociology of professions to a sociology*

of expertise. Accessed 20 February 2015. http://cast. ku. dk/papers_security_
expertise/Eyal__2011_From_a_sociology_of_professions_to_a_sociology_ of_
expertise. pdf.

[143] Eyerman, R. (2011). Intellectuals and cultural trauma. *European Journal of Social Theory, 14*(4), 453 – 467.

[144] Fereday, J., & Muir-Cochrane, E. (2006). Demonstrating rigor using thematic analysis: A hybrid approach of inductive and deductive coding and theme development. *International Journal of Qualitative Methods, 5*(1), 1 – 11.

[145] Festinger, L., Riecken, H., & Schachter, S. (2008 [1956]). *When prophecy fails*. London: Pinter & Martin.

[146] *Financial Times*. (2008a). Think tank feels pinch as rival cashes in. Accessed 27 February 2016. http://www. ft. com/cms/s/0/a8990ad0-7453-11dd-bc91-0000779fd18c. html.

[147] *Financial Times*. (2008b). Policy Exchange powers party's 'liberal revolution.' Accessed 2 March 2016. http://www. ft. com/cms/s/0/3006a6c4-26d1-11dd-9c95-000077b07658. html.

[148] *Financial Times*. (2009a). Think tank says cuts will not pay debt. Accessed 15 October 2015. http://www. ft. com/cms/s/0/39c54894-7655-11de-9e59-00144feabdc0. html.

[149] *Financial Times*. (2009b). Meet the new Tory establishment. Accessed 5 March 2016. http://www. ft. com/cms/s/2/ac5f0298-af38-11de-ba1c-00144 feabdc0. html.

[150] *Financial Times*. (2009c). Top bankers destroy value, study claims. Accessed 22 March 2016. https://www. ft. com/content/7e3edf6e-e827-11de-

8a02-00144feab49a.

[151] *Financial Times*. (2010a). UK out of recession, says think tank. Accessed 23 June 2015. http://www. ft. com/cms/s/0/271f57e6-0054-11df-8626-00144 feabdc0. html.

[152] *Financial Times*. (2010b). *Labour 'errors' attacked by former official*. Accessed 15 October 2015. http://www. ft. com/cms/s/0/d86bed74-4f38-11df-b8f4-00144feab49a. html.

[153] *Financial Times*. (2010c). *Spending cuts spark fears for growth*. Accessed 15 October 2015. http://www. ft. com/cms/s/0/d7abbb20-7d65-11df-a0f5-00144feabdc0. html.

[154] *Financial Times*. (2010d). *UK growing near long-term trend, says NIESR*. Accessed 30 June 2015. http://www. ft. com/cms/s/0/073c19f8-7590-11df-86c4-00144feabdc0. html.

[155] Fischer, F., & Gottweis, H. (2012). *The argumentative turn revisited: Public policy as communicative practice*. London: Duke University Press.

[156] Fischer, K., & Plehwe, D. (2013). Redes de think tanks e intelectuales de derecha en América Latina. *Nueva Sociedad, 245,* 70 – 86.

[157] Fleck, L. (1979 [1935]). *The genesis and development of a scientific fact*. Chicago: University of Chicago Press.

[158] Foucault, M. (1980). *Power, knowledge: Selected interviews and other writings*. New York: The Harvester Press.

[159] Fourcade, M. (2009). *Economists and societies: Discipline and profession in the United States, Britain and France, 1890s to 1990s*. Princeton: Princeton University Press.

[160] Frickel, S., & Gross, N. (2005). A general theory of scientific/intellectual

movements. *American Sociological Review, 70*(2), 204 - 232.

[161] Friedmann, J. (1992). *Empowerment: The politics of alternative development*. Hoboken: Wiley-Blackwell.

[162] Friedman, J. (1997). What's wrong with libertarianism. *Critical Review, 11* (3), 403 - 467.

[163] Frowen, S. (Ed.). (1983). *Controlling industrial economies: Essays in honour of Christopher Thomas Saunders*. London: Macmillan.

[164] Gamble, A. (2009). *The spectre at the feast: Capitalist crisis and the politics of recession*. Basingstoke: Palgrave Macmillan.

[165] Geertz, C. (1977). *The interpretation of cultures*. New York: Basic Books.

[166] Gerring, J. (2007). *Case study research: Principles and practices*. Cambridge: Cambridge University Press.

[167] Gibbons, M., Limoges, C., Nowotny, H., Schwartzman, S., Scott, P., & Trow, M. (1994). *The new production of knowledge: The dynamics of science and research in contemporary societies*. London: Sage.

[168] Gieryn, T. (1995). Boundaries of science. In S. Jasanoff, G. Markle, J. Peterson, & T. Pinch (Eds.), *Handbook of science and technology studies* (pp. 393 - 443). Thousand Oaks, CA: Sage.

[169] Gills, B. (2010). The return of crisis in the era of globalization: One crisis, or many? *Globalizations, 7*(1 - 2), 3 - 8.

[170] Glaser, B., & Strauss, A. (1967). *The discovery of grounded theory: Strategies for qualitative research*. Chicago: Aldine.

[171] González Hernando, M. (2018). Two British think tanks after the global financial crisis: intellectual and institutional transformations. *Policy & Society, 37*(2), 140 - 154.

[172] González Hernando, M., & Baert, P. (forthcoming). Collectives of intellectuals: Their cohesiveness, accountability, and who can speak on their behalf. *The Sociological Review*.

[173] González Hernando, M., Pautz, H., & Stone, D. (2018). Think tanks in 'hard times': The global financial crisis and economic advice. *Policy & Society, 37*(2), 125 – 139.

[174] González Hernando, M., & Williams, K. (2018). Examining the link between funding regimes and intellectual interventions in universities and think tanks: A theoretical framework. *International Journal of Politics, Culture and Society, 31*(2), 193 – 206.

[175] Gorski, P. (Ed.). (2013). *Bourdieu and historical analysis*. London: Duke University Press.

[176] Gov. uk. (2010a). *Immigration: Home Secretary's speech of 5 November 2010*. Accessed 20 February 2016. https://www. gov. uk/government/speeches/immigration-home-secretarys-speech-of-5-november-2010.

[177] Gov. uk. (2010b). *Nick Herbert's speech to the Policy Exchange*. Accessed 25 February 2016. https://www. gov. uk/government/speeches/nick-herberts-speech-to-the-policy-exchange.

[178] Gov. uk. (2010c). *David Lidington: The Single Market is "essential to this government's agenda for trade and competitiveness."* Accessed 1 March 2016. https://www. gov. uk/government/news/the-single-market-is-essential-to-this-government-s-agenda-for-trade-and-competitiveness.

[179] Gov. uk. (2010d). *Greg Clark: Three actions needed to help the Big Society grow*. Accessed 3 March 2016. https://www. gov. uk/government/news/three-actions-needed-to-help-the-big-society-grow.

[180] Gov. uk. (2010e). *General Richards: Trading the perfect for the acceptable*. Accessed 3 March 2016. https://www. gov. uk/government/news/cds-on-the-sdsr-trading-the-perfect-for-the-acceptable.

[181] Gov. uk. (2011). *Michael Gove on public sector pension reforms*. Accessed 3 March 2016. https://www. gov. uk/government/speeches/michael-gove-on-public-sector-pension-reforms.

[182] Gov. uk. (2012a). *Damian Green: Making immigration work for Britain*. Accessed 28 February 2016. https://www. gov. uk/government/speeches/damian-greens-speech-on-making-immigration-work-for-britain.

[183] Gov. uk. (2012b). *David Gauke: Where next for tackling tax avoidance?* Accessed 20 February 2016. https://www. gov. uk/government/speeches/speech-by-exchequer-secretary-to-the-treasury-david-gauke-mp-where-next-for-tacklingtax-avoidance.

[184] Gov. uk. (2012c). *David Willetts: Our hi-tech future*. Accessed 3 March 2016. http://webarchive. nationalarchives. gov. uk/20121212135622/http://www. bis. gov. uk//news/speeches/david-willetts-policy-exchangebritain-best-place-science-2012.

[185] Gov. uk. (2012d). *Alan Milburn and Neil O'Brien set to lead the drive to improve social mobility and reduce child poverty*. Accessed 25 April 2016. https://www. gov. uk/government/news/alan-milburn-and-neil-obrien-set-to-lead-the-drive-to-improve-social-mobility-and-reduce-child-poverty.

[186] Gov. uk. (2013a). *Lord Freud: Improving employment outcomes*. Accessed 20 February 2016. https://www. gov. uk/government/speeches/improvingemployment-outcomes – 2.

[187] Gov. uk. (2013b). *Michael Fallon: Royal Mail—Ensuring long term success*.

Accessed 1 March 2016. https://www. gov. uk/government/speeches/royal-mail-ensuring-long-term-success.

[188] Gov. uk. (2013c). *Francis Maude: Ministers and mandarins—Speaking truth unto power*. Accessed 1 March 2016. https://www. gov. uk/government/speeches/ministers-and-mandarins-speaking-truth-unto-power.

[189] Gov. uk. (2013d). *Government announces new member to the Social Security Advisory Committee.* Accessed 25 April 2016. https://www. gov. uk/government/news/government-announces-new-member-to-the-social-security-advisory-committee.

[190] Gramsci, A. (1999 [1971]). *Selections from the prison notebooks*. London: Elecbooks.

[191] Greenham, T. , Jackson, A. , Ryan-Collins, J. , & Werner, R. (2012). *Where does money come from: A guide to the UK monetary and banking system*. London: NEF.

[192] *Guardian*. (2005). Full text: David Cameron's speech to Policy Exchange. Accessed 15 March 2016. http://www. theguardian. com/politics/2005/jun/29/speeches. conservatives.

[193] *Guardian*. (2008a). *Andrew Simms: Tackling the 'triple crunch' with a green new deal*. Accessed 28 October 2014. https://www. theguardian. com/commentisfree/2008/sep/19/creditcrunch. marketturmoil.

[194] *Guardian*. (2008b). Andrew Simms: The final countdown. Accessed 28 October 2014. https://www. theguardian. com/environment/2008/aug/01/climatechange. carbonemissions.

[195] *Guardian*. (2008c). Will the market bounce back soon? Accessed 16 February 2015. http://www. theguardian. com/money/2008/nov/01/moneyinvestmentsinvestmentfunds? INTCMP=SRCH.

［196］ *Guardian*. （2008d）. 167 Eamonn Butler: Sentamu and the City. Accessed 18 February 2015. http://www. theguardian. com/commentisfree/2008/sep/25/ anglicanism. religion.

［197］ *Guardian*. （2008e）. *No recession, economists say—Provided there are no more rocks*. Accessed 20 October 2015. http://www. theguardian. com/ business/2008/may/02/creditcrunch. banking.

［198］ *Guardian*. （2008f ）. *Cameron condemns 'insane' report on northern cities*. Accessed 15 March 2016. http://www. theguardian. com/politics/2008/aug/ 13/davidcameron. conservatives1.

［199］ *Guardian*. （2008g）. *What can they be thinking?* Accessed 28 February 2016. http://www. theguardian. com/politics/2008/sep/26/thinktanks. conservatives.

［200］ *Guardian*. （2009）. Revealed: £3bn mistake in George Osborne's budget plan. Accessed 21 October 2015. http://www. theguardian. com/politics/2009/ oct/09/george-osborne-budget-deficit.

［201］ *Guardian*. （2010a）. Anna Coote: A shorter working week would benefit society. Accessed 30 October 2014. http://www. theguardian. com/commentisfree/ 2010/jul/30/short-working-week-benfit-society.

［202］ *Guardian*. （2010b）. Eamonn Butler: Britain's bloated government needs to go on a diet. Accessed 20 February 2015. http://www. theguardian. com/ commentisfree/2010/jun/08/britains-bloated-government.

［203］ *Guardian*. （2010c）. Spending cuts 'will see rise in absolute child poverty.' Accessed 28 March 2016. http://www. theguardian. com/politics/2010/dec/ 16/spending-cuts-rise-absolute-child-poverty.

［204］ *Guardian*. （2012a）. James Meadway: Development's fat cats have been gorging on private sector values. Accessed 20 March 2015. http://www.

theguardian. com/commentisfree/2012/sep/19/developmentfat-cats-private-sector-values.

[205] *Guardian*. (2012b). Compassionate conservatives find it's time to think again. Accessed 28 March 2016. http://www. theguardian. com/politics/2012/mar/05/compassionate-conservatives.

[206] *Guardian*. (2013). Romanian and Bulgarian migrants 'unlikely to head for UK'—Report. Accessed 25 October 2015. https://www. theguardian. com/uk/2013/apr/05/eastern-european-migrants-report.

[207] *Guardian*. (2014). Stewart Wallis: An economic system that supports people and planet is still possible. Accessed 4 November 2014. http://www. theguardian. com/sustainable-business/2014/nov/04/economicsystem-supports-people-planet-possible.

[208] Guy Peters, B. (2012). *Institutional theory in political science*. London: Continuum.

[209] Haas, E. (1989). Do regimes matter? Epistemic communities and evolving policies to control Mediterranean pollution. *International Organisation, 43* (3), 377 – 403.

[210] Hajer, M. (1993). Discourse coalitions: The case of acid rain in Great Britain. In F. Fischer & J. Forester (Eds.), *The argumentative turn in policy planning* (pp. 43 – 76). London: University College Press.

[211] Hall, P. A. (1993). Policy paradigms, social learning, and the state: The case of economic policymaking in Britain. *Comparative Politics, 25* (3), 275 – 296.

[212] Hallett, T. (2003). Symbolic power and organizational culture. *Sociological Theory, 21* (2), 128 – 149.

[213] Harré, R., Moghaddam, F. M., Pilkerton Cairnie, T., Rothbart, D., & Sabat, S. R. (2009). Recent advances in positioning theory. *Theory and Psychology, 19*(5), 5 - 31.

[214] Harvey, W. (2011). Strategies for conducting elite interviews. *Qualitative Research, 11*(4), 431 - 441.

[215] Hay, C. (2011). Ideas and the construction of interest. In D. Béland & R. Cox (Eds.), *Ideas and politics in social science research* (pp. 65 - 82). New York: Oxford University Press.

[216] Hayton, R. (2012). *Reconstructing conservatism? The Conservative party in opposition, 1997 - 2010*. Manchester: Manchester University Press.

[217] Heffernan, R. (1996). Blueprint for a revolution? The politics of the Adam Smith Institute. *Contemporary British History, 10*(1), 73 - 87.

[218] Herbst, S. (2003). Political authority in a mediated age. *Theory & Society, 32*(4), 481 - 503.

[219] Hierländer, R., Huber, P., Iara, A., Landesmann, M., Nowotny, K., O'Mahony, M., et al. (2010). *Migration, skills and productivity* (WIIW Research Reports, 365). Accessed 20 June 2015. http://wiiw. ac. at/migration-skills-and-productivity-dlp-2270. pdf.

[220] Hilgartner, S. (2000). *Science on stage: Expert advice as public drama*. Stanford: Stanford University Press.

[221] HM Government. (2012). *Civil service reform plan*. Accessed 20 February 2016. https://www. gov. uk/government/publications/civil-service-reform-plan.

[222] HM Government. (2013). *Civil service reform plan: One year on*. Accessed 20 February 2016. https://www. gov. uk/government/publications/civil-servi cereform-plan-one-year-on - 2.

[223] Holmwood, J. (2013). Rethinking moderation in a pragmatist frame. *The Sociological Review, 61*(2), 180 – 195.

[224] Holmwood, J. (2014). Sociology's past and futures: The impact of external structure, policy and financing. In J. Holmwood & J. Scott (Eds.), *A handbook of British sociology*. London: Palgrave Macmillan.

[225] Holmwood, J., Smith, T., & Thomas, A. (2013). Sociologies of moderation. *The Sociological Review, 61*(2), 6 – 17.

[226] *Independent*. (1998). Obituary: Christopher Dow. Accessed 20 March 2016. http://www. independent. co. uk/arts-entertainment/obituary-christopher-dow-1189026. html.

[227] *Independent*. (2008). Tories' favourite think tank sued by Muslim group. Accessed 18 May 2016. http://www. independent. co. uk/news/uk/politics/tories-favourite-think-tank-sued-by-muslim-group-897548. html.

[228] *International Business Times*. (2014). Rise of the new Libertarians: Meet Britain's next political generation. Accessed 18 February 2015. http://www. ibtimes. co. uk/rise-new-libertarians-meet-britains-next-political-generation-146 9233.

[229] Jackson, B. (2012). The think tank archipelago: Thatcherism and neoliberalism. In B. Jackson & R. Saunders (Eds.), *Making Thatcher's Britain* (pp. 43 – 61). Cambridge: Cambridge University Press.

[230] Jackson, T. (2011 [2009]). *Prosperity without growth*. London: Routledge.

[231] Jacobs, R., & Townsley, E. (2011). *The space of opinion: Media intellectuals and the public sphere*. Oxford: Oxford University Press.

[232] Jacoby, R. (2000). *The last intellectuals: American culture in the age of academe*. New York: Basic Books.

[233] Jacques, P., Dunlap, R., & Freeman, M. (2008). The organisation of denial: Conservative think tanks and environmental scepticism. *Environmental Politics, 17*(3), 349 – 385.

[234] James, S. (1993). The idea brokers: The impact of think tanks on British government. *Public Administration, 71*, 491 – 506.

[235] Jasanoff, S. (1995). *Science at the bar: Law, science, and technology in America*. Cambridge, MA: Harvard University Press.

[236] Jones, K. (1994). *An economist among mandarins: A biography of Robert Hall*. Cambridge: Cambridge University Press.

[237] Kay, L., Smith, K., & Torres, J. (2013). Think tanks as research mediators? Case studies from public health. *Evidence and Policy, 59*(3), 371 – 390.

[238] Kerr, R., & Robinson, S. (2009). The hysteresis effect as creative adaptation of the habitus: Dissent and transition to the 'corporate' in post-Soviet Ukraine. *Organization, 16*(6), 829 – 853.

[239] Kingdon, J. (2003). *Agendas, alternatives and public policies*. New York: Longman.

[240] Klamer, A. (2007). *Speaking of economics: How to get in the conversation*. London: Routledge.

[241] Klamer, A., McCloskey, R., & Solow, R. (Eds.). (1988). *The consequences of economic rhetoric*. Cambridge: Cambridge University Press.

[242] Koselleck, R. (2002). *The practice of conceptual history*. Stanford: Stanford University Press.

[243] Krastev, I. (2001). Think tanks: Making and faking influence. *Southeast European and Black Sea Studies, 1*(2), 17 – 38.

[244] Ladi, S. (2011). Think tanks, discursive institutionalism and policy change. In G. Papanagnou (Ed.), *Social science and policy challenges: Democracy, values and capacities*. Paris: UNESCO.

[245] Lakoff, G. (2004). *Don't think of an elephant! Know your values and frame the debate*. London: Chelsea Green.

[246] Lamb, B. (2014). Is charity campaigning under threat from the coalition government? *Voluntary Sector Review, 5*(1), 125–138.

[247] Lawson, T. (2009). The current economic crisis: Its nature and the course of academic economics. *Cambridge Journal of Economics, 33*(4), 759–777.

[248] LibertarianHome. (2014). *Sam Bowman promoted to deputy director of the Adam Smith Institute*. Accessed 27 March 2015. http://libertarianhome. co. uk/2014/11/sam-bowman-promoted-to-deputy-director-of-the-adamsmith-institute/.

[249] List, C., & Pettit, P. (2011). *Group agency: The possibility, design, and status of corporate groups*. Oxford: Oxford University Press.

[250] Lo, A. (2011). *Reading about the financial crisis: A 21-book review*. Social Science Research Network. Accessed 15 March 2013. http://ssrn. com/abstract=1949908.

[251] London Review of Books. (2013). *Jonathan Portes: An exercise in scapegoating*. Accessed 10 October 2015. http://www. lrb. co. uk/v35/n12/jonathan-portes/an-exercise-in-scapegoating.

[252] Lilico, A. (2009). *What killed capitalism? The crisis: What caused it and how to respond*. London: Centre for Policy Studies.

[253] Lischinsky, A. (2011). In times of crisis: A corpus approach to the construction of the global financial crisis in annual reports. *Critical Discourse*

Studies, 8(3), 153 – 168.

[254] LSE. (2011). *Keynes v Hayek*. Accessed 20 March 2015. http://www.lse. ac.uk/newsAndMedia/videoAndAudio/channels/publicLecturesAndEvents/player. aspx?id=1107.

[255] LSE. (2012). *About time: Examining the case for a shorter working week*. Accessed 21 April 2015. https://www.youtube.com/watch?v=nqI951u9emQ.

[256] Lucas, R. (2003). Macroeconomic priorities. *American Economic Review, 93* (1), 1 – 14.

[257] Markoff, J., & Montecinos, V. (1993). The ubiquitous rise of economists. *Journal of Public Policy, 13*(1), 37 – 68.

[258] Mazur, A. (1998). *A hazardous inquiry: The Rashomon effect at Love Canal*. Cambridge, MA: Harvard University Press.

[259] McDowell, L. (1998). Elites in the city of London: Some methodological considerations. *Environment and Planning A, 30*(12), 2133 – 2146.

[260] McGann, J. (2009). *2008 global go to think tanks and policy advice ranking*. Think Tanks and Civil Society Program. University of Pennsylvania.

[261] McGann, J. (2010a). *2009 global go to think tanks and policy advice ranking*. Think Tanks and Civil Society Program. University of Pennsylvania.

[262] McGann, J. (2010b). *Democratization and market reform in developing and transitional countries: Think tanks as catalysts*. London: Routledge.

[263] McGann, J. (2011). *2010 global go to think tanks and policy advice ranking*. Think Tanks and Civil Society Program. University of Pennsylvania.

[264] McGann, J. (2012). *2011 global go to think tanks and policy advice ranking*. Think Tanks and Civil Society Program. University of Pennsylvania.

[265] McGann, J. (2013). *2012 global go to think tanks and policy advice ranking*.

Think Tanks and Civil Society Program. University of Pennsylvania.

[266] McGann, J. (2014). *2013 global go to think tanks and policy advice ranking*. Think Tanks and Civil Society Program. University of Pennsylvania.

[267] McGann, J. (2015). *2014 global go to think tanks and policy advice ranking*. Think Tanks and Civil Society Program. University of Pennsylvania.

[268] McGann, J. (2016). *2014 global go to think tanks and policy advice ranking*. Think Tanks and Civil Society Program. University of Pennsylvania.

[269] McGann, J. (2017). *2016 global go to think tanks and policy advice ranking*. Think Tanks and Civil Society Program. University of Pennsylvania.

[270] McGann, J. (2018). *2017 global go to think tanks and policy advice ranking*. Think Tanks and Civil Society Program. University of Pennsylvania.

[271] McGann, J., Viden, A., & Rafferty, J. (Eds.). (2014). *How think tanks shape social development policies*. Philadelphia: University of Pennsylvania Press.

[272] McGoey, L. (2012). Strategic unknowns: Towards a sociology of ignorance. *Economy & Society, 41*(1), 1 - 16.

[273] McLennan, G. (2004a). *Dynamics of transformative ideas in contemporary public discourse, 2002 - 2003*. Accessed 15 October 2013. http://www.esds.ac.uk/doc/5312/mrdoc/pdf/q5312uguide.pdf.

[274] McLennan, G. (2004b). Travelling with vehicular ideas: The case of the third way. *Economy & Society, 33*(4), 484 - 499.

[275] McNutt, K., & Marchildon, G. (2009). Think tanks and the web: Measuring visibility and influence. *Canadian Public Policy, 35*(2), 219 - 236.

[276] Meadows, D. H., Meadows, D. L., Randers, J., & Behrens III, W. W. (1972) *The limits to growth*. New York: Universe Books.

[277] Medium. (2015). *Ed Conway: Why Jonathan Portes left NIESR*. Accessed 30 October 2015. https://medium. com/@edconwaysky/why-jonathan-portesleft-niesr-3999329290d9♯.t9pn5q6ka.

[278] Medvetz, T. (2006). The strength of weekly ties: Relations of material and symbolic exchange in the conservative movement. *Politics & Society, 34*(3), 343 – 368.

[279] Medvetz, T. (2008). *Think tanks as an emergent field*. New York: Social Science Research Council. Accessed 4 April 2014. http://www. ssrc. org/publications/view/A2A2BA10-B135-DE11-AFAC-001CC477EC70/.

[280] Medvetz, T. (2012a). *Think tanks in America*. Chicago: University of Chicago Press.

[281] Medvetz, T. (2012b). Murky power: 'Think tanks' as boundary organizations. In D. Golsorkhi, D. Courpasson, & J. Sallaz (Eds.), *Rethinking power in organizations, institutions, and markets: Research in the sociology of organizations* (pp. 113 – 133). Bingley: Emerald Group Publishing.

[282] Medvetz, T. (2012c). Scholar as 'sitting duck': The Cronon affair and the buffer zone in American public debate. *Public Culture, 24*(1), 47 – 53.

[283] Medvetz, T. (2013). Opening the black box of intellectual autonomy. *Papers: Revista de Sociología, 98*(3), 573 – 579.

[284] Medvetz, T. (2015). Field theory and organisational power: Four modes of influence among policy 'think tanks'. In M. Hilgers & E. Mangez (Eds.), *Bourdieu's theory of social fields*. London: Routledge.

[285] Mikecz, R. (2012). Interviewing elites: Addressing methodological issues. *Qualitative Inquiry, 18*(6), 482 – 493.

[286] Mills, C. W. (1956). *The power elite*. Oxford: Oxford University Press.

[287] Mirowski, P. (2002). *Machine dreams: Economics becomes a cyborg science*. Cambridge: Cambridge University Press.

[288] Mirowski, P. (2013). *Never let a serious crisis go to waste*. London: Verso.

[289] Mirowski, P., & Plehwe, D. (2009). *The road to Mont Pèlerin: The making of the neoliberal thought collective*. Cambridge, MA: Harvard University Press.

[290] Misztal, B. (2007). *Intellectuals and the public good: Creativity and civil courage*. Cambridge: Cambridge University Press.

[291] Misztal, B. (2012). Public intellectuals and think tanks: A free market in ideas? *International Journal of Politics, Culture and Society, 25*(4), 127 – 141.

[292] Morgan, G. (2011). The use of UK charity accounts data for researching the performance of voluntary organisations. *Voluntary Sector Review, 2*(2), 213 – 230.

[293] Morin, E. (1976). Pour une crisologie. *Communications, 25*(1), 149 – 163.

[294] Morris, D. (2012). Charities and the big society: A doomed coalition? *Legal Studies, 32*(1), 132 – 153.

[295] Muller, C. (1996). The institute of economic affairs: Undermining the postwar consensus. *Contemporary British History, 10*(1), 88 – 110.

[296] Muniesa, F. (2014). *The provoked economy: Economic reality and the performative turn*. London: Routledge.

[297] Natorski, M. (2015). Epistemic (un)certainty in times of crisis: The role of coherence as a social convention in the European Neighbourhood Policy after the Arab Spring. *European Journal of International Relations, 22*(3), 646 – 670.

[298] *New Statesman*. (2011). Jonathan Portes: The coalition's confidence trick. Accessed 10 October 2015. http://www. newstatesman. com/economy/2011/08/interest-rates-debt-government.

[299] Norman, J. (2010). *The big society: The anatomy of the new politics*. Buckingham: University of Buckingham Press.

[300] Norman, J. (2012). *Fisking Portes: How politically neutral "is" the Director of NIESR?* Accessed 23 October 2015. http://www. jessenorman. com/2012/11/fisking-porteshow-politically-neutral-is-the-director-of-niesr. html.

[301] Norpoth, H. (1991). The popularity of the Thatcher government: A matter of war and economy. In H. Norpoth, M. Lewis-Beck, & J. Lafay (Eds.), *Economics and politics: The calculus of support*. Ann Arbor: University of Michigan Press.

[302] Office for National Statistics. (2014). *Gross Domestic Product preliminary estimate, Q1 2014*. Accessed 1 April 2016. http://www. ons. gov. uk/ons/rel/gva/gross-domestic-product-preliminary-estimate/q1-2014/stb-gdp-preliminary-estimate-q1-2014. html.

[303] Oliver, M. (1996). A response to Denham and Garnett's 'the nature and impact of think tanks in contemporary Britain'. *Contemporary British History, 10*(2), 80 – 86.

[304] Onthinktanks. org. (2013). *For-profit think tanks and implications for funders*. Accessed 25 March 2015. https://onthinktanks. org/articles/for-profit-think-tanks-and-implications-for-funders/.

[305] Osborne, T. (2004). On mediators: Intellectuals and the ideas trade in the knowledge society. *Economy & Society, 33*(4), 430 – 447.

[306] Pain, N., & Young, G. (2004). The macroeconomic impact of UK

withdrawal from the EU. *Economic Modelling*, *21*, 387 – 408.

[307] ParliamentLive. (2012). *Treasury Committee: Tuesday 13 November 2012*. Accessed 10 October 2015. http://www. parliamentlive. tv/Event/Index/a31b 4072-101e-4a65-8a90-f14cba88937d.

[308] Pautz, H. (2010). Think tanks in the United Kingdom and Germany: Actors in the modernisation of social democracy. *British Journal of Politics and International Relations*, *12*(2), 274 – 294.

[309] Pautz, H. (2012a). *Think tanks, social democracy and social policy*. London: Palgrave Macmillan.

[310] Pautz, H. (2012b). The think tanks behind 'cameronism'. *British Journal of Politics and International Relations*, *15*(3), 362 – 377.

[311] Pautz, H. (2016). Managing the crisis? Think tanks and the British response to global financial crisis and great recession. *Critical Policy Studies*, *11*(2), 191 – 210 [Online early access].

[312] Pels, D. (1995). Knowledge politics and anti-politics: Toward a critical appraisal of Bourdieu's concept of intellectual autonomy. *Theory & Society*, *24*(1), 79 – 104.

[313] Pettifor, A. (2003). *The real world economic outlook 2003: The legacy of globalization: Debt and deflation*. London: Palgrave Macmillan.

[314] Pettifor, A. (2006). *The coming first world debt crisis*. London: Palgrave Macmillan.

[315] Pickett, R., & Wilkinson, K. (2010). *The spirit level*. London: Allen Lane.

[316] Pielke, R. (2007). *The honest broker: Making sense of science in policy and politics*. Cambridge: Cambridge University Press.

[317] Pieria. (2013). *Jonathan Portes: NIESR and the European Commission: A*

response to Dan Hannan. Accessed 12 October 2015. http://www.pieria.co. uk/articles/niesr_and_the_european_commission_a_response_to_dan_ hannan.

[318] Pierson, R. (1994). The epistemic authority of expertise. In *PSA: Proceeding of the Biennial Meeting of the Philosophy of Science Association* (Vol. 1, pp. 398 – 405).

[319] Pierson, P. (2004). *Politics in time: History, institutions and social analysis.* Princeton: Princeton University Press.

[320] Pirie, I. (2012). Representations of economic crisis in contemporary Britain. *British Politics, 7* (4), 341 – 364.

[321] Pirie, M. (1988). *Micropolitics: The creation of successful policy.* Aldershot: Wildwood House.

[322] Pirie, M. (2007). *How to win every argument: The use and abuse of logic.* London: Continuum.

[323] Pirie, M. (2008). *Freedom 101.* London: Adam Smith Institute.

[324] Pirie, M. (2009). *Zero base policy.* London: Adam Smith Institute.

[325] Pirie, M. (2012a). *Think tank.* London: Biteback.

[326] Pirie, M. (2012b). *Economics made simple: How money, trade and markets really work.* Petersfield: Harriman House.

[327] Plehwe, D. (2010). Think tanks und Entwicklung. Bessere Integration von Wissenschaft und Gesellschaft? *Journal für Entwicklungspolitik, 26* (2), 9 – 37.

[328] Porter, T. (1995). *Trust in numbers: The pursuit of objectivity in science and public life.* Princeton, NJ: Princeton University Press.

[329] Posner, R. (2003). *Public intellectuals: A study of decline.* Cambridge, MA: Harvard University Press.

[330] *Prospect*. (2010). Think tank of the year awards—The winners. Accessed 20 February 2016. http://www. prospectmagazine. co. uk/politics/think-tank-of-the-year-awards-the-winners.

[331] *Prospect*. (2013). The Prospect duel: Was Osborne right? Accessed 10 October 2015. http://www. prospectmagazine. co. uk/regulars/the-prospect-duel-mark-littlewood-jonathan-portes-was-osborne-right.

[332] Rantanen, T. (2012). In nationalism we trust? In J. Caraç, G. Cardoso, & M. Castells (Eds.), *Aftermath: The cultures of economic crisis* (pp. 132 – 153). Oxford: Oxford University Press.

[333] Reay, D. (2004). It's all becoming a habitus': Beyond the habitual use of Pierre Bourdieu's concept of habitus in educational research. *British Journal of Sociology of Education, 25*(4), 431 – 444.

[334] Reay, D., Ball, S., & David, M. (2001). Making a difference?: Institutional habituses and higher education choice. *Sociological Research Online, 5*(4), 126 – 142.

[335] Redden, J. (2010). *The mediation of poverty: The news, new media and politics* (PhD thesis). Department of Media and Communications, Goldsmiths, University of London. Accessed 5 June 2015. http://research. gold. ac. uk/6540/.

[336] Reichmann, W. (2011). Institutionalizing scientific knowledge: The social and political foundation of empirical economic research. *Sociology Compass, 5* (7), 564 – 575.

[337] Reinhart, C., & Sbrancia, M. B. (2011). *The liquidation of government debt* (NBER Working Papers, 16893). Accessed 12 March 2016. http:// www. nber. org/papers/w16893. pdf.

[338] Reuters. (2009). *On wealth versus well-being*. Accessed 20 October 2014. http://blogs. reuters. com/davos/2009/02/01/on-wealth-versus-well-being/.

[339] Rich, A. (2011). Ideas, expertise and think tanks. In D. Béland & R. Cox (Eds.), *Ideas and politics in social science research* (pp. 191 - 208). New York: Oxford University Press.

[340] Rich, A. , & Weaver, K. (2000). Think tanks in the U. S. media. *The Harvard International Journal of Press/Politics*, 5 (4), 81 - 103.

[341] Ricoeur, P. (1980). Narrating time. *Critical Inquiry*, 7 (1), 169 - 190.

[342] Rohloff, A. , & Wright, S. (2010). Moral panic and social theory: Beyond the heuristic. *Current Sociology*, 58 (3), 403 - 419.

[343] Roitman, J. (2013). *Anti-crisis*. London: Duke University Press.

[344] Rosanvallon, P. (2008). *La légitimité démocratique: Impartialité, réflexivité, proximité*. Paris: Seuil.

[345] Roth, W. , & Mehta, J. (2002). The Rashomon effect: Combining positivist and interpretivist approaches in the analysis of contested events. *Sociological Methods and Research*, 31 (2), 131 - 173.

[346] Sabatier, P. (Ed.). (1999). *Theories of the policy process*. Boulder: Westview Press.

[347] Saï, E. (1994). *Representations of the intellectual*. New York: Vintage Books.

[348] Sandvoss, C. (2010). Conceptualizing the global economic crisis in popular communication research. *Popular Communication: The International Journal of Media and Culture*, 8 (3), 154 - 161.

[349] Sapiro, G. (2009). Modèles d'intervention politique des intellectuels: Le cas françis. *Actes de la recherche en sciences sociales*, 176 - 177 (1 - 2), 8 - 31.

[350] Savage, M., Warde, A., & Devine, F. (2005). Capitals, assets, and resources: Some critical issues. *British Journal of Sociology, 56*(1), 31 – 47.

[351] Schlesinger, P. (2009). Creativity and the experts: New Labour, think tanks, and the policy process. *International Journal of Press/Politics, 14*(1), 3 – 20.

[352] Schlichter, D. (2011). *Paper money collapse*. London: Wiley.

[353] Schmidt, V. (2008). Discursive institutionalism: The explanatory power of ideas and discourse. *Political Science, 11*(1), 303 – 322.

[354] Schmidt, V., & Thatcher, M. (2013). *Resilient liberalism in Europe's political economy*. Cambridge: Cambridge University Press.

[355] Schumacher, D. (2011). *Small is beautiful in the XXI century: The legacy of E. F. Schumacher*. Devon: Green Books.

[356] Schumacher, E. F. (1973). *Small is beautiful*. London: Blond & Briggs.

[357] Scott, R. (1995). *Institutions and organizations*. Thousand Oaks: Sage.

[358] Scott Solomon, M. (2010). Critical ideas in times of crisis: Reconsidering Smith, Marx, Keynes, and Hayek. *Globalizations, 7*(1 – 2), 127 – 135.

[359] Scottish Liberty Forum. (2013). *Sam Bowman: The free market road to social justice*. Accessed 30 March 2016. https://www. youtube. com/watch?v =Rptm0yyvPik.

[360] Seddon, N. (2009). *Who cares? How state funding and political activism change charity*. London: Civitas.

[361] Seiler, C., & Wohlrabe, K. (2010). A critique of the 2009 global "go-to think tank" ranking. *CESifo DICE Report, 8*(2), 60 – 63.

[362] Selgin, G. (1994). Are banking crises free-market phenomena? *Critical Review: A Journal of Politics and Society, 8*(4), 591 – 608.

[363] Silva, P. (2009). *In the name of reason: Technocrats and politics in Chile*. University Park: Penn State University Press.

[364] Simms, A. (2013). *Cancel the Apocalypse: A new path to prosperity*. London: Little, Brown.

[365] Simpson, D. (2013). *The rediscovery of classical economics: Complexity, adaptation and growth*. Cheltenham: Edward Elgar Publishing.

[366] Sinclair, M. (2009). *Taxpayer funded lobbying and political campaigning*. London: The TaxPayers' Alliance.

[367] Sinclair, T. (2010). Round up the usual suspects: Blame and the subprime crisis. *New Political Economy, 15*(1), 91 - 107.

[368] Skidelsky, R., Jackson, T., Schor, J., Coote, A., Franklin, J., Harris, M., et al. (2013). *Time on our side: Why we all need a shorter working week*. London: NEF.

[369] Snowdon, C. (2012). *Sock puppets: How the government lobbies itself and why*. London: Institute of Economic Affairs.

[370] Stahl, J. (2016). *Right moves: The conservative think tank in American political culture since 1945*. Chapel Hill: University of North Carolina Press.

[371] Stephens, N. (2007). Collecting data from elites and ultra elites: Telephone and face-to-face interviews with macroeconomists. *Qualitative Research, 7*(2), 203 - 216.

[372] Stone, D. (1991). Old guard versus new partisans: Think tanks in transition. *Australian Journal of Political Science, 26*(2), 197 - 215.

[373] Stone, D. (1996a). From the margins of politics: The influence of think-tanks in Britain. *West European Politics, 19*(4), 675 - 692.

[374] Stone, D. (1996b). *Capturing the political imagination: Think tanks and the*

policy process. London: Frank Cass.

[375] Stone, D. (2007). Recycling bins, garbage cans or think tanks? *Public Administration, 85*(2), 259 – 278.

[376] Sunstein, C., & Thaler, R. (2008). *Nudge: Improving decisions about health, wealth, and happiness*. New Haven: Yale University Press.

[377] Swartz, D. (2008). Bringing Bourdieu's master concepts into organizational analysis. *Theory & Society, 37*(1), 45 – 52.

[378] Swartz, D. (2013). *Symbolic power, politics and intellectuals: The political sociology of Pierre Bourdieu*. Chicago: University of Chicago Press.

[379] Tax Justice Network. (2010). *Adam Smith, the Adam Smith Institute, and flat taxes*. Accessed 16 February 2015. http://taxjustice. blogspot. co. uk/2010/01/adam-smith-adam-smith-institute-and. html.

[380] Taylor, M. (2011). Think tanks, public policy and academia. *Public Money & Management, 31*(1), 10 – 11.

[381] Tchilingirian, J. (2015). *British think tanks and the production of policy knowledge: A social network analysis of policy intellectuals* (PhD thesis). Department of Sociology, University of Cambridge.

[382] TED. (2010). *Nic Marks: The Happy Planet Index*. Accessed 24 October 2014. http://www. ted. com/talks/nic_marks_the_happy_planet_index.

[383] Tesseyman, A. J. (1999). *The new right think tanks and policy change in the UK* (PhD thesis). Department of Politics, University of York.

[384] Thaa, W. (2012). Deliberating experts versus political representation. In S. Brooks, D. Stasiak, & T. Zyro (Eds.), *Policy expertise in contemporary democracies* (pp. 57 – 67). Farnham: Ashgate.

[385] t'Hart, P., & Tindall, K. (Eds.). (2009). *Framing the global economic*

downturn: Crisis rhetoric and the politics of recessions. Sydney: ANU Press.

[386] *The Observer*. (2013). Health groups dismayed by news 'big tobaccO' funded rightwing thinktanks. Accessed 20 February 2015. http://www.theguardian.com/society/2013/jun/01/thinktanks-big-tobacco-funds-smoking.

[387] *The Spectator*. (2015a). *Niall Ferguson: Jonathan Portes, master of the political correction*. Accessed 10 October 2015. http://www.spectator.co.uk/2015/06/jonathan-portes-master-of-correct-politicalness/.

[388] *The Spectator*. (2015b). *Jonathan Portes fired as NIESR director*. Accessed 30 October 2015. http://blogs.spectator.co.uk/2015/10/jonathanportes-stands-down-from-niesr-by-mutual-consent/.

[389] *The Times*. (2004). Brown attacked for fiscal 'fudge.' Accessed 24 October 2015. http://www.thetimes.co.uk/tto/business/entrepreneur/article2229114.ece.

[390] *Think Tank Watch*. (2014). Are Prospect magazine's think tank of the year awards rigged? Accessed 27 October 2014. http://www.thinktankwatch.com/2014/07/is-prospect-magazines-think-tank-of.html.

[391] *Third Sector*. (2016). *Anti-lobbying clause put on hold by government*. Accessed 25 May 2016. http://www.thirdsector.co.uk/anti-lobbying-clause-put-holdgovernment/policy-and-politics/article/1393042.

[392] Thompson, J. (1995). *Books in the digital age: The transformation of academic and higher education publishing in Britain and the United States*. Cambridge: Polity.

[393] Thompson, J. (2012). The metamorphosis of a crisis. In J. Caraç, G. Cardoso, &. M. Castells (Eds.), *Aftermath: The cultures of economic crisis* (pp. 59 - 81). Oxford: Oxford University Press.

[394] Tooze, A. (2019). *Crashed: How a decade of financial crises changed the*

world. London: Penguin.

[395] Transparify. (2016). *How transparent are think tanks about who funds them 2016? A survey of 200 think tanks in 47 countries worldwide*. Accessed 20 March 2016. http://static1. squarespace. com/static/52e1f399e4b06a94c0 cdaa41/ t/5773022de6f2e1ecf70b26d1/1467154992324/Transparify + 2016 + Think + Tanks+Report. pdf.

[396] Trevisan, J. (2012). Global go-to 2011 think tank ranking: An analysis. *International Center for Climate Governance*. Accessed 25 February 2015. http://www. iccgov. org/FilePagineStatiche/Files/Publications/Reflections/ 03_reflection_february_2012. pdf.

[397] Van Langenhove, L., & Harré, R. (1999). Introducing positioning theory. In R. Harré & L. Van Langenhove (Eds.), *Positioning theory: Moral contexts of international action*. Oxford: Wiley-Blackwell.

[398] Viveiros de Castro, E. (2014). *Who is afraid of the ontological wolf? Some comments on an ongoing anthropological debate*. CUSAS Annual Marilyn Strathern Lecture, Cambridge. Accessed 20 November 2015. https://www. academia. edu/12865685/Who_is_afraid_of_the_ontological_wolf.

[399] Wacquant, L. (1989). For a socio-analysis of intellectuals: On "homo academicus". *Berkeley Journal of Sociology, 34*, 1 – 29.

[400] Wade, R. (2013). *Conservative Party economic policy: From Heath in opposition to Cameron in coalition*. Basingstoke: Palgrave Macmillan.

[401] Walby, S. (2016). *Crisis*. Cambridge: Polity.

[402] *Washington Post*. (2015). How Elizabeth Warren picked a fight with Brookings and won. Accessed 25 October 2015. https://www. washingtonpost. com/politics/how-elizabeth-warren-picked-a-fight-with-brookings – and-won/2015/

09/29/bfe45276-66c7-11e5-9ef3-fde182507eac_story. html.

[403] *Washington Post*. (2017). Trump could cause 'the death of think tanks as we know them.' Accessed 12 May 2017. https://www. washingtonpost. com/ opinions/global-opinions/trump-could-cause-the-death-of-think-tanks-aswe-know-them/2017/01/15/8ec3734e-d9c5-11e6-9a36-1d296534b31e_ story. html? utm_ term＝. 48b548c7a5f9.

[404] Weale, M. (2010). Unsustainable consumption: The structural flaw behind the UK's long boom. In G. Giudice, R. Kuenzel, & T. Springbett (Eds.), *UK Economy: The crisis in perspective*(pp. 59 – 79). London: Routledge.

[405] Weaver, R. K. (1989). The changing world of think tanks. *PS: Political Science and Politics, 22*(3), 563 – 578.

[406] Weingart, P. (1999). Scientific expertise and political accountability: Paradoxes of science in politics. *Science and Public Policy, 26*(3), 151 – 161.

[407] Weir, M. (1992). Ideas and the politics of bounded innovation. In S. Steinmo, K. Thelen, & F. Longstreth (Eds.), *Historical institutionalism in comparative analysis*. Cambridge: Cambridge University Press.

[408] Westermeier, C. (2018). The Bank of International Settlements as a think tank for financial policy-making. *Policy & Society, 37*(2), 170 – 187.

[409] Whyte, J. (2013). *Quack policy*. London: IEA.

[410] Williams, B. (2015). *The evolution of Conservative Party social policy*. London: Palgrave Macmillan.

[411] Williams, R. (2012). The rolling apocalypse of contemporary history. In J. Caraç, G. Cardoso, & M. Castells (Eds.), *Aftermath: The cultures of economic crisis*(pp. 17 – 43). Oxford: Oxford University Press.

[412] Wolf, M. (2014). *The shifts and the shocks: What we've learned—And have*

still to learn—From the financial crisis. London: Penguin.

[413] WonkComms. (2014). *Taking the pulse: The role for evidence in the election debate*. Accessed 30 October 2015. https://www.youtube.com/watch?v= wI2Sv8mD-3k.

[414] Worstall, T. (2010). *Chasing rainbows: How the green agenda defeats its aims*. London: Stacey International.

[415] Wren-Lewis, S. (2018). *The lies we were told: Politics, economics, austerity and Brexit*. Bristol: Bristol University Press.

[416] Yin, R. (1994). *Case study research: Design and methods*. Thousand Oaks: Sage.

索　引

（索引中的页码为原著页码，检索时请查本书边码）

缩略语

英文简称	英文全称	中文名称
AFPX	American Friends of Policy Exchange (PX)	美国政策交流智库之友
ASI	Adam Smith Institute (UK)	英国亚当·斯密研究所
BIS	Department for Business, Innovation and Skills (UK)	英国商业、创新与技能部
BoE	Bank of England (UK)	英国英格兰银行
CASE	Centre for the Analysis of Social Exclusion (UK)	英国社会排斥分析中心
CEP	Centre for Economic Performance (UK)	英国经济表现中心
CESifo	Center for Economic Studies and Ifo Institute Group (Germany)	德国慕尼黑经济研究中心
CFM	Centre for Macroeconomics (UK)	英国宏观经济中心
CFR	Council of Foreign Relations (USA)	美国外交关系委员会
CPS	Centre for Policy Studies (UK)	英国政策研究中心
CSJ	Centre for Social Justice (UK)	英国社会正义中心
DEFRA	Department for Environment, Food and Rural Affairs (UK)	英国环境、食品和农村事务部
DfID	Department for International Development (UK)	英国国际发展部
DWP	Department for Work and Pensions (UK)	英国劳动与养老金部
ECB	European Central Bank	欧洲中央银行
ESRC	Economic and Social Research Council (UK)	英国经济与社会研究委员会
ESRI	Economic and Social Research Institute (Ireland)	爱尔兰经济社会研究所

（续表）

英文简称	英文全称	中文名称
EUROFRAME	European Forecasting Research Association for the Macroeconomy	欧洲宏观经济预测研究协会
FES	Friedrich－Ebert Stiftung（Germany）	德国艾伯特基金会
FSA	Financial Services Authority（UK）	英国金融服务监管局
FT	*Financial Times*	金融时报
GND	Green New Deal（NEF）	绿色新政（新经济基金会提出）
HECSU	Higher Education Careers Service Unit（UK）	英国高等教育职业服务组
HPI	Happy Planet Index（NEF）	快乐星球指数（新经济基金会提出）
ICB	Independent Commission on Banking（UK）	英国银行独立委员会
IEA	Institute of Economic Afairs（UK）	英国经济事务研究所
IFS	Institute for Fiscal Studies（UK）	英国财政研究所
INET	Institute for New Economic Thinking（USA）	美国新经济思维研究所
IZA	Forschungsinstitut zur Zukunft der Arbeit（Germany）	德国劳动研究所
IPPR	Institute for Public Policy Research（UK）	英国公共政策研究所
JRF	Joseph Rowntree Foundation（UK）	英国朗特利基金会
LLAKES	Centre for Learning and Life Chances in Knowledge Economies and Societies（UK）	英国知识经济和社会学习与生活机遇中心
LSX	London Stock Exchange（UK）	英国伦敦证券交易所
MEP	Member of European Parliament	欧洲议会议员
MP	Member of Parliament（UK）	英国议会议员
MPC	Bank of England's Macroeconomic Policy Committee（UK）	英国英格兰银行宏观经济委员会
NAO	National Audit Office（UK）	英国国家审计署
NBER	National Bureau of Economic Research（USA）	美国国家经济研究局
NCPA	National Center for Policy Analysis（USA）	美国国家政策分析中心

（续表）

英文简称	英文全称	中文名称
NEF	New Economics Foundation（UK）	英国新经济基金会
NEON	New Economics Research Network（NEF）	新经济研究网络
NESTA	National Endowment for Science，Technology and the Arts（UK）	英国国家科技艺术基金会
NHS	National Health Service（UK）	英国国家医疗服务体系
NIER	National Institute Economic Review（NIESR）	国家研究所经济评论
NIESR	National Institute of Economic and Social Research（UK）	英国国家经济社会研究所
NiGEM	National Institute Global Econometric Model（NIESR）	国家经济研究所全球计量经济模型
OBR	Office for Budget Responsibility（UK）	英国预算责任办公室
ODI	Overseas Development Institute（UK）	英国海外发展研究所
PRIME	Policy Research in Macroeconomics（UK）	英国宏观经济政策研究所
PSI	Policy Studies Institute（UK）	英国政策研究所
PX	Policy Exchange（UK）	英国政策交流智库
QE	Quantitative Easing	量化宽松
RSA	Royal Society of Arts（UK）	英国皇家艺术学会
SPD	Sozialdemokratische Partei Deutschlands（Germany）	德国社会民主党
SROI	Social Return on Investment（NEF）	社会投资回报率
SSRC	Social Science Research Council（UK）	英国社会科学研究委员会
TNG	The Next Generation（ASI）	"下一代"俱乐部
TTIP	Transatlantic Trade and Investment Partnership	跨大西洋贸易与投资伙伴协定
TUC	Trades Union Congress（UK）	英国工会联盟
WIIW	Wiener Institut für Internationale Wirtschaftsvergleiche（Austria）	奥地利维也纳国际经济研究所
WZB	Wissenschaftszentrum Berlin für Sozialforschung（Germany）	德国柏林社会科学研究中心

《影响力的终结：2008 年全球金融危机后的英国智库》
译者名单

图书在版编目(CIP)数据

影响力的终结：2008年全球金融危机后的英国智库 /
(智)马科斯·冈萨雷斯·赫尔南多著；李刚等译. --
南京：南京大学出版社，2022.4
(南大智库文丛 / 李刚主编)
书名原文：British Think Tanks After the 2008
Global Financial Crisis
ISBN 978 - 7 - 305 - 25289 - 1

Ⅰ. ①影… Ⅱ. ①马… ②李… Ⅲ. ①咨询机构—研
究—英国 Ⅳ. ①C932.856.1

中国版本图书馆 CIP 数据核字(2022)第 007803 号

First published in English under the title
British Think Tanks After the 2008 Global Financial Crisis
by Marcos González Hernando，edition：1
Copyright © The Editor(s) (if applicable) and The Author(s)，under exclusive licence to
Springer Nature Switzerland AG，2019
This edition has been translated and published under licence from Springer Nature Switzerland AG.
Springer Nature Switzerland AG takes no responsibility and shall not be made liable for the
accuracy of the translation.

江苏省版权局著作权合同登记　图字：10 - 2021 - 6 号

出版发行	南京大学出版社
社　　址	南京市汉口路 22 号　　　　邮　编　210093
出版人	金鑫荣
丛 书 名	南大智库文丛
丛书主编	李　刚
书　　名	**影响力的终结：2008 年全球金融危机后的英国智库**
著　者	[智]马科斯·冈萨雷斯·赫尔南多
译　者	李　刚　雷　嫒　朱建敏　等
责任编辑	张　静
照　排	南京南琳图文制作有限公司
印　刷	江苏凤凰通达印刷有限公司
开　本	718×1000　1/16　印张 20　字数 317 千
版　次	2022 年 4 月第 1 版　2022 年 4 月第 1 次印刷
ISBN	978 - 7 - 305 - 25289 - 1
定　价	78.00 元
网　址	http://www.njupco.com
官方微博	http://weibo.com/njupco
官方微信	njupress
销售咨询	(025) 83594756